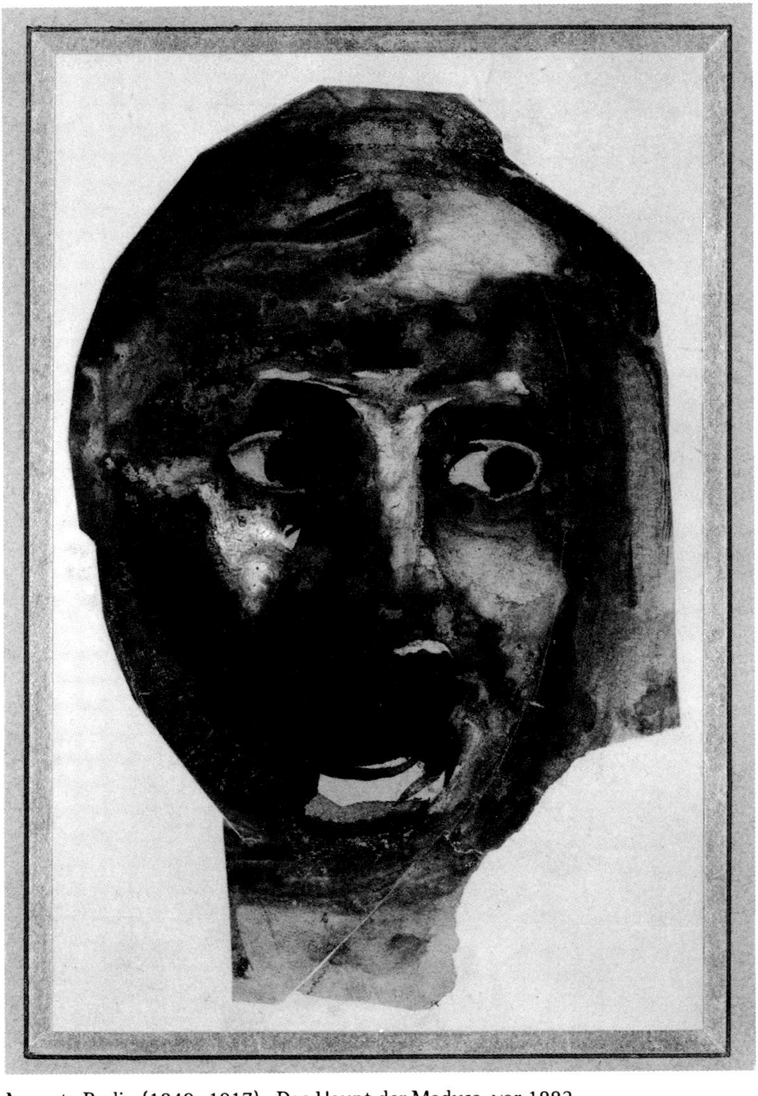

Auguste Rodin (1840–1917) · Das Haupt der Medusa, vor 1883
Schwarze Tusche über Bleistift und Kohle, weiß gehöht, auf gelblichem Papier, ausgeschnitten, auf neue Unterlage geklebt, 16,2 × 10,4 cm (Kopf), 17,2 × 11 cm (Unterlage)
KUPFERSTICHKABINETT · Staatliche Museen zu Berlin

Foto: Jörg P. Anders, Berlin

ALBER PHÄNOMENOLOGIE

Zu diesem Buch:

Die Autorin versteht Foucaults Beschreibung des „modernen Denkens“ als ein kritisch-systematisches Instrumentarium, das sie auf Sartres Werk anwendet. Von hier ausgehend, vergleicht sie Foucaults und Sartres philosophische „Systeme“. Sie konstruiert zu diesem Zweck eine sachliche Auseinandersetzung zwischen Sartre und Foucault, wie sie real nicht stattgefunden hat, und zeigt, daß Foucault zwar den überlegeneren und aktuelleren Standpunkt vertritt, Sartre aber in vieler Hinsicht Foucaults Position vorwegnimmt. Gleichzeitig gewinnt Andrea Roedig neue Einsichten über Sartres Methodik sowie über die Grundlagen seiner Bewußtseinsphilosophie.

The author interprets Foucault's description of ‚modern thought' as a critical-systematic instrument and she applies this instrument to Sartre's work. Thereby she gains a new understanding of Sartre's ideas, but also a deeper appreciation for Foucault's thinking.

Die Autorin: Dr. phil. Andrea Roedig, geb. 1962, war bis 1994 wissenschaftliche Mitarbeiterin am Institut für Philosophie der Freien Universität Berlin und ist seither Lehrbeauftragte sowie freie Autorin. Veröffentlichungen zu Existenzphilosophie und feministischer Theorie.

Andrea Roedig

Foucault und Sartre

PHÄNOMENOLOGIE
Texte und Kontexte
Herausgegeben von
Karl-Heinz Lembeck, Ernst Wolfgang Orth
und Hans Rainer Sepp
II. KONTEXTE
Band 4

Andrea Roedig

Foucault und Sartre

Die Kritik des modernen Denkens

Verlag Karl Alber Freiburg / München

Die Deutsche Bibliothek – CIP-Einheitsaufnahme

Roedig, Andrea:
Foucault und Sartre : die Kritik des modernen Denkens /
Andrea Roedig. – Freiburg (Breisgau) ; München : Alber, 1997
(Phänomenologie. Texte und Kontexte : Kontexte ; Bd. 4)
Zugl.: Berlin, Freie Univ., Diss., 1996
ISBN 3-495-47860-4

Texterfassung und Druckvorlage durch die Autorin

Gedruckt auf alterungsbeständigem Papier (säurefrei)
Printed on acid-free paper

Einbandgestaltung: Eberle & Kaiser, Freiburg
Einband gesetzt in der Rotis SemiSerif von Otl Aicher
Druck und Bindung: WB-Druck, Rieden 1997
ISBN 3-495-47860-4

Inhalt

Dank

Zu Beginn möchte ich allen danken, die dazu beigetragen haben, daß die vorliegende Arbeit kein bloßer Monolog gebleiben ist: den Studentinnen und Studenten des Universitätsstreiks von 1989, die meine Tätigkeit am Philosophischen Institut der Freien Universität Berlin ermöglicht haben; meiner Kollegin Undine Eberlein für unsere gemeinsamen Seminare; Professor Prucha für seine Bereitschaft zum Gespräch; Britta Scholze und Andrea Zink für die regelmäßige und intensive Auseinandersetzung mit meinem Text; allen Freundinnen und Freunden, die mich in den letzten Jahren begleitet und unterstützt haben, vor allem Rudolf Schmitt, Iris Hermann und Martina Lenze. Für die finanzielle Hilfe bei der Drucklegung danke ich Fritz und Liselotte Kern, Marlies und Franz-Josef Roedig, meinem Bruder Christoph, sowie Ulrich Schop und Barbara Hoffmann.

Einleitung

> „Je pense que l'œvre, immense, de Sartre, que son action politique marqueront une epoque. [...] Je n'accepterai jamais que l'on compare [...] le petit travail de défrichement historique et méthodologique que j'ai entrepris avec une œvre comme la sienne." (Foucault)

Im Vorwort zur *Ordnung der Dinge* schreibt Foucault, daß sein Buch aus dem Lachen über einen Text von Borges entstanden sei. Der Text zitiere „eine gewisse chinesische Enzyklopädie der Tiere", so unverständlich und seltsam angeordnet, daß sie uns „mit einem Sprung" an die „Grenze unseres Denkens" führe. Foucault stellt daraufhin die Frage, die als ein grundsätzliches Movens seines Werkes gelten kann: „Was ist also für uns unmöglich zu denken und um welche Unmöglichkeit handelt es sich?" (*MC 7)[1]

Der Text von Borges spiegelt eine Intention der Ordnung der Dinge: Diese Schrift soll uns in dasselbe Erstaunen versetzen, denn sie führt - als ein bedeutendes Buch der französischen Philosophietradition - eine Weise des Denkens vor, die aus der Sicht einer Philosophie wie z. B. derjenigen Sartres als ein „logischer Skandal" erscheinen muß.[2] Die Ordnung der Dinge versucht Grenzen zu verschieben, nicht zuletzt mit dem Ziel, dasjenige Denken, aus dessen Perspektive sie als Unmöglichkeit erscheint, selbst als ein nicht mehr mögliches, d. h. als historisch überholtes zu erweisen. Verglichen mit Werken wie Sartres *Das Sein und das Nichts* oder die *Kritik der dialektischen Vernunft* erweckt die *Ordnung der Dinge* den Eindruck des grundsätzlich Neuen, Andersartigen und provoziert eine Frage, die auch am Beginn dieser Untersuchung stand: Warum war es im Frankreich der sechziger und siebziger Jahre nicht mehr möglich, im Stil Sartres zu denken? Aus welchem Grund wurde eine solche Philosophie plötzlich als unzeitgemäß betrachtet und warum lassen sich seitdem offensichtlich eher mit Foucault als mit Sartre Theorien entwickeln?

---

1 Von mir selbst vorgenommene Übersetzungen sind im folgenden mit einem Sternchen markiert.

2 Vgl. Sartre, *Jean-Paul Sartre répond*, 1966: 95

Foucault ist oft - und nicht ohne sein Zutun - als 'Überwinder' Sartres stilisiert worden. So heißt es z. B. unter dem Stichwort „Foucault" im *Dictionnaire des philosophes*:

„Es ist zweifellos zu früh, den Bruch [rupture] zu würdigen, der durch Michel Foucault ... in eine philosophische Landschaft eingeführt wurde, die bisher durch Sartre dominiert war ..."[3]

Diese „rupture de génération entre Sartre et Foucault"[4] ist evident und sie ist oft zitiert worden. Sie schreibt sich ein in den 'Generationswechsel', den die „(Neo)Strukturalisten" in Frankreich auf dem Gebiet der Theorieentwicklung ausriefen und mit einer breiten Produktion einflußreicher philosophischer Texte begleiteten. Doch die „rupture de génération" ist mit Vorsicht zu behandeln, denn sie ist auch eine durch die Medien gut unterstützte Inszenierung gewesen. Die proklamierte scharfe Entgegensetzung der Positionen scheint zum Teil auf inhaltlicher Ebene keine Entsprechung zu finden; sie ist bei weitem nicht immer sachlich nachvollziehbar. Die 'Revolution' ist nicht zuletzt eine Geste, ein ironisches Spiel.

Eine der Schwierigkeiten bei der Bestimmung der Positionen liegt z.B. in Foucaults Strategie, sich eindeutigen Identifizierungen zu entziehen. Foucault arbeitet mit 'doppeltem Boden': Er argumentiert nicht normativ, seine Texte sind aber keineswegs wertneutral; er übt nicht 'Kritik' im herkömmlichen Sinn, zielt aber auf eine 'kritische' Wirkung seiner Texte und ebenso befindet er sich in Opposition zu jener durch Sartre dominierten „philosophischen Landschaft", ohne sich inhaltlich auf eine solche Opposition festlegen zu lassen. Foucault will sich nicht (an-)greifbar machen, weshalb er entweder bei scharfer, für jedermann offensichtlich gegen Sartre gerichteter Polemik,[5] diesen nicht beim Namen nennt oder sich in ironisch falscher Bescheidenheit vor der Größe Sartres

---

[3] *Dictionnaire des philosophes*, Artikel Foucault: *941. Der Artikel wurde unter dem Pseudonym „Maurice Florence" von Foucault und François Ewald verfaßt. Eigenartigerweise *fehlt* der zitierte Satz im Wiederabdruck des Artikels in den *Dits et ecrits* (DE IV: 631ff), was vermuten läßt, daß er nicht von Foucault selbst eingefügt wurde.

[4] Ferry, *Le Quotidien*, 14/15 avril 1990

[5] In den polemischen Passagen der Texte aus den sechziger und frühen siebziger Jahren sind z. B. die Attribute „Naivität" und „kleine Kinder" fast immer an Sartres Adresse gerichtet.

beugt. Foucaults Methode der Abgrenzung besteht gerade darin, einer direkten Konfrontation auszuweichen, sich auf eine andere Ebene des Sprechens zu begeben und alles zu vermeiden, was ihn in eine - wie auch immer geartete - Beziehung zu seinen 'Gegnern' setzen könnte. Daher erschien es lange Zeit wie ein Tabu, Sartre und Foucault in einen Zusammenhang zu bringen, obwohl ein Interesse an dieser Verbindung bestand, das in den nächsten Jahren sicher noch zunehmen wird.[6]

Wenn die vorliegende Arbeit Sartre und Foucault verbindet, so tut sie dies in einem philosophietheoretischen Interesse. Es geht hier um zwei Konzepte von 'Philosophie', die sich - aus den genannten Gründen - nicht in einem einfachen Sinn 'vergleichen' lassen. Es läßt sich aber, wie ich zeigen werde, das jeweils eine Konzept durch das andere denken und auf seine Grenzen hin befragen. Das Verfahren der Untersuchung bleibt dabei weitgehend theorie- und textimmanent. Die gesellschaftliche Situation in Frankreich, die politischen Kämpfe, die Auseinandersetzung um den Marxismus und persönliche Zwistigkeiten in den Pariser Intellektuellenzirkeln sind Hintergrund, nicht aber der Gegenstand dieser Arbeit. Die Arbeit vertritt die These, daß sich der Konflikt Sartre/Foucault sachlich aus der Kritikfigur der „Doppel" in Foucaults *Ordnung der Dinge* herleiten läßt und daß diese Figur zugleich erklärt, was Foucault und Sartre philosophisch voneinander trennt.

Den Ausgangspunkt der vorliegenden Arbeit bildet das neunte Kapitel der *Ordnung der Dinge*. Unter allen Texten Foucaults

---

[6] In Frankreich war diese Parallele vor allem bezüglich des politischen Engagements und der Rolle des wortführenden Intellektuellen von Interesse. So kommt Eribon in seiner Biographie über Foucault immer wieder auf Sartre zurück (Eribon, *Foucault,* 1991; vgl. auch Mauriac, *Le temps immobile III*, 1976); Colombel verbindet die beiden ebenfalls biographisch (Colombel, *Brumes de mémoire,* 1990: 1153ff) und unternimmt an anderer Stelle einen eher generalisierenden Vergleich (Colombel, *Foucault et Sartre,* 1987). Eine inhaltliche Auseinandersetzung versuchen Verstraeten (*Sartre und Foucault,* 1988), Knee mit mehreren Arbeiten (*Le cercle et le doublet: Note sur Sartre et Foucault,* 1990; *Le problème politique chez Sartre et Foucault*, 1991), Howells (*Sartre and the deconstruction of the subject*, 1992) und Vogt (*Sartres Wieder-Holung*, 1995). Zahlreiche einzelne und verstreute Hinweise auf Gemeinsamkeiten oder Differenzen finden sich immer wieder in der Sekundärliteratur.

bietet diese Passage den stärksten (impliziten) Bezug auf Sartres Philosophie und bietet die tragfähigsten Thesen für eine inhaltliche Auseinandersetzung. Es gibt Hinweise darauf, daß das Manuskript zu *Les mots et les choses* einige Seiten zu Sartre enthielt, die Foucault in der Druckfassung zurückgenommen hat.[7] Die Tilgung dieser Passagen entspricht der oben erwähnten Strategie, Oppositionen unsichtbar zu machen und wirft zugleich ein Licht auf die Rolle, die Sartre in der *Ordnung der Dinge* spielt: Wenn Foucault Textstücke über Sartre streichen konnte, so vermutlich deshalb, weil Sartre für ihn von anderer Bedeutung war, als z. B. Hegel, Marx, Husserl und Freud, deren Namen im neunten Kapitel fallen. An einer Stelle heißt es mit deutlicher Anspielung auf Sartre und die Marxisten: „... ihre ungewollte Tiefe ist, daß sie mit dem Finger auf die moderne Seinsweise des Denkens zeigen." (OD 396) Dieser Satz könnte als Motto dienen, denn er bezeichnet genau die Funktion, die Sartre zukommt: seine Philosophie erweist sich als Ausdruck der Struktur des „modernen Denkens", und sie dient Foucault als 'Lupe' in seiner Diagnose. Sartres Hang zu extremen, 'holzschnittartigen' Thesen, machen ihn zur bevorzugten Zielscheibe von Foucaults Geringschätzung, gleichzeitig eignen sich diese Thesen aber dazu, die moderne „episteme" in grober und vergrößerter Form sichtbar werden zu lassen. Im Gegensatz zu Merleau-Ponty z. B., der Foucaults Denken geprägt hat, ist Sartre für Foucault nicht von inhaltlich theoretischer Bedeutung. Gerade deshalb kann Sartre die doppelte Rolle einnehmen, eindeutiger Punkt der Abgrenzung und unsichtbares Instrument der Analyse des „modernen Denkens" zu sein, und genau diese Verflechtung macht die Konfrontation von Sartre und Foucault interessant.

Im neunten Kapitel der *Ordnung der Dinge* vertritt Foucault seine bekannte These vom „Menschen" als einer untergehenden epistemischen Formation und schildert das moderne, im „anthro-

---

[7] In den Diskussionsbeiträgen einer Pariser Foucault-Tagung vom Januar 1988 findet sich dieser Hinweis: „Raymond Bellour signale ... que des pages concernant Sartre ont été otées de la version définitive des Mots et les Choses" (s. *Michel Foucault philosophe,* 1989: 53). Auf meine Anfrage hin bestätigte Raymond Bellour, diese Seiten bei der Lektüre des Manuskriptes gelesen zu haben. Nach Auskunft von Foucaults Verleger bei Gallimard, Pierre Nora, waren die fraglichen Passagen schon in den Druckfahnen zu *Les mots et les choses* nicht mehr enthalten, vom Manuskript selbst fehlt jede Spur.

pologischen Schlaf" befangene Denken als eine aporetische Konstellation selbstbezüglicher Endlichkeit, die sich beständig in verschiedene „Doppel" verstrickt. Ein großer Teil meiner Arbeit befaßt sich mit diesem Problem der Doppel, wobei ich nicht in erster Linie der in ihnen angesprochenen Auseinandersetzung mit der von Hegel ausgehenden dialektischen Tradition folge, sondern mich auf die bisher weniger behandelten Aspekte ihres Bezugs zur Phänomenologie konzentriere.[8] Aus dieser Perspektive läßt sich unter anderem zeigen, daß „Foucaults Bild des philosophischen Diskurses der Moderne" nicht nur, wie Herbert Schnädelbach meint, „das Ergebnis einer junghegelianischen Projektion" ist,[9] sondern in wesentlichen Teilen ebenso auf die von Kant ausgehende erkenntnistheoretisch-transzendentalphilosophische Problemlage zutrifft.

Über Foucaults Andeutungen hinausgehend, werde ich die These von den Doppeln und dem modernen „Denken des Gleichen" direkt auf Sartre und einen Teil der phänomenologischen Tradition beziehen. Mit dieser Konfrontation geht es nicht darum, eine Diskussion zu rekonstruieren, die nicht stattgefunden hat. Es kommt vielmehr darauf an, in der direkten Anwendung auf Kant, Husserl und Sartre zu verstehen, was die Doppel überhaupt bedeuten, verschiedene Sinndimensionen dieses Schemas zu entfalten und seine Tragfähigkeit als Erklärungs- und Kritikmodell zu erproben. Dieses Vorhaben ist von der These geleitet, daß sich mit Hilfe von Foucaults Diagnose des „modernen Denkens" einige Problemkonstellationen der phänomenologischen Theorie in der Logik ihrer Entwicklung nachzeichnen und erklären lassen, die ihrerseits zu einem besseren Verständnis der Philosophie Sartres beitragen können. Gleichzeitig formuliert das Modell Foucaults generelle Bedenken gegen den philosophischen Anspruch des phänomenologischen Verfahrens.

---

[8] Foucaults Aussagen zur Phänomenologie sind spärlich und schwer zu entschlüsseln. Dementsprechend gibt es zum Thema „Foucault und Phänomenologie" wenig Literatur: s. Waldenfels, *Foucaults Versuche zu einer 'Verwindung' der Phänomenologie*, 1983; Waldenfels, *Verstreute Vernunft. Zur Philosophie von M. Foucault*, 1986; Lebrun, *Zur Phänomenologie in der Ordnung der Dinge*, 1991. Einige Hinweise geben auch Dreyfus/Rabinow, *Michel Foucault. Jenseits von Strukturalismus und Hermeneutik*, 1987 und Deleuze, *Foucault*, 1987.

[9] Schnädelbach, *Das Gesicht im Sand*, 1989: 240

Die in der *Ordnung der Dinge* beschriebenen Doppel eröffnen eine Vielfalt von Interpretationsmöglichkeiten. Daher werden sie sich auf verschiedenen Ebenen wiederfinden; ich verstehe sie 1. als Ausdruck methodischer Probleme innerhalb der Phänomenologie, 2. als Ausdruck theoriekonstitutiver Probleme zwischen den Disziplinen Phänomenologie und Ontologie, 3. als Beschreibung einer ambivalenten 'modernen' Ontologie. Darüberhinaus sind die Doppel 4. ein treffendes Bild für die strukturelle Verfaßtheit eines „Denkens des Gleichen", in dem die Kategorien von Identität und Differenz in ein besonderes Verhältnis zueinander gesetzt sind.

Doch der Erklärungsanspruch, den diese Arbeit an Foucaults Modell stellt, reicht weiter. Wenn ich nach einer genaueren 'Bedeutung' der Doppel suche, so deshalb, weil sich aus ihnen begreifen läßt, was den „Bruch" Foucaults mit einer Philosophie im Stil Sartres notwendig machte und worin dieser „Bruch" überhaupt besteht. Unter dem Aspekt ihrer inhaltlichen Aussage betrachtet, sind die Doppel Foucaults nicht unbedingt neu. Sie entsprechen tendenziell den schon von Merleau-Ponty, Lyotard und Derrida jeweils auf verschiedene Weise geäußerten Bedenken gegen unbewältigte Ambivalenzen in der Phänomenologie.[10] Das Besondere an Foucaults Behandlung des Themas ist jedoch, daß in ihr die Aussagen zur Phänomenologie mit dem Versuch zusammenfallen, einen historisch-epistemischen 'Bruch' festzustellen und auf eine vollkommen andere Art zu denken. So verbinden sich im Thema der Doppel die Analyse einer Problemstellung mit dem Ansatz zu ihrer Bewältigung in einer neuen Methode.

In dem für meine Untersuchung zentralen (Doppel-)Verhältnis von Empirischem und Transzendentalem geht es um ein Konstituens des philosophischen Diskurses der Moderne: um die Berüh-

---

[10] Vgl. z. B. Merleau-Ponty, *Der Philosoph und sein Schatten*, 1984; Lyotard, *La Phénoménologie*, 1954; Derrida, *'Genesis und Struktur' und die Phänomenologie*, 1976; *Le problème de la génèse dans la philosophie de Husserl*, 1990 (der Text stammt von 1953/54 und wurde 1990 erstmals veröffentlicht). S. dazu auch Englert, *Wie schlachtet man heilige Kühe? Lyotards und Derridas frühe Phänomenologie-Rezeption*, 1994. Waldenfels verweist darüberhinaus auf Ähnlichkeiten von Foucaults Analyse mit Vuillemins Studie *L'héritage kantien et la révolution copernicienne*, in der Husserls Denken als ein Prozeß unaufhörlicher Verschiebungen beschrieben wird (s. Waldenfels, *Phänomenologie in Frankreich*, 1987: 525f, 557f; zu Parallelen zwischen Foucault und Merleau-Ponty, s. dort: 558).

rung des Zeitlosen mit dem Aktuellen, die Verbindung von Rationalität und Geschichte.[11] Der unterschiedliche Umgang mit dieser Verbindung macht die Differenz zwischen Sartre und Foucault aus, und es wird sich zeigen, daß Foucaults Methode der Historisierung einen Versuch darstellt, die Widersprüchlichkeit des „modernen Denkens" aufzulösen.

Foucaults Ansatz ist in sich ambivalent: seine archäologische Untersuchung hat, wo sie ihre eigene Epoche beschreibt, einen systematischen und kritischen Anspruch, der nicht unbedingt als solcher auftreten darf. Oben wurde gesagt, daß sich in der Behandlung der Doppel die Analyse einer Problemstellung mit einer anderen Art zu denken verbindet. Da diese 'andere Art' darin besteht, die Problemanalyse nur noch in Form einer neutralen historischen Beschreibung vorzunehmen, wird nachträglich das (inhaltliche) Problem unkenntlich, für das das Verfahren der Historisierung eine Lösung darstellt. Foucault zieht sich auf einen deskriptiven Gestus zurück und reduziert mit dem Anspruch an Wahrheit auch den an Kritik, da er seine Gegenstände nicht mehr unter der Option wahr/falsch betrachtet.[12] Daneben läßt er aber im polemischen Stil und der Proklamation einer neuen Epoche des Denkens eine deutliche Ablehnung des „modernen Denkens" erkennen. Die *Ordnung der Dinge* legt so ihre Lektüre als Kritik nahe und verbietet sie gleichzeitig. Wie ist mit dieser Ambivalenz umzugehen?

Der innere Zusammenhang von Foucaults Versuch eines 'anderen Denkens' mit der in der *Ordnung der Dinge* beschriebenen Problemkonstellation der Moderne läßt sich nur begreifen, wenn man - über Foucaults Selbstverständnis hinausgehend - die Doppel als systematisch und normativ motivierte Kritik und die Aussagen zur Phänomenologie als Phänomenologiekritik versteht. Nur unter dieser Bedingung gelingt es auch, eine inhaltlich fruchtbare Konfrontation mit Sartre herauszuarbeiten.[13] Da ich in meiner

[11] Habermas, *Der philosophische Diskurs der Moderne*, ^{3}1986 : 65ff

[12] Vgl. Lebrun 1991: 26; Dreyfus/Rabinow 1987: 55. „Kritik" würde Foucault sein Verfahren allenfalls - in Anlehnung an Kants Fragestellung - als Untersuchung der Grenzen und der (historischen) Bedingungen von Wissen nennen.

[13] Es mag an manchen Stellen in dieser Untersuchung scheinen, als würden die Gegensätze - zwischen Sartre und Foucault oder zwischen den Seiten der Doppel - unnötig verschärft und der Hinweis auf eine mögliche Vermittlung ausgelassen.

Untersuchung der Doppel auf die Problemkonstellation zurückgehen will, die für Foucault den Bruch mit der Generation Sartres notwendig machte, muß ich den Rahmen seiner methodischen Selbstbeschränkung bezüglich des Anspruchs an Kritik und an systematische Erklärung verlassen, seinen Aussagen eine Eindeutigkeit unterstellen, die Foucault gerade zu vermeiden suchte und seine Intention gleichsam 'von außen' beschreiben. Daher werde ich Foucaults Methode nicht imitieren und an vielen Stellen das 'Neue' und Eigentümliche an ihr nicht von ihrer eigenen Begrifflichkeit her erklären. Wenn es in dieser Arbeit darum geht, Sartres Philosophie aus der Perspektive von Foucaults Analyse zu betrachten, so ist dies nur sinnvoll, wenn diese Analyse umgekehrt aus der Perspektive 'Sartres' nachvollzogen wird.

Die vorliegende Arbeit gliedert sich in zwei Teile. Der erste Teil thematisiert das Verhältnis von Sartre und Foucault zur Phänomenologie. Er beginnt mit einer Auslegung der Doppel empirisch/transzendental und Cogito/Ungedachtes aus der *Ordnung der Dinge,* die ich in ihrer Anwendung auf Kant, Husserl und mit Bezug auf Foucaults unveröffentlichte *Introduction à l'anthropologie de Kant* auf die in ihnen enthaltene Phänomenologiekritik hin untersuche (Kap. 1). In einem zweiten Schritt werde ich zeigen, in welcher Weise Sartres Umgang mit der Phänomenologie, die theoretischen Grundlagen seiner Existenzphilosophie und seine Phänomenbeschreibungen von der Logik der Doppel bestimmt sind (Kap. 2). In diesem Teil der Arbeit wird die Philosophie Sartres unter systematischem Gesichtspunkt betrachtet. Es geht um Verhältnis von Ontologie und Phänomenologie in Sartres Denken (Kap. 2.2), sowie um das Verhältnis von Existenz und Essenz. Sartres Bestimmung der „mauvaise foi" aus *Das Sein und das Nichts* und der „Knappheit" aus der *Kritik der dialektischen Vernunft* werden als Phänomenanalysen diskutiert, an denen sich ex-

---

Ich habe mich für diese 'überzeichnende' Lesart entschieden, weil nur sie in der Lage ist, die Probleme, um die es geht, in aller Deutlichkeit ans Licht zu bringen und weil Foucaults Denken selbst sich in der Form der Abgrenzung entwickelt und daher meist auf einer - teilweise nachträglich verleugneten - Opposition beruht.

emplarisch Probleme der Sartrischen Philosophie und des „modernen Denkens“ aufzeigen lassen (Kap. 2.4).

Am Ende dieses ersten Teils steht ein Exkurs, in dem ich mich mit Foucaults frühen Schriften *Le rêve et l'existence, Maladie mentale* und *Histoire de la folie* befasse. Hier versuche ich - immer noch in der Perspektive der Phänomenologiekritik - die Gründe, die Foucault zu seiner Abkehr von einem Philosophietypus phänomenologischer Tradition geführt haben könnten, immanent aus der Entwicklung seiner frühen Schriften abzuleiten (Kap. 3).

Der zweite Teil der Arbeit thematisiert, was in der Phänomenologie immer schon mitgedacht ist: den philosophischen Begriff des Subjekts. Ich greife auf die 'postmoderne' Subjektkritik zurück (Kap. 1) und gebe eine breite Interpretation von Sartres Konzeption von Subjektivität, die ursprünglich auf einer Kritik der Bewußtseinsphilosophie aufbaut (Kap. 2). Daß in Sartres Modell einer 'nicht-identischen Identität' eine „Dezentierung“ des philosophischen Subjekts stattfindet, hat in letzter Zeit einige Kommentatoren dazu veranlaßt, Sartre Vorläufer der 'Postmoderne' zu lesen. Die vorliegende Arbeit begründet dagegen, warum Sartres 'Dezentrierung' für die postmoderne Subjektkritik nicht ausreicht.

Aus dem Thema der Kritik am Subjekt entwickelt dann das dritte Kapitel des zweiten Teils Überlegungen zu Foucaults Methodik. Ich werde zeigen, inwiefern sich das Verfahren der Diskurs- und Machtanalyse als Transformation eines bewußtseinsphilosophischen Modells verstehen läßt und frage nach den Gründen und den Grenzen des mit diesen Verfahrensweisen verknüpften Philosophiebegriffs.

Erster Teil: Phänomenologie

1. Foucaults Kritik der Phänomenologie in der „Ordnung der Dinge"

1.1. Die moderne Endlichkeit als ein „Denken des Gleichen"

„Die phänomenologische Beschreibung sucht die Bedeutung des Endlichen im Endlichen selbst."[1] So charakterisiert Emmanuel Lévinas das für ihn grundlegende Merkmal der Phänomenologie. Sie sei, sagt er an anderer Stelle, das „Paradox eines Idealismus ohne Vernunft",[2] d. h. ohne Bezug zu einem Absoluten. Als nachkantische Philosophie zeichne sie sich aus durch die Unabhängigkeit des Endlichen vom Unendlichen, durch eine Identifizierung von Erfahrung und Vernunft.

Diese Bestimmung der Phänomenologie trifft sich mit derjenigen, die Michel Foucault im neunten Kapitel seiner *Ordnung der Dinge* für das „moderne Denken" gibt, wenn er schreibt:

> „... unsere Kultur [hat] die Schwelle, von der aus wir unsere Modernität erkennen [reconnaître], an dem Tag überschritten, an dem die Endlichkeit in einem unbeendbaren Bezug zu sich selbst gedacht worden ist." (OD 384)

Was soll diese Rede von „Endlichkeit" und „Modernität" bedeuten, und was hat die Phänomenologie damit zu tun? Foucaults *Ordnung der Dinge* nennt sich „Eine Archäologie der Humanwissenschaften". Es ist der Versuch, diejenigen Regeln aufzudecken, nach denen sich zu verschiedenen Zeiten die Dinge und das Wissen über die Dinge geordnet haben. Dabei verwischt Foucault die Trennung, die wir gemeinhin zwischen der „Ordnung der Dinge" und der „Ordnung des Wissens" machen würden und operiert stattdessen mit einer Sprache, die nicht mehr deutlich zwischen Wissen und Gegenstand des Wissens unterscheidet.[3] Gefragt ist, „von wo aus Erkenntnisse und Theorien möglich gewesen sind,

---

[1] Lévinas, *Von der Beschreibung zur Existenz*, 1983/³1992: 53.

[2] A. a. O.: 62; u. ders. *Überlegungen zur phänomenologischen 'Technik'*, ³1992: 86.

[3] Zu Gründen dieser Methode s. diese Arbeit Teil 1, Kap. 3.2 u. Teil 2, Kap. 3.3.

nach welchem Ordnungsraum das Wissen sich konstituiert hat" (OD 24). Für die abendländische Kultur vom 17. bis zum 20. Jahrhundert legt Foucault drei Epochen und zwei große Brüche in den Wissensformationen (epistemen) fest, Umwälzungen, die zu einem völlig anderen Denkstil in der jeweils folgenden Zeit führten. Hatte die Renaissance ihr Wissen nach den Prinzipien der „Ähnlichkeit" geformt und die Klassik nach denen der „Repräsentation", so steht das moderne Denken, dessen Beginn Foucault zwischen 1775 und 1825 datiert,[4] unter dem Paradigma des „Menschen": es ist durch eine Art „Selbstreflexivwerden" des Wissens charakterisiert, das in den vorhergegangenen Zeiten nicht möglich gewesen wäre. Das Subjekt der Repräsentation, das im klassischen Diskurs unsichtbar blieb, tritt jetzt ins Zentrum:

„Erst als ... jener klassische Diskurs erlischt ... erscheint in der tiefen Bewegung einer solchen archäologischen Veränderung der Mensch mit seiner nicht eindeutigen Position als Objekt für ein Wissen und als Subjekt, das erkennt: Unterworfener Souverän, betrachteter Betrachter." (OD 377)

Genau hier ist die eingangs angesprochene „Endlichkeit" zu verorten, sie gilt als Strukturbestimmung einer Epoche und ist aufs engste mit dem Paradigma des Menschen verknüpft; der moderne Mensch ist „nur als Gestalt der Endlichkeit möglich" (OD 384). Aus der klassischen Analyse der Repräsentation wird, Foucault zufolge, nun eine „Analytik der Endlichkeit".

Gemeinhin versteht man Endlichkeit als Begrenztsein und Bedingtsein, als 'Nicht-Grund-seiner-selbst-Sein'.[5] Diese Lesart wird zunächst auch in der *Ordnung der Dinge* nahegelegt: Der Mensch ist

„... durch die Arbeit, das Leben und die Sprache beherrscht ... Alle Inhalte, die sein Wissen ihm als ihm äußerlich und älter als seine Entstehung enthüllt, antizipieren ihn, überpfropfen ihn mit ihrer Festigkeit ..." (OD 378f)

Doch zu dieser Endlichkeit als Grenze von außen, als „limite concrète", tritt eine zweite, die in einem „bestimmten Sinne dieselbe

---

[4] Vgl. OD 273. Das Ende des „modernen Zeitalters" setzt Foucault um 1950 an, vom „modernen" Denken ist also das heutige, „zeitgenössische" zu unterscheiden (s. Foucault, *Über verschiedene Arten Geschichte zu schreiben*, Interview mit Bellour, 1967: 174).

[5] Vgl. z. B. Frank, *Was ist Neostrukturalismus?*, 1983: 116.

ist“ und dennoch „radikal eine andere“ (OD 380): Endlichkeit als „finitude fondamentale“ (MC 326), als derjenige Horizont, von dem aus das Erscheinen jener Positivitäten möglich wird, die den Menschen begrenzen, denn jede „dieser positiven Formen, in denen der Mensch erfahren kann, daß er endlich ist, ist ihm nur auf dem Hintergrund seiner Endlichkeit gegeben“ (OD 380). Hier ist unschwer das Muster einer „kopernikanischen Wende“ wiederzuerkennen mit ihrer Rückwendung auf das Subjekt als einzigem Ausgangspunkt der Erkenntnis und mit dem in ihr angelegten Wechselspiel einer gleichzeitigen Ent- und Ermächtigung, wie die Formel vom „unterworfenen Souverän“ andeutet. Unterworfen ist er, weil „das Sein des Menschen durch Positivitäten bestimmt wird“, souverän, weil es immer „das endliche Sein ist, das jeder Bestimmung die Möglichkeit gibt, in ihrer positiven Wahrheit zu erscheinen“ (OD 405).

Es scheint auch, als sei der Beginn des modernen Denkens eng an die Kantische Frage nach den „Bedingungen der Möglichkeit“ geknüpft.[6] Das Besondere an dieser Frage ist, daß sie immer *zugleich* auf die Grenzen und die Grundlagen zielt. Indem Kant nach den Bedingungen der Möglichkeit der Erfahrung fragt und die Grenzen unserer Erkenntnis zur Grundlage jeden möglichen Wissens macht, hat er tatsächlich jene Figur vorbereitet, die in der *Ordnung der Dinge* als „Analytik der Endlichkeit“ beschrieben ist. Wenn Foucault allerdings das Kantische Motiv in einer so engen Verbindung mit Endlichkeit faßt, zitiert er implizit die fundamentalontologische Auslegung Kants durch Heidegger. Von Kant aus ist es nämlich nicht zu verstehen, warum die *Grenzen* der Erkenntnis das Wissen *begründen* sollen oder warum, wie Dreyfus und Rabinow überspitzt reformulieren, der Mensch „*kraft* seiner Versklavung Souverän ist“.[7] Diese ‘negativistische Lesart’, in der die Begrenzung gleichzeitig Begründung (nicht bloß Grundlage) ist, kommt erst durch Heideggers Interpretation hinzu, die Seinsverständnis und Endlichkeit in eins setzt. Nach Heideggers Kantinterpretation besteht die Endlichkeit des Menschen in seiner Angewiesenheit auf Gegenstände. Genau dieser Mangel begründet das

---

[6] Vgl. z. B. OD 378.
[7] Dreyfus/Rabinow 1987: 54 (Hervorhebung A.R.).

Seinsverstehen und wird damit zur Grundlage der Metaphysik.[8] In der Verbindung von Begrenzung und Begründung liegt somit das, was als Negativität der Moderne m. E. weit über Kant hinausgeht.

Foucaults eigene Position ist damit nicht bezeichnet, denn was bei Heidegger als existentielle Wahrheit formuliert ist, fungiert in der *Ordnung der Dinge* als bloße Symptomatologie, als Diagnose einer Epoche, die in einer bestimmten „episteme“ gefangen ist. Das neunte Kapitel läßt sich demnach auch als eine Persiflage auf Heidegger lesen.[9]

Da Endlichkeit mit dem Selbstreflexivwerden des Wissens zugleich den Sinn von positiver Grenze und fundamentalem Ermöglichungsgrund annimmt, wird sie ein „Denken des Gleichen“. Der Boden, von dem Erkenntnis ausgeht, ist identisch mit dem, was erkennt und dem, was erkannt wird. Immer wieder betont Foucault, das Endliche werde in sich selbst festgemacht (OD 379), „von ihm selbst ausgehend“ gedacht (OD 384), es erwidere sich von „einem Ende der Erfahrung zum anderen ... auf sich selbst“ (OD 381). So bekommt Endlichkeit, wie in der Bestimmung von Lévinas, den Sinn vollkommener Immanenz, des Verlusts des Absoluten. Anders als in der „Klassik“, von der Foucault, spricht und zu der hier auch noch Kant gezählt werden müßte, stellt die moderne Erfahrung die „Endlichkeit nicht mehr ins Innere eines Denkens über das Unendliche“ (OD 382).[10] Damit ändert sich ihre Qualität, sie ist durch kein Anderes mehr beschränkt, unserer Existenz wird, wie es in einem anderen Text heißt, die „Grenze des Unbegrenzten“ genommen.[11]

Aus der Logik dieser absoluten Endlichkeit entwickelt Foucault das zentrale Bild, mit dem er die Moderne beschreibt: das Bild des Doppels, bzw. der Dublette. Wenn auch die Seiten des sich auf sich selbst beziehenden Wissens gleich sind, so sind sie doch nicht

---

[8] Vgl. Heidegger, *Kant und das Problem der Metaphysik*, [5]1989: 21, 229 u. a.

[9] Kevin Hill spricht explizit von einer Kritik Foucaults an Heidegger, macht diese aber an der hermeneutischen Methode und an den Dubletten fest, nicht an der Analytik der Endlichkeit selbst (s. Kevin Hill, *Foucaults critique of Heidegger*, 1989). Foucaults „Bewertung“ Heideggers in diesem Punkt ist schwer einzuschätzen, zumal er ihn auch positiv erwähnt (s. z. B. OD 402).

[10] Vgl. Lévinas, *Überlegungen ...*: 86.

[11] Foucault, *Vorrede zur Überschreitung*, 1987: 30.

vollkommen identisch. „Limite concrète" und „finitude fondamentale" verschmelzen zu einer Endlichkeit, die „dieselbe" und doch je „radikal eine andere" ist.[12] Und eine Endlichkeit ohne Unendliches ist „zweifellos eine Endlichkeit, die nie beendet ist und die stets im Verhältnis zu sich selbst eingerückt ..." bleibt (OD 446). So geht durch das „Gleiche" ein nicht zu kittender Riß. Weil seine Bestandteile „Identität *und* ... Unterschied" sind, weil die Differenz von Faktischem und Fundamentalem noch gilt, weil das Gleiche Subjekt und Objekt, Grundlage und Begrenztheit ist, verstrickt sich das moderne Denken - so Foucaults zentrale These - in verschiedene „Doppel", die zusammen ein „anthropologisches Viereck" bilden:

„Die Verbindung der Positivitäten mit der Endlichkeit, die Reduplizierung des Empirischen im Transzendentalen, die ständige Beziehung des Cogito zum Ungedachten, der Rückzug und die Wiederkehr des Ursprungs definieren für uns die Seinsweise des Menschen." (OD 404)

Ein „Doppel" oder ein Double ist eine Zwillingsgestalt. Es hat eine eigene Identität, ist unterschieden und doch nicht unterscheidbar von seinem Ebenbild. Ein Double kann - wie ein Schauspieler, der sich in einer Rolle 'doubeln' läßt - für ein anderes einspringen, seine Aufgaben übernehmen. Es kann aber ebensogut als „doublure" gelesen werden, als Faltung, als Innenseite eines Äußeren.

Damit changiert das Bild, das Foucault benutzt, genauso wie das, was es verbildlichen soll: Es bezeichnet entweder zwei Verschiedene, die aufgrund ihrer Ähnlichkeit nicht auseinandergehalten werden können, oder ein Ganzes mit zwei verschiedenen aber nicht voneinander trennbaren Seiten.

Es gehört nun zu den zahlreichen interpretatorischen Schwierigkeiten des 9. Kapitels der *Ordnung der Dinge*, die Rolle der Endlichkeit im Verhältnis zu den anderen Doppeln zu bestimmen. Einmal tritt sie nämlich als Grundlage der Reduplizierungen auf (s. OD 381), ein anderes Mal nur als eine Seite innerhalb des anthropologischen Vierecks. Dementsprechend divergieren auch die Wiedergaben der Kommentatoren. Während Dreyfus und Rabinow die „Analytik der Endlichkeit" als Basis interpretieren, von der aus

---

[12] Vgl. OD 380; MC 326.

sich die anderen Aspekte als drei Dubletten ableiten lassen,[13] nennt Waldenfels einen „vierfachen Verdoppelungsvorgang“.[14] Tatsächlich spricht Foucault aber nicht von drei oder vier Doppeln, sondern nur von *einer* empirisch/transzendentalen Dublette. Ansonsten ist jeweils von einem Doppel, oder von Doppeln in zahlenmäßig unbestimmtem Plural die Rede, etwa im Titel „L'homme et ses doubles“. Ebenso schwierig ist die Bestimmung des Verhältnisses der einzelnen Doppel untereinander. Da sie verschiedene Aspekte derselben Struktur bezeichnen, verwischen sich ihre Grenzen und Zuständigkeitsbereiche. Sicher scheint mir jedoch, daß die sich durchdringenden Seiten des Vierecks alle auf der Struktur von Selbstbezüglichkeit basieren. Sie ist die gemeinsame Grundlage aller Doppel, und weil „Endlichkeit“ die Metapher für diese Struktur bildet, fungiert sie sowohl als Basis, als auch als einzelnes Moment.

Halten wir fest, daß Foucault (moderne) Endlichkeit nicht existentiell versteht, sondern strukturell, als ein „Denken des Gleichen“, das sich durch drei Charakteristika auszeichnet: durch *Negativität* (weil es die Grenzen sind, die begründen), durch *Immanenz* (weil es um Endlichkeit ohne Unendliches geht) und durch *Ambivalenz* (weil das Gleiche als identisch und verschieden gesetzt ist). Diese Figuren werden immer wieder auftreten, und sie sind von zentraler Bedeutung für Foucaults Bestimmung der Phänomenologie. Es ist dieses Spiel des reduplizierten Bezugs zu sich, das Oszillieren der Seiten, um das seine Phänomenologiekritik kreist.

Da die Phänomenologie in der *Ordnung der Dinge* unter den Doppeln „empirisch/transzendental“ (OD 384 - 389) und „Cogito/Ungedachtes“ (OD 389 - 396) explizit angesprochen ist, werde ich diese Aspekte im folgenden zunächst textimmanent nachzeichnen (Kap. 1.2. u. 1.3.) und anschließend deuten (Kap. 1.4. - 1.6.). Welche Namen man den Doppeln gibt, ist dabei weniger relevant als die generelle Tatsache, daß es immer um *Differenzen* gehen wird, um das Setzen und das Vergessen von Unterschieden.

---

13 Vgl. Dreyfus/Rabinow 1987: 55f; Fink-Eitel neigt zu derselben Interpretation (s. Fink-Eitel, *Foucault*, 1989: 45).

14 Vgl. Waldenfels 1987: 524.

Phänomenologie tritt in Foucaults Beschreibung des modernen Denkens zunächst unter dem Titel der „analyse du vécu", als Kritik (contestation) zweier Diskurstypen auf, die er als „Positivismus" und als „Eschatologie" bezeichnet. Positivismus und Eschatologie sind für Foucault Denkweisen, die sich aus der paradoxen Problemkonstellation der „Analytik der Endlichkeit" ergaben. Sie werden wiefolgt hergeleitet:

Eines der großen Anliegen der Kantischen Philosophie ist es gewesen, Empirisches und Transzendentales zu unterscheiden, „um die reine *Form* der der Erkenntnis vor Geschichte und Tatsächlichkeit zu retten".[15] Für die nachkantische Wissenschaftsentwicklung beschreibt Foucault nun das Auftauchen zweier Analysemethoden, die genau diesen Ausschluß des Empirischen wieder rückgängig machen: die Analyse der *Natur* des Bewußtseins, seiner physiologischen Bedingungen und die Analyse der *Geschichte* des Bewußtseins, seiner historischen Bedingungen.[16] Der Untersuchung von Natur einerseits und Geschichte andererseits folgen zwei Typen von Wahrheitsdiskursen: ein positivistischer und ein eschatologischer. Diese beiden Diskurstypen erscheinen zwar als Gegenströmungen, sie sind aber - so Foucault - „archäologisch nicht voneinander lösbar" (OD 387). Da sie „gleichzeitig empirisch und kritisch" sein wollen, vermischen sie sich, wofür als Beispiele Comte und Marx angeführt sind, auch untereinander:

> „... ein Diskurs, der gleichzeitig empirisch und kritisch sein will, kann nur positivistisch und eschatologisch in einem sein. Der Mensch erscheint darin als gleichzeitig reduzierte und verheißene Wahrheit. Die präkritische Naivität herrscht darin ungeteilt." (*OD 387)

Foucault polemisiert hier offensichtlich in erster Linie gegen den Marxismus, und vielleicht hat er die (marxistische) „Eschatologie" nicht zuletzt deshalb in seine Herleitung aufgenommen, um später in deutlicher Anspielung auf Sartre und Merleau-Ponty auch die

---

[15] Dreyfus/Rabinow 1987: 57.
[16] Vgl. Dreyfus/Rabinow 1987: 57.

„kürzliche Annäherung von Phänomenologie und Marxismus" ironisch kommentieren zu können.[17]

Der *Ordnung der Dinge* zufolge entsteht nun die Phänomenologie, um gegen die „präkritische Naivität" von Positivismus und Eschatologie „die vergessene Dimension des Transzendentalen wiederherzustellen" (OD 387), und zugleich die in ihnen angelegte Vermischung aufzuheben, bzw. anders zu vermitteln:

„... das moderne Denken [hat] ... nicht vermeiden können, den Ort eines Diskurses zu suchen, der weder zur Reduktion noch zur Verheißung gehört: *einen Diskurs, dessen Spannung das Empirische und das Transzendentale in einer Trennung aufrechterhielte und dennoch gestattete, gleichzeitig auf beide zu zielen*; einen Diskurs, der erlauben würde, den Menschen als ... Ort empirischer ... Erkenntnisse und als reine ... Form zu analysieren. Einen Diskurs also, der ... vielleicht gestatten würde, sich in diesem dritten und vermittelnden [intermédiaire] Glied zu artikulieren, in dem sich gleichzeitig die Erfahrung des Körpers und die der Kultur verwurzeln. Eine so komplexe, so überdeterminierte und so notwendige Rolle hat im modernen Denken die Analyse des Erlebten eingenommen." (OD 387; Hervorhebung A.R.)

Die Ableitung Foucaults ist äußerst dunkel und im einzelnen nicht nachvollziehbar. Er arbeitet mit den Gegensatzpaaren Natur/Geschichte, Positivismus/Eschatologie und empirisch/transzendental, die er teilweise parallel setzt, teilweise unterordnet und verzweigt. Daß die Zuordnungen alles andere als eindeutig sind, zeigt schon das angeführte Zitat: Zunächst hält der neue Diskurs die Spannung von Empirischem und Transzendentalem aufrecht, dann, in einer parallelisierenden Satzkonstruktion, vermittelt er Körper (Natur) und Kultur; „empirisch" ist einmal der Gegenbegriff zu „transzendental" (bzw. kritisch), ein anderes Mal sind „empirisch/natürlich" die Gegenbegriffe zu „historisch/kulturell". Ebenso erscheinen „Positivismus" und „Eschatologie" einerseits gekennzeichnet durch ein gemeinsames Vergessen des Transzendentalen, sie wären also beide „empirisch"; andererseits ist ihr

[17] Vgl. OD 388. Es heißt hier, daß diese Annäherung nicht als „späte Versöhnung" zu verstehen sei, sie erkläre sich vielmehr aus einer auf der „Ebene der archäologischen Konfigurationen" notwendige Verknüpfung. Die Option Sartres und Merleau-Pontys für den Marxismus stellt sich in dieser Perspektive nicht gerade als eine freie Entscheidung dar. - Dem Motiv der Polemik gegen den Marxismus werde ich im folgenden nicht weiter nachgehen, sondern die Aussagen Foucaults auf ihre für die Phänomenologie relevanten Momente beschränken.

Verhältnis untereinander analog zur empirisch-transzendentalen Dublette beschrieben, so als entspreche jede von ihnen einer der oszillierenden Seiten.

Trotz dieser Schwierigkeiten der Herleitung bleibt die zentrale These klar: Phänomenologie will die „präkritische Naivität" der Wissenschaften durch eine Revalorisierung des Transzendentalen brechen - vermutlich eine Anspielung auf Husserls Psychologismuskritik - und die verlorengegangene Differenz von Empirischem und Transzendentalem wiederherstellen. Doch das wird ihr nicht gelingen.

Foucault hatte seine Argumentation mit folgender Definition begonnen:

> „Der Mensch ist in der Analytik der Endlichkeit eine seltsame, empirisch-transzendentale Dublette, weil er ein solches Wesen ist, in dem man Kenntnis von dem nimmt, was jede Erkenntnis möglich macht. ... jetzt, wo der Ort der Analyse nicht mehr die Repräsentation, sondern der Mensch in seiner Endlichkeit ist, handelt es sich darum, die Bedingungen der Erkenntnis ausgehend von den empirischen Inhalten an den Tag zu bringen." (OD 384f)

Eine phänomenologische „Analyse des Erlebten" entspricht genau diesem Programm, sie steht in der Tradition jener Wissenschaften, die nach den konkreten empirischen Bedingungen des Menschen suchen. Sie kann Positivismus und Eschatologie weder wirklich in Frage stellen, noch überbieten, weil sie genau die Konstellation wiederholt, aus der diese beiden Wahrheitstypen entstanden sind. Sie bleibt ein „Diskurs gemischter Natur" und

> „... erfüllt also nur mit größerer Sorgfalt die hastigen Forderungen, die erhoben worden waren, als man im Menschen das Empirische für das Transzendentale hatte gelten lassen wollen." (OD 388)

So erreicht die Phänomenologie ihr Ziel nicht. Die Lösung, die Foucault anbietet und mit dem Namen Nietzsches verbindet, würde darin bestehen, ganz mit der Formation des modernen Denkens zu brechen, indem man ihre Grundlagen in Zweifel zieht und die Frage stellt „ob der Mensch wirklich existiert" (OD 388).

In der Darstellung der *Ordnung der Dinge* hat die Phänomenologie immer auch eine Vermittlungsfunktion, sie will nicht einseitig sein, sondern auf beides zielen, auf Empirisches und Transzendentales, sie will sich - auch dies wohl in Anspielung auf Merleau-Ponty - in einem „dritten ... Glied ... artikulieren, in dem sich gleichzeitig die Erfahrung des Körpers und der Kultur verwurzeln" (OD 387). An früherer Stelle, im siebten Kapitel der *Ordnung der Dinge*, beschreibt Foucault sie als „in der größten Tiefe ihrer Möglichkeiten und Unmöglichkeiten mit dem Schicksal der abendländischen Philosophie verbunden" (OD 305), weil sie zwei Problemstellungen aufnimmt, die sich im Denken nach Kant ergeben haben: das Problem der „Beziehungen zwischen dem formalen und dem transzendentalen Feld" und das der „Beziehungen zwischen ... der Empirizität und der transzendentalen Grundlage der Erkenntnis" (OD 305).[18] Das erste wird als eine „reine Reflexion, die *fundieren* kann" dem philosophischen Unternehmen Fichtes, das zweite als „eine Wiederaufnahme, die befähigt ist, zu *enthüllen*" demjenigen Hegels zugeordnet. Phänomenologie versucht nun beides, „die Rechte und die Grenzen einer formalen Logik in einer Reflexion transzendentalen Typs zu verankern [= Fundieren, A.R.] und ... die transzendentale Subjektivität mit dem impliziten Horizont der empirischen Inhalte zu verbinden [= Enthüllen, A.R.]" (OD 305).[19]

Unter dem Aspekt des „Enthüllens", in dem die empirisch/transzendentale Dublette sich andeutet, ist auch eine enge Verbindung von Phänomenologie und Dialektik postuliert. Foucault schließt das siebte Kapitel mit einer Passage, die im vorhinein seine Phänomenologiekritik bündig zusammenfaßt:

> „Aber vielleicht entgeht sie [die Phänomenologie, A.R.] nicht der Gefahr, die, sogar vor der Phänomenologie, jedes dialektische Unternehmen bedroht ... Es ist zweifellos nicht möglich, den empirischen Inhalten einen transzendentalen Wert zu geben, noch, sie in Richtung auf eine konstituierende Subjektivität zu verlagern, ohne wenigstens verschwiegen einer Anthropologie Raum zu geben, das heißt einer Denkweise, in der die De-jure-Grenzen der Erkenntnis ... gleichzeitig die konkreten Formen der Existenz sind ..." (OD 306)

---

[18] In der Trias, 'formal, transzendental, empirisch', aus der Foucault die beiden Haltungen ableitet, ist das Kantische Schema von formaler und transzendentaler Logik verarbeitet (s. OD 305 und Kant, *Kritik der reinen Vernunft* (KrV): B 79 - 82).

[19] Vgl. Lebrun 1991: 27.

„Anthropologie“ wird bei Foucault später zum Sammelbegriff für die im modernen Denken bezeichneten Doppel. Wenn er diesen Terminus hier zu einer Engführung von Phänomenologie und Dialektik benutzt, so kann er sich auf eine beiden gemeinsame ‘Vermischung’ von Empirischem und Transzendentalem berufen; diese ist jedoch - was an keiner Stelle auseinandergehalten wird - im jeweiligen Fall völlig verschieden motiviert. Daß Foucault die Verbindung wie selbstverständlich nahelegt, erklärt sich zum Teil auch aus der französischen Rezeption, die zwischen Hegels und Husserls Phänomenologie keine scharfe Trennlinie setzt.

1.3. Das Doppel Cogito/Ungedachtes

Auch unter dem dritten Aspekt des „anthropologischen Vierecks“, der „ständige[n] Beziehung des Cogito zum Ungedachten“, ist die Phänomenologie angesprochen. Diesmal wird sie als („negative“) Konsequenz einer modernen Verlagerung der transzendentalen Frage beschrieben. Foucault behauptet, daß sich die moderne Reflexion im Verhältnis zur Kantischen Fragestellung in vierfacher Weise verschoben habe, weil es sich in ihr nicht mehr

> „um die Wahrheit, sondern um das Sein; nicht mehr um die Natur, sondern um den Menschen; nicht mehr um die Möglichkeit der Erkenntnis, sondern um die eines ursprünglichen Verkennens; nicht mehr um den gegenüber der Wissenschaft nicht begründeten Charakter der philosophischen Theorien, sondern um die Wiederaufnahme des ganzen Gebietes von nicht begründeten Erfahrungen ... in einem klaren philosophischen Bewußtsein handelt“. (OD 390)

Die Phänomenologie belebt das Thema des Cogito wieder, doch sie kann nicht anders, als auf der Grundlage jener verschobenen Fragestellung zu agieren, sie operiert mit einem Cogito, dessen Funktion sich verändert hat und wird daher zum „sehr spürbare[n] und angepaßte[n] Verzeichnen des großen Bruchs, der sich in der modernen episteme an der Wende vom achtzehnten zum neunzehnten Jahrhundert vollzogen hat“ (OD 392). Es geht jetzt - nach dem Bruch - um die „Seinsweise des Menschen“ und um sein

„Verhältnis zum Ungedachten", deshalb hat die Phänomenologie auch

> „... während sie durch eine Reduktion auf das Cogito eingeführt wurde, immer zu Fragen, zu *der* ontologischen Frage geführt. Unter unseren Augen löst sich das phänomenologische Vorhaben auf in eine Beschreibung des Erlebten, die ungewollt empirisch ist, und in eine Ontologie des Ungedachten, die den Primat des 'Ich denke' außer Kurs setzt." (OD 393)

Die beschriebene „Verlagerung der transzendentalen Frage" ist der zentrale Punkt in der Argumentation Foucaults, vor allem - so scheint mir - ihr im ersten Zitat genannter Aspekt, es gehe in der modernen Reflexion nicht mehr um die (transzendentale) Wahrheit, sondern um das (empirische) Sein. Wenn man es recht bedenkt, war diese Aussage schon in der These von der Verdoppelung der Endlichkeiten bzw. der Reduplizierung des Empirischen im Transzendentalen vorausgesetzt. Denn diese Doppel bilden sich nur, wenn man die Ordnung des Denkens (der Wahrheit) in die des Seins überführt, wenn es nicht eine gedachte, sondern eine *konkrete* Endlichkeit, bzw. eine „analyse du vécu" als *gelebter* Erfahrung ist, die zur fundamentalen Grundlage des Wissens wird. In all dem tritt man unwiderruflich aus dem Bereich des 'reinen' Denkens heraus, als habe man Descartes „ich denke" von einer logischen in eine existentielle Operation verwandelt. Es findet eine Art 'Ontisierung' des Transzendentalen statt.

Wenn Foucault sagt, Phänomenologie habe, „während sie durch eine Reduktion auf das Cogito eingeführt wurde, immer zu ... *der* ontologischen Frage geführt", so meint er damit zunächst die Frage nach dem Sein des Menschen. Er spricht aber auch von der „Frage des Seins" (OD 392) bzw. einer „Ontologie ohne Metaphysik" (OD 409). Ich werde diese These stärker machen, als Foucault selbst es vielleicht intendiert hat und werde sie allgemein auf Seinsfragen ausdehnen, weil mir scheint, daß Foucaults Modell erklären könnte, wie sich im 20. Jahrhundert, ausgehend von einer transzendental orientierten Phänomenologie, 'Ontologien' entwikkeln konnten und warum beide Disziplinen sich als Methodendiskrepanz in Sartres frühem Hauptwerk wiederfinden lassen.

Der oben zitierte Passus enthält allerdings noch mehr, denn er beschreibt die Phänomenologie zusätzlich als „ungewollt empirisch" und als „Ontologie des Ungedachten". Mit dem ersten

Aspekt nimmt Foucault einen nicht unbedingt neuen Vorwurf auf, Phänomenologie könne sich, trotz aller Bemühungen um transzendentale „Reinheit“, nicht wirklich von den empirischen Wissenschaften abgrenzen.[20] Das „empirique malgré soi“ könnte darüberhinaus auch an einen Einwand Merleau-Pontys erinnern, der auf die Unmöglichkeit reiner Reflexionsphilosophie hinweist, weil sie je schon in einer konkreten Situation verankert ist,[21] in diesem Sinne also auch „ungewollt empirisch“ wäre. Ich glaube allerdings, daß Foucault diesen Einwand anders aufnimmt und daß seine Kritik auch noch die Phänomenologie-Kritik Merleau-Pontys einschließt. Er jedenfalls wird nicht dabei stehen bleiben, auf die unhinterfragten Voraussetzungen der Phänomenologie hinzuweisen, er wird, wie sein Zitat andeutet, die Frage nach diesem „Ungedachten“ selbst unterlaufen.

Mit der Charakterisierung der Phänomenologie als „Ontologie des Ungedachten“ ist auch der ‘negativistische’ Aspekt der Moderne wieder angesprochen.[22] Eine Folge des empirisch-transzendentalen Doppels ist - so Foucault - der unaufhebbare Zwang für den Menschen, sich von dem her zu denken, was er nicht ist, weil er, als seine eigene Bedingung, sich selbst („durch sein Sein“) permanent übersteigt.

> „Aus diesem Grunde findet das transzendentale Denken in seiner modernen Form den Punkt seiner Notwendigkeit ... in der stummen ... Existenz jenes Nichtbekannten, von dem aus der Mensch unaufhörlich zur Erkenntnis seiner selbst aufgerufen ist.“ (OD 389f)

Die Pointe der Interpretation besteht darin zu zeigen, daß, obwohl es im modernen Cogito um das Sein geht, das „je pense“ nicht mehr zu einem „je suis“ führen kann (s. OD 391). Foucault wird nicht müde, das moderne Bewußtsein als ein unglückliches zu schildern: Es führt nicht zu einer Seinsbestätigung (OD 391) und es ist „von dem Gesetz durchdrungen, das Ungedachte zu denken“,

---

[20] Eine ähnliche Kritik findet sich z. B. bei Adorno und Derrida (s. dazu diese Arbeit Teil 1, Kap. 1.5).

[21] Vgl. z. B. Merleau-Ponty, *Das Sichtbare und das Unsichtbare*, ^{2}1994: 67ff; u. ders., *Der Philosoph und sein Schatten.*

[22] Der Ausdruck ‘negativistisch’ ist von mir nicht in einem strengen terminologischen Sinn verwendet. Er soll lediglich dieses scheinbar ‘dialektische’ Prinzip kennzeichnen, demzufolge etwas seine Wahrheit in dem hat, was es nicht ist, im *Ab*wesenden, *Un*gedachten, Anderen, in seiner Grenze.

ein Ungedachtes, das „in Beziehung zum Menschen ... das brüderliche Andere [ist], der Zwilling, nicht von ihm geboren, nicht in ihm, sondern neben ihm ..." (OD 394). Es ist „ein wenig der Schatten, den dieser Mensch beim Auftauchen im Wissen trägt; ein wenig wie der blinde Fleck, von wo aus es möglich ist, ihn zu erkennen" (OD 394). Bei Husserl sieht Foucault diese Figur durch den permanenten Rekurs auf „das Implizite, das Unaktuelle, das Sedimentierte, das Nichtausgeführte" (OD 394) bestätigt.

Will man nun die 'Kritik' Foucaults an der Phänomenologie zusammenfassen, so ergeben sich folgende Punkte: Im Abschnitt 4 des neunten Kapitels der *Ordnung der Ding*e war Phänomenologie als „Diskurs gemischter Natur" gekennzeichnet, als 'falsche' Kritik an Positivismus und Eschatologie. Ihr Dilemma ist, daß sie, trotz ihres Versuchs einer Differenzierung der Seiten, „das Empirische auf der Ebene des Transzendentalen zur Geltung" bringen, sich also im modernen Doppel verstricken muß. Im Abschnitt 5 war die Phänomenologie so bestimmt, daß sie bereits auf dem Boden einer veränderten transzendentalen Frage agiert, bzw. die Veränderung reproduziert. Das „moderne" Cogito dient der Frage nach dem Sein und der des Ungedachten, Phänomenologie wird ungewollt empirisch.

Mit dieser Kritik ist noch nicht viel gesagt, sie bleibt, für sich gesehen, abstrakt. Ich werde daher im weiteren eine Interpretation des Befundes vorschlagen und mich dabei an folgenden Fragen orientieren: 1. Was bedeutet die Vermischung von empirisch und transzendental? Was meint Foucault mit der Wendung „das Empirische auf der Ebene des Transzendentalen zur Geltung bringen"? 2. Wieso soll die Phänomenologie auf „die ontologische Frage" hinauslaufen? 3. Was bedeutet das „Ungedachte", in dessen Ontologie die Phänomenologie verfällt?

1.4. Kant oder die Kunst der Begrenzung

Die Differenz empirisch/transzendental verweist auf Kant, doch dessen Rolle innerhalb der *Ordnung der Dinge* ist ambivalent. Einerseits scheint er die Trennung noch 'sauber' durchgeführt zu haben, denn in der Darstellung Foucaults fällt Kant selbst nicht unter das Diktum der Vermischung. Die Dublette kommt erst in den nachkantischen Philosophien wirklich zum Tragen. Diese sind als „präkritisch naiv" beschrieben (Positivismus und Eschatologie) oder als den Anwendungspunkt der transzendentalen Analyse „verschiebend". Sie fallen also niemals ganz mit dem Kantischen Projekt zusammen. Andererseits ist die systematische Trennung von empirisch und transzendental allererst die Bedingung für die Ausbildung der Dublette. Kant muß mit der Trennung der Seiten auch deren spätere Vermischung angelegt haben.[23]

Bei Kant sind „empirisch" und „transzendental" Gegenbegriffe,[24] jedoch nicht unbedingt in derselben Weise, wie Foucault sie übernimmt. Der Bedeutungshorizont von „transzendental" - bei Kant schon vieldeutig und schillernd - ist bei Foucault eigentümlich verschoben, was sich u. a. darin zeigt, daß er für den von Kant immer adjektivisch verwendeten Terminus eine substantivierte Form (le transcendental) einführt und damit auch an die scholastischen Transzendentalien erinnert.

Nach der berühmten Definition Kants, er nenne

> „... alle Erkenntnis transzendental, die sich nicht sowohl mit Gegenständen, sondern mit unserer Erkenntnisart von Gegenständen, insofern dieses a priori möglich sein soll, ... beschäftigt" (KrV: B 25),

zeichnet sich die Bestimmung „transzendental" durch folgende Merkmale aus: einmal durch den (in der „kopernikanischen Wende" vollzogenen) Wechsel der Blickrichtung weg vom „Ding", hin zum Erkennenden, es geht also um die *Erkenntnisart*; zweitens ist

---

23 Die ambivalente Stellung Kants erklärt sich darin, daß Foucault ihn *zwischen* der klassischen und der modernen Episteme situiert: die Kantische Kritik „markiert ... die Schwelle unserer Modernität" (OD 299). Kant wird zuweilen gegen das moderne Denken auf die Seite der Klassik gestellt, gegen das klassische Denken aber auf die Seite der Moderne.

24 Der eigentliche Gegenbegriff zu empirisch ist „rein" bzw. „a priori", das meist, aber nicht immer, mit „rein" zusammenfällt (s. z. B. KrV: B 3).

in ihm nur das *Apriorische* thematisch, das, was vor aller Erfahrung liegt und sie allererst ermöglicht; drittens handelt es sich um unsere „Erkenntnisart *von Gegenständen*", d. h., die transzendentale Reflexion unterscheidet sich von einer logischen dadurch, daß sie sich auf Inhalte bezieht.

Das „Empirische" dagegen bezeichnet die äußeren Bedingungen der Erkenntnis: die Erfahrung. Ein Begriff ist empirisch, wenn „Empfindung" in ihm enthalten ist (KrV: B 74), er richtet sich nach dem Muster der Natur (KrV: B 164), das Empirische ist zufällig (KrV: B 5, u. a.), immer an Sinnlichkeit gebunden und immer a posteriori (KrV: B 2f).

Mit der Idee einer transzendentalen Untersuchung gelingt es Kant, seine Theorie zwischen Rationalismus und Empirismus anzusiedeln, denn er benennt Prinzipien, die sowohl a priori sind, also unterschieden vom Empirischen, als auch notwendig bezogen auf Gegenstände, also unterschieden vom bloß Logischen. Wären die von ihm aufgewiesenen Prinzipien der Erfahrung a posteriori, so könnte Kant dem skeptischen Argument Humes von der Kausalität als bloßem Gewöhnungsurteil, das zufällig und von außen an die Dinge herangetragen wird, nichts entgegenhalten.[25] Wären die Prinzipien rein logische, so tangierten sie das Humesche Argument nicht, denn es könnte nicht gezeigt werden, daß sie sich wirklich auf Gegenstände der Erfahrung beziehen. Reine Verstandesbegriffe müssen die Beziehung zum Gegenstand leisten, ohne selbst von ihm abhängig zu sein.

Es mag sein, daß die Zwischenstellung der transzendentalen Untersuchung, ihre Intention aufs Empirische, die spätere Ambivalenz eines Doppels begünstigt. Für Kant jedoch ist die strenge Eingrenzung dieses Bereichs und seine Unterscheidung vom Empirischen um so wichtiger, als an ihr die Möglichkeit einer wissenschaftlichen Grundlegung der Metaphysik hängt. „Transzendental" wird zu einem Grenzbegriff und steht bekanntlich für eine doppelte Beschränkung des Feldes unserer Erkenntnis: Diese erstreckt sich nur auf den Bereich möglicher Erfahrung, nicht auf Ideen, und nur auf unsere Erkenntnis*art* von Gegenständen, nicht auf die Gegenstände selbst. Daher muß auch

---

[25] Vgl. *Prolegomena,* Vorrede: 4f (AA: 257ff).

„... der stolze Name einer Ontologie, welche sich anmaßt, von Dingen überhaupt synthetische Erkenntnisse a priori ... zu geben, ... dem bescheidenen, einer Analytik des reinen Verstandes, Platz machen." (KrV: B 303)

Es wäre wenig sinnvoll, die Rede vom empirisch/transzendentalen Doppel im strengen Sinn auf die Kantische Terminologie zurückführen oder nach ihr aufschlüsseln zu wollen. Dazu sind Foucaults Begriffe zu vage und die mit dem Doppel bezeichneten Sachverhalte zu vieldeutig, denn sie umschließen, wie sich im Laufe der Arbeit erweisen wird, Probleme des Verhältnisses von Einzelnem und Allgemeinem, von Sein und Denken, von Subjekt und Objekt, von Apriori und Aposteriori, Wesen und Erscheinung. Aber was Foucault bezeichnen will, steht in dem von Kant markierten Kontext. Schon die Beschreibung der modernen Endlichkeit nahm Momente der Bestimmung von „transzendental" auf, und die Struktur einer empirisch/ transzendentalen Verdoppelung erinnert auffällig an die „Amphibolie der Reflexionsbegriffe" und den „transzendentalen Schein" aus der *Kritik der reinen Vernunft*, in denen es ja um eine Vermischung von Gedachtem und Realem geht, um eine Verwechslung des Transzendentalen mit dem Empirischen bzw. mit dem Transzendenten.[26]

In dem Kapitel zur *Amphibolie der Reflexionsbegriffe* z. B. wendet Kant gegen Leibniz ein, daß dieser sinnliche Erkenntnis und reinen Verstand als Erkenntnisinstanzen nicht unterscheide und daß er glaube, die nur in einem der Vermögen fundierte Wahrheit beziehe sich auf Dinge an sich und nicht nur auf Erscheinungen.[27] Ähnlich bildet sich der „transzendentale Schein" aus einer Unklarheit darüber, woher die Erkenntnis stammt und worauf allein sie sich bezieht. Die Illusion besteht darin, daß „die subjektive Notwendigkeit einer ... Verknüpfung unserer Begriffe ... für eine objektive Notwendigkeit der Bestimmung der Dinge an sich gehalten wird" (KrV: B 353). Kant, der gegen den Skeptizismus das Apriori und gegen den Dogmatismus die Beziehung auf Gegenstände geltend macht, bestimmt in einem genau austarierten Gleichgewicht von Trennung und Verknüpfung, in welcher Hin-

---

26 Vgl. zur transzendentalen Dialektik: O. Höffe, *Immanuel Kant*, ^{3}1992: 134ff.
27 Vgl. KrV: B 326ff.

sicht zu unterscheiden ist, was doch unaufhebbar aufeinander bezogen bleibt.

Die 'Kritik' der Doppel in der *Ordnung der Dinge* läßt sich durchaus analog zu diesem Muster verstehen. Es ist, als wende Foucault die kritizistischen Vorbehalte auf das „moderne Denken" an, während er die alte Metaphysik eines Descartes z. B. gegen sie in Schutz nimmt.[28]

Wenn Foucault das Motiv der Phänomenologie umschreibt als „das Empirische und das Transzendentale in einer Trennung" aufrechterhalten „und dennoch ... gleichzeitig auf beide zu zielen" (OD, 387), so ist darin das Kantische Ideal mitgedacht. Im modernen Denken aber, weil es ein „Denken des Gleichen" ist, vermischt sich Positives und Grundlegendes, „in einer unendliche[n] Oszillation" entspricht sich „das, was in der Erfahrung gegeben ist und das, was die Erfahrung möglich macht" (OD 405), sind „die Inhalte der Erfahrung bereits ihre eigenen Bedingungen" (OD 409).

Kant verwendet das Wort „transzendental" zur Kennzeichnung einer Methode, aber auch als einfache Eigenschaftsbestimmung, die markiert, was zur apriorischen und was zur aposteriorischen Seite einer Erfahrung gehört, was zur Sinnlichkeit und was zum Verstand. Das „Empirische auf der Ebene des Transzendentalen zur Geltung bringen" hieße demnach, einen methodischen Fehler zu begehen und *die Ebenen der Betrachtung nicht zu trennen*, eine empirische oder logische Deduktion für eine transzendentale zu halten. Und weiterhin hieße es, auch die *Inhalte zu vermengen*, das aus der Erfahrung gewonnene für die Bedingung der Möglichkeit der Erfahrung zu halten.

---

[28] Vgl. OD 377. Es wäre interessant, diesen Parallelen zur *Kritik der reinen Vernunft* genauer nachzugehen, vor allem aus den „Paralogismen" scheint Foucault einiges für seine Argumentation übernommen zu haben.

Betreibt die Phänomenologie eine solche Vermischung? Foucault behauptet, ihr Versuch scheitere, „die vergessene Dimension des Transzendentalen wiederherzustellen“ (OD 389), sie erfülle das Doppel „nur mit größerer Sorgfalt“ (OD 388) und ihre Beschreibung des Erlebten werde „ungewollt empirisch“ (OD 393). Gleichzeitig ist in der *Ordnung der Dinge* davon die Rede, daß das moderne Cogito zur „Frage des Seins“ führe, zu „der ontologischen Frage“.

Für die weitere Betrachtung ist es nun wichtig zu wissen, in welchem Sinn hier „ontologisch“ zu verstehen ist und inwieweit der im gleichen Atemzug genannte Vorwurf des „ungewollt empirisch[en]“ damit zusammenhängt. Liegen ‘Ontologisches’ und ‘Empirisches’ auf einer Ebene? Die „Frage nach dem Sein“, wie Foucault sie im Abschnitt über *Das Cogito und das Ungedachte* schildert, läßt sich als Frage nach konkreter Faktizität, aber auch als Frage nach Wesensstrukturen verstehen. In dem schon erwähnten Diktum, daß es dem modernen Denken nicht mehr um die Wahrheit, sondern um das Sein gehe, hat „Sein“ ganz klar den Sinn von Faktizität. Und so haftet der neuen Ontologie, die „auf eine Metaphysik verzichten kann und muß“ (OD 409) immer Empirisches an, sie hat neben einer vielleicht noch ‘ideellen’ auch eine ‘positivistische’ Seite.[29]

Ich werde dieser Zweideutigkeit Rechnung tragen und den Terminus „Ontologie“ (dessen Aspekte man als ‘reale’ und ‘ideale’ Ontologie bezeichnen könnte) zunächst in einem weiten, unspezifischen Sinn als „Ausrichtung auf das Sein“ verstehen, gleichgültig ob mit Sein konkretes Seiendes oder ‘Wesenheiten’ gemeint sein mögen.[30] Was bedeuten die Aussagen Foucaults nun

---

[29] Foucault spricht bezüglich des modernen Denkens von beidem, einer „Ontologie ohne Metaphysik“ (OD 409), aber auch von „Metaphysiken des Objekts“ (OD 302), die sich hier ausbilden.

[30] Gebrauch und Bewertung des Terminus „Ontologie“ bei Foucault sind uneindeutig. Während die „Ontologie ohne Metaphysik“ in der *Ordnung der Dinge* als Polemik zu verstehen ist, beruft sich Foucault in anderen Texten selbst emphatisch auf eine „Seinsfrage“, z. B. in der *Vorrede zur Überschreitung*, wo er ein Denken fordert, „das Kritik und Ontologie in einem ist ... das die Endlichkeit [hier positiv

im Rahmen einer Phänomenologiekritik? Wenn die empirisch-transzendentale Dublette eine *Vermischung* von Betrachtungsebenen bezeichnet, liegt der Verdacht nahe, daß die Phänomenologie sich, wo sie mit Seinsfragen in Verbindung kommt, also 'ontologisch' verfährt, einer solchen Vermischung aussetzt. Ich werde versuchen, diese Dynamik an einer Spannung in den bewußtseinsidealistischen Grundsätzen Husserls aufzuzeigen, wie sie sich in den *Cartesianischen Meditationen* darstellt und einen kurzen Ausblick auf die Transformation phänomenologischer Motive durch Heidegger anschließen. Die beschriebene Bewegung wird sich später bei Sartre wiederfinden.

Die Wendung „phänomenologische Ontologie" tritt, bevor sie im Untertitel zu Sartres *Das Sein und das Nichts* erscheint, schon bei Heidegger[31] auf, und auch Husserl spricht der Phänomenologie die „Aufgabe einer apriorischen Ontologie der realen Welt"[32] zu.

Das ist eigenartig, denn Phänomenologie bestimmt sich gerade durch die Ausklammerung der Seinsfrage. Das entscheidende Theorem, auf dem Husserl seine Konzeption einer Phänomenologie aufbaut, ist das der Epoché, „das universale Außergeltungsetzen aller ... Seinsstellungnahmen" (CM 22), alles ist „statt seiend nur Seinsphänomen" (CM 20). So gesehen scheint Phänomenologie die Bedingung ihrer Möglichkeit gerade im Ausschluß von ontologischen Fragen zu haben;[33] als Transzendentalphilosophie verstanden, die sich auf die Analyse unserer *Erkenntnisart* beschränkt, bildet sie zumindest einen methodischen Gegensatz zu einer Ontologie, die auf die 'Dinge selbst' geht: „In der Phänomenologie ist die Frage nicht, wie Dinge überhaupt *sind* ... sondern wie beschaffen das Bewußtsein von Dingen ist."[34]

---

verstanden!, A.R.] und das Sein denkt" (Foucault, *Vorrede zur Überschreitung*: 34).

[31] Heidegger, *Sein und Zeit* (SuZ), ^{4}1935: 38.

[32] Husserl, *Cartesianische Meditationen* (CM), 1987: 140.

[33] Vgl. z. B. Becker, *Zwei phänomenologische Betrachtungen zum Realitätsproblem*", 1962: 14; Ricoeur, *Phénoménologie existentielle*, 1957: 19.10 - 8; und Husserl, *Ideen zu einer reinen Phänomenologie und phänomenologischen Philosophie*, ^{4}1980: 114.

[34] Husserl, *Die Phänomenologie und die Fundamente der Wissenschaften*, 1986: 86.

Husserl zieht mit der Epoché die Konsequenz aus einer Aporie, denn der Dualismus von „Ding an sich“ und Erscheinung, den Kant aufgeworfen hat, läßt sich mit den von Kant selbst vorgegebenen Mitteln erkenntnistheoretisch nicht lösen. So stellt sich jeder herkömmlichen Erkenntnistheorie das „Problem der Transzendenz“: „Wie komme ich aus meiner Bewußtseinsinsel heraus, wie kann, was in meinem Bewußtsein als Evidenzerlebnis auftritt, objektive Bedeutung gewinnen?“ (CM 86) Husserls Antwort auf diese Frage ist verblüffend, denn er behauptet gerade durch die Epoché, durch die Ausschaltung der Seinssetzung, das Problem der Transzendenz zu lösen:

„Was hat die transzendentale Selbstbesinnung der Phänomenologie dazu zu sagen? Nichts minderes, als daß dieses ganze Problem widersinnig ist, ein Widersinn, in den Descartes selbst verfallen mußte, weil er den echten Sinn seiner transzendentalen Epoché und der Reduktion auf das reine Ego verfehlte.“ (CM 85)

Die Epoché wird für Husserl zum zentralen Kriterium der Abgrenzung gegenüber „traditioneller Erkenntnistheorie“[35] und das Wort „transzendental“ wird zum Signum einer anderen Ebene der Betrachtung, die grundsätzlich gegen Fehler der „natürlichen“, „psychologischen“ Einstellung immun ist. In ihrer letzten Konsequenz ist die Epoché eine Radikalisierung des Kantischen Ansatzes; es ist, als werde nun auch noch das „Ding an sich“ weggestrichen:

„Echte Erkenntnistheorie ist danach allein sinnvoll als transzendental-phänomenologische, die, statt mit widersinnigen Schlüssen von einer vermeinten Immanenz auf eine vermeinte Transzendenz, die irgendwelcher angeblich prinzipiell unerkennbarer ‘Dinge an sich’, es ausschließlich zu tun hat mit der systematischen Aufklärung der Erkenntnisleistung, in der sie durch und durch verständlich werden müssen als intentionale Leistung.“ (CM 87)

Husserls Wissenschaft wird zur „reinen Egologie“ (CM 31), zu einem „transzendentalen Idealismus“, der „nichts weiter ist als in Form systematisch egologischer Wissenschaft konsequent durchgeführte Selbstauslegung meines Ego als Subjektes jeder möglichen Erkenntnis“ (CM 88). Sie distanziert sich vom Kantischen

---

[35] Vgl. CM: §§ 40, 41.

Idealismus, „der mindestens als Grenzbegriff die Möglichkeit einer Welt von Dingen an sich glaubt offen halten zu können ...“ (CM 88), durch dessen Überbietung.

Paradoxerweise scheint für Husserl von diesem „methodischen Solipsismus“ aus sowohl Transzendenz als auch ein ontologisches Fragen wieder möglich. Das Problem ‘wie komme ich aus meiner Bewußtseinsinsel heraus?’ beantwortet er wie folgt:

> „Transzendenz in jeder Form ist ein innerhalb des Ego sich konstituierender Seinssinn. Jeder erdenkliche Sinn, jedes erdenkliche Sein, ob es immanent oder transzendent heißt, fällt in den Bereich der transzendentalen Subjektivität als der Sinn und Sein konstituierenden.“ (CM 86)[36]

Auf dieser neuen Ebene der reinen Immanenz findet Husserl dann ein unerschöpfliches Gegenstandsfeld für quasi empirische Untersuchungen, er bemerkt, daß die „phänomenologische Epoché ... eine neuartige unendliche *Seinssphäre* freilegt ...“ (CM 29, Hervorhebung A.R.). Die Inhalte des Ego, „dahinströmende Mannigfaltigkeiten“ (CM 42), bieten ein „unendliches Feld transzendentaler Erfahrung“ (CM 32). Im Gegensatz zu Descartes rettet Husserl die Inhalte des denkenden Ich.[37] ‘Gegenstände’, als Seiendes ausgeschlossen, werden als cogitationes zu einem Untersuchungsfeld, das ebenso gegenständlich erscheint, wie die „Dinge selbst“. Ist einmal die Seinsgeltung außer Kraft gesetzt, läßt sich beruhigt wieder von „Sein“ sprechen. Die phänomenologische Methode, so heißt es nun, führe „zu Versuchen einer neuen Ontologie“, die - im Gegensatz zu derjenigen des 18. Jahrhunderts[38] - auf Anschauung basiere, sie führe zu einer „konkrete[n] Logik des Seins“ (CM 159). Daß es eine „immanente Transzendenz“ (CM 110) ist, von der Husserl spricht und daß es eine ‘Ontologie der Erscheinung’ sein muß, die sich notwendig aus seinem Ansatz ergibt, scheint nicht zu stören.

Immanenz war eines der Merkmale von Endlichkeit, mit denen Foucault die Struktur des modernen Denkens charakterisierte, und

---

[36] Vgl. CM: § 28.

[37] „Sicherlich liegt im Sinne der transzendentalen Reduktion, daß sie zu Anfang *als seiend* nichts anderes setzen kann als das Ego *und was in ihm selbst beschlossen ist.*“ (CM 31, Hervorhebung A.R.)

[38] Vgl. CM 141.

die eklatante Monopolisierung des Außen durch das Innen bei Husserl scheint genau dieser Denkform zu entsprechen.[39] Selbst Intersubjektivität, die am Ende der *Cartesianischen Meditationen* den methodischen Solipsismus überschreiten soll, kann nur im Modell sich gegenseitig „appräsentierender“ Monaden beschrieben werden, „Fremdes“ ist auch hier „nur denkbar als Analogon von Eigenheitlichem“.[40]

Die gespaltene Selbstbezüglichkeit eines Denkens, dem es immer darum geht „zu zeigen, wie das Andere, das Ferne, ebensowohl das Nächste und das Gleiche ist“ (OD 409) und die aus dem modernen Denken ein „Denken des Gleichen“ macht, ist für Foucault Ursache der verschiedenen von ihm beschriebenen Verdoppelungsvorgänge. Tatsächlich baut sich bei Husserl in der Immanenz des transzendentalen Ich die ganze Welt erkenntnistheoretischer Dualismen wieder auf; der „Gegensatz des Bewußtseins“ ist von ihm gleichsam ‘aufgesogen’, Subjekt und Objekt treten jetzt als noesis und noema in Erscheinung.[41]

Nun fällt auf, daß bei Husserl „transzendental“ nicht mehr unbedingt im Gegensatz zu „empirisch“ steht, z. B. wenn von einer „bloß empirischen (obschon nur in der transzendentalen Erfahrungssphäre verlaufenden) Deskription“ die Rede ist (CM 71). Deutlich wird dies auch in der Interpretation der Phänomenologie durch Eugen Fink. Dieser weist die neukantianische Kritik an Husserl mit folgendem Argument zurück:

> „Während die kritische Philosophie beherrscht wird vom Gegensatz von ‘empirisch’ und ‘transzendental’ ... steht die Phänomenologie unter dem Gegensatz von ‘mundan’ und ‘transzendental’.“[42]

---

[39] Im Text finden sich häufig Wendungen, die auf eine solche ‘Immanentisierung’ von Welt hinweisen, besonders deutlich CM 44. - Paul Janssen bemerkt, daß bei Husserl die „sogenannte äußere Erfahrung ... in die innere Erfahrung hineingezogen“ wird, das „Transzendenzproblem scheint zu verschwinden“ (Janssen, *Edmund Husserl,* 1976: 158, 162).

[40] CM 118; s. a. CM §§ 44 u. 50-52.

[41] In diesem Zusammenhang spricht Adorno von einer „dualistischen Immanenz“, der „Wiederkunft von Subjekt und Objekt im Subjekt“ (Adorno, *Zur Metakritik der Erkenntnistheorie*, 1990: 31).

[42] Fink, *Die phänomenologische Philosophie Edmund Husserls in der gegenwärtigen Kritik*, 1966: 147.

Was immer das im einzelnen heißen mag (ein parallel zur Kantischen Unterscheidung angeordnetes Oppositionspaar bleibt ja erhalten), dieser Deutung zufolge ist der Gegensatz empirisch/transzendental nicht mehr wesentlich für die Phänomenologie, und wer ihn einklagt, verfehlt die Intention Husserls. Die Stoßrichtung von Finks Lesart ist dieselbe wie diejenige in Heideggers ontologischer Kant-Auslegung: Sie wendet sich gegen den Neukantianismus, indem sie die Phänomenologie explizit *nicht* als Erkenntnistheorie versteht, sondern gegen den Kritizismus ihre Orientierung am *Seinsproblem* hervorhebt.[43] Es scheint, als sei die 'Rückkehr zur Ontologie' an die Aufhebung der Trennung von empirisch und transzendental gebunden, bzw. umgekehrt, als bewirke die Aufhebung der Trennung von empirisch und transzendental eine 'Rückkehr zur Ontologie'.

Doch von welchem 'Sein' ist hier noch die Rede? Man hat den Eindruck, daß die Phänomenologie „Erscheinung" und „Ding an sich" um so gründlicher identifiziert, als sie - unter dem Deckmantel der Epoché - eine der Seiten nivelliert. Der Gegensatz wird allerdings unreflektiert auf anderer Ebene wiederkehren, denn von nun an bleibt der Begriff des „Gegenstandes" ambivalent, er oszilliert beharrlich zwischen der Bedeutung „Tatsache" und „Phänomen".[44]

Das vorangestellte 'passe par tout - Adjektiv' „transzendental" wird für Husserl zum Zauberwort, um sich ständig der „Reinheit" der von ihm geführten Untersuchungen zu versichern. „Rein" war bei Kant der eigentliche Gegenbegriff zu „empirisch",[45] doch mit Recht hat Adorno darauf hingewiesen, daß

---

[43] Vgl. Heidegger, *Kant* ... : 16, 17; Fink, *Das Problem der Phänomenologie Edmund Husserls*, 1966: 189, 198; Fink, *Die phänomenologische Philosophie* ..., 100 u. a.

[44] Zur Ambivalenz des Phänomenbegriffs und zur „Paradoxie der phänomenalen Transzendenz" vgl.: Asemissen, *Strukturanalytische Probleme in der Phänomenologie Husserls*, 1957: 84ff. Asemissen merkt auch an, daß Husserls Vorentscheidung des Problems der phänomenalen Transzendenz zugunsten eines Idealismus „in ihrem Ergebnis eine Identifizierung von Phänomenologie und Ontologie herbeiführt" (a. a. O.: 89).

[45] Vgl. diese Arbeit, Teil 1, Kap.1.4, Fußn. 24.

„Husserl selber das Kriterium schuldig bleibt, das es erlaubte, das von ihm am Ende urgierte reine Ich, Heimat des Transzendentalen, von der Bewußtseinsimmanenz herkömmlich szientifischen Stils abzuheben.“[46]

Außer dem Adjektiv „transzendental“ und dem damit verbundenen Grundlegungsanspruch unterscheiden sich die Studien Husserls wenig von gängigen psychologischen oder erkenntnistheoretischen. Husserl selbst sagt, daß die in transzendental reflektierendem Leben erfahrene Welt eigentlich dieselbe bleibe wie vorher,[47] auch die Inhalte der Wissenschaften scheinen sich nicht zu verändern, nur ihr Status ist jetzt ein „transzendentaler“. Derrida spricht diesbezüglich von einer „Differenz, die nichts unterscheidet“[48] und Paul Ricœur benutzt sogar dasselbe Bild wie Foucault, die Dublette, um das Verhältnis von Phänomenologie und phänomenologischer Psychologie zu beschreiben:

[elles] „... constituent un ‘doublet’ qui, sans cesse, suscite la confusion des deux disciplines, l’une transcendentale, l’autre empirique. Seule la réduction les sépare.“[49]

Genau dies muß Foucault gemeint haben, als er sagte, Phänomenologie werde „ungewollt empirisch“ und daß ihr Versuch scheitern müsse, einen Diskurs zu etablieren, „dessen Spannung das Empirische und das Transzendentale in einer Trennung aufrechterhielte“ (OD 387).

So finden in der beschriebenen Entwicklung eigentlich zwei Verdoppelungen statt: Sofern alles Sein auf Erscheinung reduziert und der Immanenzsphäre des Subjekts zugeschlagen wird, aber dennoch als dessen „Gegenstand“ bestehen bleibt, wiederholt sich die Subjekt-Objekt Dyade im Subjekt. Gleichzeitig wird dieses umfassende Feld des ‘Subjektiven’, weil es die ganze Welt enthält, ununterscheidbar von seinem ehemaligen Gegenteil und bildet so sein Double: Es ist nicht mehr auszumachen, ob man Phänomenologie betreibt oder Ontologie, ob man sich auf der Ebene des transzendentalen oder des empirischen Wissens befindet, ob man

---

46 Adorno, *Zur Metakritik ...*: 16.

47 Vgl. CM 21.

48 Derrida, *Die Stimme und das Phänomen*, 1979: 61.

49 Ricoeur, *Phénoménologie et herméneutique*, 1975: 35. Ricoeur bezieht sich in seinem Text nicht auf Foucault.

von Dingen handelt oder von Phänomenen. Das Gleiche ist ebensosehr das Andere.[50]

Im Anschluß an Husserl zwingt Heidegger Transzendentalphilosophie völlig in Ontologie zurück, indem er die transzendentale Fragestellung bewußt ignoriert, bzw. sie so reformuliert, als sei sie nie etwas anderes als eine ontologische gewesen. Von Epoché ist nicht mehr die Rede. Und wenn die Epoché wie ein 'Wegstreichen' des Dings an sich wirkte, so resultiert aus dem Wegstreichen der Epoché, daß Erscheinung und Ding an sich endgültig wieder zusammenfallen: „Das Seiende 'in der Erscheinung' ist dasselbe Seiende wie das Seiende an sich, ja gerade nur dieses."[51] Die Kantische Unterscheidung von transzendent und transzendental wird nivelliert; Heidegger zufolge untersucht transzendentale Erkenntnis „die Seinsverfassung des Seienden. Sie betrifft das Überschreiten (Transzendenz) der reinen Vernunft zum Seienden."[52] Phänomenologie ist nun „die Wissenschaft vom Sein des Seienden - Ontologie" (SuZ 37).

Es mag sein, daß es ein „ontologisches Bedürfnis" ist, das sich hier Ausdruck verschafft, „die Sehnsucht, beim Kantischen Verdikt übers Wissen des Absoluten solle es nicht sein Bewenden haben".[53] Adorno konstatiert hinsichtlich der „Wiederbelebung von Ontologie" bei Heidegger eine „Ontologisierung des Ontischen", die darin besteht, daß die Seinslehre ambivalent zugleich von Seiendem handelt und dieses ontologisiert, daß sie Nichtidentisches unter einen identischen Begriff zwingt.[54] „Ontologisierung des Ontischen" bezeichnet darüberhinaus eine Vermischung verschiedener Ebenen. Die Spannung von Begriff und Faktum, von Allgemeinem und Einzelnem, oder, in Foucaults Worten, von Positi-

[50] In vielen Hinsichten stimmt die Beschreibung der Doppel in der *Ordnung der Dinge* mit Adornos *Metakritik der Erkenntnistheorie* überein, auch wenn sie durchaus verschieden motiviert sind. Beide zeigen, wie sich Phänomenologie an ihren inneren Widersprüchen gleichsam selbst auflöst, bei beiden gründet die Diagnose letztlich in einer Kritik an einem aufs Erkenntnissubjekt fixierten, identifizierenden Denken.

[51] Heidegger, *Kant* ...: 31.

[52] A. a. O.: 16.

[53] Adorno, *Negative Dialektik*, ^{3}1982: 69.

[54] A. a. O.: 134.

vem und Grundlage, wird nicht aufrecht erhalten; eines wird für das andere genommen. In gewisser Hinsicht zeigt Adorno an Heidegger eine Art ontisch/ontologisches Doppel auf, das durchaus ähnlich gedacht ist wie das empirisch/transzendentale Doppel bei Foucault.

1.6. Die Epoché und die Kunst des Vergessens

Mehrfach ist betont worden, daß Foucaults Phänomenologiekritik nicht eigentlich Husserl treffe, sondern nur eine französische Variante der Husserl-Rezeption.[55] Dreyfus und Rabinow gehen gar von einer „falsche[n] Charakterisierung des Husserlschen Cogito" bei Foucault aus.[56] Dagegen läßt sich zeigen, daß die Diagnose aus der *Ordnung der Dinge* dennoch das Kernproblem von Husserls Ansatz trifft, nämlich eine nie zur Ruhe kommende Spannung zwischen Eidos, Tatsache und transzendentaler Subjektivität, zwischen Universalität und dem Primat der konkreten Erfahrung.

Welche Bedeutung hat nun das „Ungedachte", das „Andere", das Foucault im Zusammenhang mit der Phänomenologie erwähnt, wieso wird Phänomenologie zu einer „Ontologie des Ungedachten"? Alle Erkenntnistheorie krankt, schon aufgrund ihrer Fragestellung, am „Gegensatz des Bewußtseins", am Problem der Außenwelt. Kant trägt diesem Faktum mit seiner Negativformel vom inhaltlich nicht bestimmbaren „Ding an sich" Rechnung. Transzendentalphilosophie bleibt auf den Bereich unserer möglichen Erfahrung eingeschränkt, das „Ding an sich" markiert die Grenze, eine Denknotwendigkeit.

Wie schon hinsichtlich des Doppels empirisch/transzendental, läßt sich Kant im Schema Foucaults schlecht verorten. Das Ding an sich ist vielleicht nicht das „Ungedachte", von dem Foucault

---

[55] Vgl. Waldenfels 1987: 526; Dreyfus/Rabinow 1987: 60, 313.
[56] Dreyfus/Rabinow 1987: 313.

spricht, sicher aber ist es das „Andere“ der Erfahrung. Die Dyade von ‘Ding an sich’ und ‘Erscheinung’ kann zumindest als Vorbote der eigentümlichen Dialektik von Cogito und Ungedachtem gelten, die - laut *Ordnung der Dinge* - „das transzendentale Denken in seiner modernen Form“ beherrscht.

Daß Husserl sich das „Problem der Transzendenz“ nicht mehr stellt, heißt nicht, daß er es nicht hat. Wir sahen, wie er die Erkenntnis der Außenwelt dadurch erklärt, daß er ‘Welt’ verinnerlicht und von dort aus wieder Seinsfragen stellt. Unter diesen Umständen wird die Epoché zum Signum eines Verdrängten, das ewig wiederkehrt ohne gedacht werden zu dürfen. Von kaum etwas spricht Husserl öfter als von dem, was unmöglich aus seiner Theorie abzuleiten ist: von den „Sachen selbst“ und der „objektiven Welt“. Ist einerseits vom „universalen Außergeltungsetzen ... aller Stellungnahmen zur objektiven Welt“ (CM 22) die Rede, so tritt doch der Ausdruck „objektiv“ beharrlich immer wieder auf, z. B. im „eigenen reinen Bewußtseinsleben, in dem und durch das die gesamte objektive Welt für mich ist“ (CM 22). Dieses Ringen um Objektivität führt dazu, daß Husserl jede seiner Epoché-Wendungen - zumindest rhetorisch - selbst wieder konterkariert.

„Sein“ ist hier das Ungedachte und Undenkbare, das Andere, von dem Transzendentalphilosophie (als Erkenntnistheorie) ständig heimgesucht und in paradoxe Denkmuster gezwungen wird und das sich gleichzeitig immer entzieht. Günther Patzig hat für das Verhältnis von Wahrheit und Evidenz in den *Logischen Untersuchungen* ein treffendes Bild verwandt:

> „die kühne Brücke, genannt Evidenz, die das [subjektive, A.R.] Urteil mit dem [objektiven, A.R.] Sachverhalt ... verbinden sollte, [hatte] den für eine Brücke ... vernichtenden Mangel ... , auf demselben Ufer zu enden, von dem aus sie geschlagen worden war.“[57]

Husserl gelangt nicht ans andere Ufer, nicht auf die Seite des Objektiven, und wenn er von ihr spricht, so nur, weil er erlebte Wahrheit mit faktischer Wahrheit, das Phänomen mit der Tatsache gleichsetzt.[58]

---

[57] Patzig, *Kritische Bemerkungen zu Husserls Thesen über das Verhältnis von Wahrheit und Evidenz*, 1971: 29.

[58] Dasselbe läßt sich auch an Husserls Theorie der Intersubjektivität festmachen, was die Parallele zum Mechanismus Cogito/Anderes auch sprachlich hervorhebt:

Es war Husserls Anliegen, den skeptischen Subjektivismus durch dessen Radikalisierung zu überschreiten.[59] Mit Theoremen wie „Intentionalität des Bewußtseins“ und „Korrelationsapriori“ hat er die Beziehung des/der Erkennenden zum Gegenstand als tatsächlich *im* Subjekt verankert gedacht und damit das Problem von Immanenz und Transzendenz auf ganz neue Weise gefaßt. Und doch bleibt ein Widerspruch, der an die alten Probleme der Erkenntnistheorie erinnert und als Irritation zwischen realistischen und idealistischen Momenten immer wieder in seinen Texten auftaucht. Unausdrücklich ist der ganze Gang von Husserls Überlegungen von dieser Alternative bestimmt

> „und zwar so, daß sich ... die in der Ambivalenz des Phänomenbegriffs vorgezeichnete Möglichkeit des Umschlagens der Positionen in ihr Gegenteil immer von neuem ... verwirklicht“.[60]

Die empirisch/transzendentale Dublette kann, wenn man sie auf die Transzendentalphilosophie bezieht, als Metapher für den „Gegensatz des Bewußtseins“ gelesen werden, für das Verhältnis von transzendentem (empirischen) Seienden zum reinen (transzendentalen) Ich als Immanenz. Sie bezeichnet aber zugleich auch eine generelle Spannung zwischen (empirischer) Faktizität und transzendentaler Bedingung als ermöglichendem Apriori. Foucault läßt die Bewegung des modernen Denkens mit dem Paradigma des Menschen beginnen, weil sich in ihm beide Seiten überkreuzen; der Mensch kann die transzendentale Funktion nur als empirischen Akt übernehmen und daher *ist* er - seit der reflexiven Rückwendung des Wissens auf den Ort, von dem aus es gedacht wird - eine Dublette.[61]

Dieser Aspekt des Doppels spiegelt sich bei Husserl darin, daß Phänomenologie Wesens- und Erfahrungswissenschaft zugleich sein will und muß, sie ist immer Auslegung der *konkreten* Erfahrung, und was das Erkenntnissubjekt selbst angeht, so ist das

---

„Toute la Ve ‘Méditation’ est dominée par la tension entre ces deux exigences: constituer l’autre en moi, le constituer comme autre. Ce formidable paradoxe était latent dans les quatre autres ‘Méditations’: déjà la ‘chose’ s’arrachait à ma vie comme autre que moi ...“ (Ricoeur, 1975: 69).

[59] Vgl. Bernet/Kern/Marbach, *Edmund Husserl*, 1989: 63.

[60] Asemissen 1957: 87.

[61] Vgl. OD 384.

„Eidos transzendentales Ich ... undenkbar ohne transzendentales Ich als faktisches“.[62] Von hier aus ist zu verstehen, warum auf die Frage „was ermöglicht die Erkenntnis?“ die anthropologische Frage folgen kann, „was ist der Mensch?“.

Auch das „Sein“, um das es in der Frage nach dem Sein des Menschen geht, läßt sich als jenes Ungedachte verstehen, mit dem sich das Cogito in eine ungute ‘Dialektik’ verstrickt:

> „Weil er empirisch-transzendentale Dublette ist, ist der Mensch auch der Ort des Verkennens, dieses Verkennens, das sein Denken stets dem aussetzt, von seinem eigenen Sein überbordet zu werden und das ihm zugleich erlaubt, sich von dem ihm Entgehenden aus zu erinnern“ [„l’homme est ... le lieu de la méconnaisance ... qui expose toujours sa pensée à être débordée par son être propre et lui permet ... de se rappeler à partir de ce qui lui echappe“]. (*MC 333, OD 389)

Zum Schluß der Interpretation bleiben offene Fragen, vor allem was die Methode Foucaults angeht, denn es ist - vorausgesetzt daß es sich in der *Ordnung der Dinge* um eine Phänomenologie*kritik* handelt - nicht unbedingt klar, wie diese Kritik eigentlich verfährt. Der Begründungsgestus, den Foucault seiner Beschreibung unterlegt,[63] läßt vermuten, daß er zwar nicht für den epistemischen Bruch selbst, wohl aber für die Folgen dieses Bruchs eine immanente Logik annimmt, die, gerade weil er sie als eine aporetische beschreibt, den Charakter einer Verfallslogik annimmt, so als bezeichne sie eine notwendige Selbstauflösung der Phänomenologie aus ihren inneren Widersprüchen heraus. Das Doppel Cogito/Ungedachtes erinnert auch an die bekannte Figur der „Wiederkehr des Verdrängten“, doch ihr Status innerhalb der Argumentation bleibt völlig unklar. Ist mit dem Denken des Ungedachten einfach nur eine Frageintention der Moderne beschrieben? *Will* die Moderne nach ihrer Schattenseite suchen, oder *muß* sie es? Und wenn sie es muß, aufgrund welchen Gesetzes? Hat

---

[62] Husserl, *Zur Phänomenologie der Intersubjektivität. Texte aus dem Nachlaß 1929 - 1935*, 1973: 385.

[63] Der Begründungsgestus spiegelt sich semantisch in Weil-Konstruktionen wie z. B.: „*Weil* er empirisch-transzendentale Dublette ist ...“ (OD 389); „*Deshalb* hat das moderne Denken ... nicht vermeiden können ...“ (OD 387); „Die moderne Kultur kann den Menschen denken, *weil* sie das Endliche von ihm selbst ausgehende denkt“ (OD 384; Hervorhebung. A.R.) etc. - Diese Art von Erklärungen klingen anders, als eine bloße Rückführung auf die dunkle Ordnung der episteme.

nicht *jedes* Denken notwendig die Struktur einer Dublette, hat nicht jedes Denken einen Ort (einen „blinden Fleck"), von wo aus es sich ermöglicht? Wo immer Foucault seine 'negativistische' Formel anbringt, bleibt offen, ob es sich bei ihr um ein (hermeneutisches) Erklärungsmuster oder um eine bloße Deskription handelt.

1.7. Sind die Doppel vermeidbar? Foucaults „Introduction à l'Anthropologie de Kant"

Die vorangegangene Auslegung einiger Passagen der *Ordnung der Dinge* im Hinblick auf eine Phänomenologiekritik hatte ergeben, daß das empirisch/transzendentale Doppel der „Amphibolie der Reflexionsbegriffe" bzw. dem „transzendentalen Schein" gleicht und eine Vermischung von Ebenen bezeichnet, die bei Kant als getrennt und zusammengehörig zugleich gedacht sind. Am Beispiel der Wendung von Phänomenologie zur Ontologie wurde aufgezeigt, wie sich eine „moderne" Verwechslung von empirisch und transzendental in methodischer Hinsicht äußert und wie (über Foucaults Deutung hinaus) 'Sein' und Außenwelt, sowie die konkrete Faktizität des Erkenntnissubjekts als das „Ungedachte" der Phänomenologie bestimmt werden könnten.

Sofern man die Doppel als eine Kritik der Vermischung von Unterschiedenem versteht, scheint sich Foucaults Diagnose in eine Reihe von Kritiken am Identitätsdenken im 20. Jahrhundert einzuordnen, die jeweils das Vergessen einer Differenz monieren. In Adornos „Nichtidentischem", Derridas Konzept der „différance", Lyotards „Widerstreit" oder Deleuzes „Singularitäten" manifestieren sich ähnliche Motive. Mit einiger Vorsicht wäre auch Heidegger, der seine Philosophie ja mit dem Hinweis auf die vergessene ontologische Differenz beginnt, in diese Reihe aufzunehmen.

Doch ist die von Foucault genannte Dublette wirklich als Differenz von empirisch und transzendental einklagbar? Wäre sie vermeidbar?[64] Foucault hätte eine solche normativ gestellte Frage nicht zugelassen, doch die Schärfe seiner Polemik und die Rolle, die er Kant im „modernen Denken“ zuspricht, provozieren diese Frage geradezu. Es ist durchaus denkbar, daß Foucault eine ‘reine’ Trennung der Hinsichten empirisch/transzendental für möglich und für von Kant verwirklicht hielt. Andererseits ist es aber auch Kant, der fragt „was ist der Mensch?“. Diese Frage

> „durchzieht ... das Denken seit dem Anfang des neunzehnten Jahrhunderts. Sie nimmt unter der Hand und im voraus die Vermengung des Empirischen und Transzendentalen vor, deren Teilung Kant indessen gezeigt hatte“. (OD 410)

„Im voraus“, d. h., schon bei Kant ist jenes Doppel virulent, dessen Seiten er doch eigentlich genau getrennt hat. Der epistemische Bruch scheint durch ihn hindurchzugehen.

Eine ähnlich zweideutige Rolle schreibt Foucault Kant in seiner *Introduction à l'Anthropologie de Kant* zu, einer „thèse complémentaire“ („kleine Doktorarbeit“) von 1960/61, die in vieler Hinsicht als eine Vorstudie oder als ein ‘Sub-Text’ zur *Ordnung der Dinge* gelesen werden kann und die eine Reihe von Hinweisen zur Phänomenologiekritik enthält. Die „thèse complémentaire“ entstand vermutlich erst *nach* der „großen“ thèse, der *Histoire de la folie*,[65] sie umfaßte eine Übersetzung der Anthropologieschrift von Kant und eine ca. 120 Seiten starke Einleitung, die nicht veröffentlicht wurde.[66]

Die *Introduction* ist ein wirrer Text, Foucault ist noch dabei, seine Theoreme und Überzeugungen auszubilden. Viele Termini sind unverständlich definiert, ihre Bewertung verschiebt sich z. T. im Verlauf der Schrift und es ist weniger sinnvoll, nach der Bedeutung einzelner Begriffe zu fragen, als nach ihrer Konstellation, dem Verhältnis, in dem sie zueinander stehen.

---

[64] Wie Foucault hinsichtlich seiner eigenen Methodik mit diesem Problem umgeht, wird im zweiten Teil dieser Arbeit erörtert (s. Kap. II.C).

[65] Vgl. Eribon 1991: 114.

[66] Vgl. Eribon 1991: 134. Die *Introduction* liegt im Centre Foucault in Paris als Typoskript vor (cote D60), auf das ich mich im folgenden als Textgrundlage beziehe. - Da laut testamentarischer Verfügung aus unveröffentlichten Schriften Foucaults nicht zitiert werden darf, gebe ich wörtlich nur einzelne Begriffe wieder und reformuliere den Originaltext in freier Übersetzung.

Ausgangspunkt in der *Introduction* ist die Frage, inwieweit „Anthropologie" eine Konstante im Kantischen Denken, bzw. inwieweit sie eine Brücke zwischen den prä- und den postkritischen Schriften darstellt, denn die Edition der Anthropologieschrift fällt zwar in Kants letzte Lebensjahre, seine Beschäftigung mit dem Thema und Vorlesungen dazu datieren aber weitaus früher. Foucaults Thema ist das der Beziehung von Anthropologie und „Kritik"[67]: Gab es seit 1772, und vielleicht auf dem Grunde der „Kritik" fortbestehend, ein bestimmtes konkretes Bild des Menschen, das keine philosophische Ausarbeitung wesentlich verändert hat?[68]

Foucault versucht, die Anthropologie als Kehrseite, als „Negativ der Kritik" zu verstehen.[69] Zunächst scheint es, als konstruiere er aus der „analogie croisée" von Anthropologie und „Kritik" ein (positiv gewertetes) Doppel, doch ihr Verhältnis verschiebt sich im Verlaufe des Textes, nicht zuletzt durch die eher artifizielle Einführung einer dritten Kategorie, der „transzendentalen Philosophie".[70] Die Anthropologie ist durch folgende Momente charakterisiert:

- sie ist eine *Wiederholung* der „Kritik" auf empirischem Niveau; sie mimt von außen und in den Gesten der Empirizität die Bewegung einer „Kritik"[71]
- aufgrund ihrer Komplementarität wird später eine „illusion anthropologique" als Spiegelbild der „illusion transcendentale"[72] erscheinen. (Diese Aussage bestätigt auch die oben vertretene These, daß das empirisch/transzendentale Doppel in der *Ordnung der Dinge* nach dem Muster des „transzendentalen Scheins" gebildet ist.)

---

67 *Introduction* ...: 6.

68 A. a. O.: 3.

69 A. a. O.: 56.

70 Die Unterscheidung einer „philosophie transcendantale" von der „Kritik" widerspricht der sonst bei Foucault üblichen synonymen Verwendung der Attribute „kritisch" und „transzendental".

71 *Introduction* ...: 119.

72 A. a. O.: 125.

– als Wiederholung der Kritik („répétition anthropologico - critique“[73]) ist Anthropologie Ort des *Übergangs* vom kritischen Denken zur Transzendentalphilosophie.[74]
– daß sie Wiederholung und Übergang ist, beinhaltet eine originäre *Unselbständigkeit* der Anthropologie. Sie ist nur möglich als Wiederholung der Kritik,[75] bzw. in bezug auf das, was sie als Übergang vermittelt.[76]

Eine nachvollziehbare Begründung all dieser Setzungen liefert Foucault m. E. nicht, die Begriffe „Anthropologie“, „Kritik“ und „transzendentale Philosophie“ bleiben inhaltlich diffus und das Verständnis des Textes erschwert sich zusätzlich dadurch, daß oft nicht klar ist, ob mit „Anthropologie“ der Titel der Kantischen Schrift oder die Disziplin selbst bezeichnet ist. Deutlich wird allerdings, daß Foucault Kant in den Prozeß der Moderne miteinbezieht, ihn auch eindeutig als den Anfangspunkt einer Bewegung benennt, als den Boden, auf dem sich die moderne Anthropologie allererst entfaltet.

Die Frage, ob Foucault die empirisch/transzendentale Dublette für vermeidbar hält, hängt eng damit zusammen, wie er das Verhältnis von „Kritik“ und Anthropologie/Phänomenologie bestimmt. Eine eindeutige Antwort bleibt aus, doch es ist auffällig, daß das Projekt einer „Kritik“ im Verlaufe der *Introduction* und in *der Ordnung der Dinge* zunehmend aus der Schußlinie der Vorwürfe herausgenommen wird. Es ist, als wolle Foucault etwas von Kant ‘retten’ und von seinem Projekt der Frage nach den „Bedingungen der Möglichkeit“. Gegen Ende der *Introduction* bilden sich Motive heraus, die später dann in der *Ordnung der Dinge* wiederkehren: der Vorwurf einer Vermischung von Ebenen, die hier jedoch - parallel zur Dreiteilung von „critique“, „anthropologie“, „philosophie transcendantale“ - als „l’apriori“, „l’originaire“ und „le fondamental“ bezeichnet sind. Die Trennung dieser Bereiche sei essentiell, sagt Foucault und bemerkt in einem Nebensatz, daß keine Verwirrung (confusion), sei sie dialektisch oder phänomenologisch, das Recht haben werde, deren notwendige

[73] A. a. O.: 102.
[74] A. a. O.: 102; s. a. 80, 123.
[75] A. a. O.: 120.
[76] A. a. O.: 103.

Zerstreuung (dispersion) zu reduzieren. Seit Kant sei es das implizite Projekt jeder Philosophie, diese wesentliche Teilung zu übersteigen (surmonter), bis zu dem Punkt an dem die Unmöglichkeit eines solchen Überstiegs (dépassement) außerhalb einer die Teilung wiederholenden und fundierenden Reflexion deutlich werde.[77] Es folgen die bekannten Vorwürfe, die Anthropologie sei der Ort, an dem die Vermischung pausenlos wieder entstehe, ja Anthropologie versuche, die Philosophie zu entfremden (aliéner).[78] Kant und seine „Anthropologie" sind aus dieser Kritik ausgenommen.[79]

Der Fehler der nachkantischen Philosophie scheint nicht nur der einer Vermischung von Ebenen zu sein, sondern genauer der, die Anthropologie aus ihrer Beziehung zur Kritik herauszureißen, sie nicht mehr in ihrem marginalen Charakter einer Wiederholung der kritischen Reflexion zu sehen, sondern ihr einen selbständigen Status zuzusprechen. Genau hierdurch entsteht der paradoxe Effekt einer versuchten Selbstfundierung des Endlichen, einer Verwechslung der Analyse der Bedingungen der Erkenntnis mit der Analyse der Bedingungen der Existenz. Foucault spricht von einem „Vergessen der Kritik".[80] Namentlich ist diesbezüglich nur Husserl genannt: Niemals sei die „Destrukturierung" des philosophischen Feldes (d. h. ihrer Aufteilung in „apriori", „originaire" und „fondamental") spürbarer geworden als im „Kielwasser" der Phänomenologie. Husserl habe sein ursprüngliches Ziel der *Logischen Untersuchungen* verfehlt, nämlich die „Regionen des Apriori zu befreien". Die (phänomenologische) Reduktion führe zu einem „transcendental d'illusion".[81] Genau das, was der phänomenologischen Bewegung wichtig war, nämlich das Konkrete zu beschreiben und Dualismen zu vermitteln, kritisiert Foucault als „Hypothek der Empirizität" und als „Vermischung" von Ebenen.

---

77 A. a. O.: 105f.

78 A. a. O.: 106.

79 Es gibt Anzeichen für die positive Bewertung einer bestimmten Form von Anthropologie, jedenfalls grenzt Foucault eine „falsche Anthropologie" von der Kantischen ab (a. a. O.: 89).

80 A. a. O.: 124.

81 A. a. O.: 107.

„Es bedarf schon der ausdauernden Naivität unserer Zeitgenossen um in der Anthropologie die endlich gesicherte Überschreitung von Teilungen zu feiern, wo sich die Trockenheit des Rationalismus verloren hätte, Seele und Körper, Subjekt und Objekt.“[82]

Die Wortwahl (naîveté) deutet darauf hin, daß mit dem letzten Zitat Sartre angesprochen ist.[83]

Trotz des strukturellen und begrifflichen Durcheinanders der *Introduction*, ist die Phänomenologiekritik hier eindeutiger gefaßt als in der *Ordnung der Dinge*. Sie artikuliert sich deutlich als *Kritik* am Vergessen des Kantischen Projekts und der Einebnung von notwendig Unterschiedenem; Foucault argumentiert - wie immer in seinen kleinen Texten - offener normativ. Kant wird schließlich gegen die Phänomenologie, bzw. gegen eine schlechte Anthropologie ausgespielt, denn er hat - so Foucault - gelehrt, daß die Empirizität der Anthropologie niemals in sich selbst gründen kann, daß sie nur möglich ist als Wiederholung der „Kritik“, auf der Grundlage der Bedingungen der Möglichkeit von Erfahrung (connaissance).[84]

Was die historisch ambivalente Stellung zwischen „Klassik“ und „modernem Denken“ angeht, die Kant in der *Ordnung der Dinge* zugesprochen wird, so ist sie dadurch charakterisiert, daß Kant sowohl innerhalb als auch außerhalb des Prozesses steht, der ihm folgt. „Depuis Kant“ heißt, daß Kant das anthropologische Denken begründet, ihm aber nicht verfällt, daß diejenige Trennung, die die Doppel möglich macht, auch die Trennung ist, die sie verhindert.

---

[82] A. a. O.: *119.

[83] Eine Vergleichsstelle wäre OD 396. - Eribon mutmaßt, daß die letzten Seiten der *Introduction* gegen Sartres *Kritik der dialektischen Vernunft* gerichtet sind (s. Eribon 1991: 184), eine derartig eindeutig Zuschreibung der Polemik scheint mir am Text jedoch nicht nachweisbar.

[84] *Introduction* ...: 120. Die positive Bewertung Kants scheint sich erst im Laufe des Textes zu entwickeln. Während anfangs ein polemischer Ton überwiegt, wird Kant gegen Ende eine „articulation authentique du Philosophieren“ bescheinigt und implizit wird Nietzsche zu seinem rechten Nachfolger ernannt (*Introduction* ...: 107).

1.8. Phänomenologiekritik im Anschluß an die „Ordnung der Dinge"

Auf ähnliche Weise hat Foucault die Phänomenologie nie wieder angegriffen. Dort, wo er in Interviews oder in anderen Texten ausdrücklich Kritik an ihr übt, bleibt der hauptsächliche Vorwurf an die in der phänomenologischen Theorie vorausgesetzte Funktion des fundierenden, sinngebenden Subjekts gebunden. Wie seine Aussagen über Sartre, so werden auch die über die Phänomenologie zu einer Spielmarke, die immer den gleichen Aufdruck trägt: „das Subjekt im Sinne der Phänomenologie" agiert als „Sinngeber",[85] es führt als verabsolutiertes Prinzip zu einem „transzendentalen Narzißmus" (AW 289), von dem es sich abzusetzen gilt. So heißt es im deutschen Vorwort zur *Ordnung der Dinge*:

> „Wenn es aber einen Weg gibt, den ich ablehne, dann ist es der (man könnte ihn ... den phänomenologischen Weg nennen), der dem beobachtenden Subjekt absolute Priorität einräumt ..." (OD 15)

Diese Fokussierung auf die Subjekt-Kritik ist insofern berechtigt, als sie den systematischen Ausgangspunkt der Phänomenologie überhaupt betrifft. Doch die Implikationen der früheren Betrachtungen gehen im Schlagwort „Subjekt" zum Teil verloren. Häufig erwähnt Foucault, daß die akademische Ausbildung der fünfziger Jahre in Frankreich vom Hegelianismus und der Phänomenologie dominiert gewesen sei, so daß die Folgegeneration versucht habe, sich gerade von diesen beiden Strömungen zu lösen.[86] Inhaltliche oder präzise systematische Gründe einer Phänomenologiekritik sind aus dieser oft programmatisch betriebenen Fluchtbewegung kaum zu gewinnen. Hauptsächlich bestand das Ungenügen an der Phänomenologie, so wie Foucault es beschreibt, darin, daß der methodische Primat des Subjekts blind macht für alles, was jenseits seines Erfahrungsraums liegt:

> „... die Phänomenologie war nicht in der Lage über Sinneffekte Rechenschaft abzulegen [rendre compte], die von einer Struktur linguistischen

---

[85] Foucault, *Structuralisme et Post-Structuralisme*, Entretien avec Raulet, 1983: *434f.

[86] Vgl. z. B. Foucault 1983: 437, 441; oder: *Entretien avec M. Foucault*, Interview mit Trombadori, 1980: 48; oder *Le pouvoir, une bête magnifique*, Interview mit Osorio, 1977: 372.

Typs produziert sein konnten, einer Struktur, wo das Subjekt im Sinne der Phänomenologie nicht als Sinngeber intervenierte."[87]

Ebensowenig konnte das „Unbewußte" Thema einer phänomenologischen Analyse werden und ihr Verfahren schien gleichfalls blind gegenüber Geschichtlichkeit: „... ist ein Subjekt des phänomenologischen Typs, transhistorisch, in der Lage, über die Historizität der Vernunft Rechenschaft abzulegen [rendre compte]?"[88] Linguistik, Psychoanalyse und Geschichte markierten also die Grenzen der phänomenologischen Methode.

In der *Archäologie des Wissens* spricht Foucault von der Notwendigkeit, die „Geschichte des Denkens aus seiner transzendentalen Unterwerfung zu befreien" (AW 289) und er wehrt sich gegen das Mißverständnis, sein Verfahren der Archäologie als „eine Art historischer Phänomenologie" zu verstehen, als sei sie eine „Suche nach dem Ursprung, nach formalen Apriori [und] Gründungsakten" (AW 290). In dieser Abgrenzung ist zusammengefaßt, was nun Foucaults Bild der Phänomenologie ausmacht: die Suche nach einem Ursprung, das Setzen eines formellen (also ewigen, nicht historischen) Apriori und die Fundierung durch ein Subjekt. Das Modell der Dublette taucht nicht mehr auf.

Im folgenden werde ich mich weiterhin am Modell der Doppel und des „Denkens des Gleichen" orientieren, weil es, aus einer archäologischen Analyse gewonnen, inhaltlich differenziertere und tiefere Einblicke in die Probleme der Phänomenologie gewährt, als die auf das Thema „Subjekt" reduzierten Aussagen.[89] Ich werde zeigen, wie sich die aus der *Ordnung der Dinge* gewonnenen Charakteristika der Phänomenologie methodisch und inhaltlich bei Sartre wiederfinden lassen, geleitet von der Frage, welche Konsequenzen Foucaults Analyse des „modernen Denkens" für die Legitimität einer Philosophie hat, wie Sartre sie vertritt.

[87] Foucault 1983: *434f.

[88] A. a. O.: *436.

[89] Diese Statements zur Phänomenologie sind Aussagen ganz anderen Typs, weil sie meist im Rahmen von Interviews auftreten. Sie sind deshalb einliniger und offener kritisch, können aber nicht den Stellenwert einer „archäologischen Analyse" beanspruchen.

2. Die Bedeutung der Phänomenologie im Werk Sartres

2.1. Die Modifikation phänomenologischer Grundsätze

Mindestens ebenso schwer faßbar wie die Kritik Foucaults an der Phänomenologie ist der Begriff der Phänomenologie selbst und damit die Frage, inwieweit Sartres Philosophie ihr zuzuordnen ist. Gemeinhin wird der frühe Sartre zur „phänomenologischen Bewegung" gerechnet, wenn auch mit einigen Einschränkungen. So wird er in Überblickswerken zur Phänomenologie stets ausführlich erwähnt, immer jedoch mit dem Hinweis darauf, daß er Husserls Zielsetzungen, z. B. die der strengen Wissenschaftlichkeit, verlasse.[1] In seinen Schriften *L'Imagination, L'Imaginaire, Esquisse d'une Théorie des Emotions* und *La Transcendance d'Ego* ist Sartres Denken stark von Husserl geprägt, er referiert die Prämissen der Phänomenologie zumeist affirmierend und behauptet, sich der phänomenologischen Methode zu bedienen. Doch sein Zugriff und sein Methodenverständnis sind eigenwillig und immer wieder - vor allem in späteren Schriften - ist von der Notwendigkeit die Rede, die phänomenologische Betrachtungsebene zu überschreiten.[2]

Es wird im folgenden nicht darum gehen, Sartre als 'richtigen' oder 'falschen' Phänomenologen zu kennzeichnen und auch nicht darum, jede einzelne der Transformationen aufzulisten, die er an

---

[1] S. B. Waldenfels 1987; Waldenfels, *Einführung in die Phänomenologie*, 1992; Ströker/Janssen, *Phänomenologische Philosophie*, 1989. Eine eingehende und kritische Darstellung gibt Spiegelberg in: *The Phenomenological Movement*, 1960a Vol 2: 449 - 515.

[2] So z. B. *L'Imaginaire*, 1986: 112; *Bewußtsein und Selbsterkenntnis*, 1973: 15; Einleitung zu *Das Sein und das Nichts*. Später ordnet Sartre die phänomenologische Beschreibung der analytischen Erkenntnis (*L'Anthropologie*, 1990: 289) oder der regressiven Analyse zu (*Der Idiot der Familie I*, 1986: 48f).

der phänomenologischen Methode vornimmt. Es geht vielmehr darum, in seiner Eigenart der Übernahme einiger Motive Husserls, das wiederzuerkennen, was Foucault an der Phänomenologie kritisiert. Die These ist, daß Sartre Phänomenologie auf eine Weise über sich hinaustreibt, die als konsequente Fortführung der von Foucault beschriebenen 'Logik' des modernen Denkens gesehen werden kann.

Die große Wirkung der Phänomenologie[3] und ihre Bedeutung für Sartre liegt u. a. darin, daß sie scheinbar widersprüchliche Theoreme integrieren kann. Phänomenologie als 'Lehre von den Erscheinungen' ruht auf dem Gedanken der „transzendentalen Reduktion", d. h. der Ausschaltung von „Seinsstellungnahmen". Indem sie die Frage nach dem 'An-sich-Sein' der Dinge in eine „Epoché" setzt, hält die Phänomenologie am 'idealistischen' Ausgang vom Subjekt fest, denn dessen Wahrnehmungsstandpunkt ist und bleibt der einzige Zugang zu den „Sachen selbst"; es gilt der methodische Primat des Cogito. Gleichzeitig wird aber - wie im vorangegangenen Kapitel dargelegt - innerhalb des durch die Reduktion gesetzten Rahmens eine realistische Perspektive eingenommen; das erkenntnistheoretische Außenweltproblem stellt sich nicht mehr, und dem Gegenstand als Phänomen wird nun volle Objektivität eingeräumt.[4] So umfaßt die „transzendentale Reduktion" beides: die 'idealistische' Setzung eines unhintergehbaren Cogito und die Vorstellung eines 'realistischen' Gegenstandsbezugs.

Der Phänomenologie gelingt es auch, eine 'positivistische' Haltung zu übernehmen, ohne selbst 'positivistisch' zu sein. Ihrem Motto „zu den Sachen selbst" entspricht das Verfahren reiner Deskription. Phänomenologie versteht sich als voraussetzungslose Beschreibung des Gegebenen. Der Grundsatz bloßer Deskription hat dabei einen einschränkenden Sinn und besagt, daß der Gegenstand nur beschrieben, nicht erklärt werden soll.[5] Gleichzeitig geht aber

---

[3] In meiner Beschreibung der 'Phänomenologie' beschränke ich mich weitgehend auf ihre Bestimmung durch Husserl, weil sie den Referenzpunkt für nahezu alle Vertreter der phänomenologischen Bewegung wie auch für Sartre bildet.

[4] Vgl. diese Arbeit Teil 1, Kap. 1.5, 1.6.

[5] Waldenfels weist darauf hin, daß das Wort „Phänomenologie" zunächst verwendet wurde, um „die Beschreibung der 'Phänomene' einer theoretischen Erklärung entgegenzusetzen" (Waldenfels 1992: 12). - Lyotard spricht von einem „refus de passer à l'explication" (Lyotard, *La phénoménologie*: 5).

der Erkenntnisanspruch über die bloße Beschreibung von Einzelphänomenen hinaus: Phänomenologie zielt auf die Sachen *selbst* als „Wesen", sie ist, in Husserls Definition, gerade keine Tatsachenwissenschaft, sondern „Eidetik", d. h., ihre Erkenntnisgegenstände sind allgemeiner Natur.[6] Es geht der Phänomenologie nicht um den konkreten Inhalt der einzelnen Erfahrung, sondern um den 'Wesensgehalt' der sich hier zeigt. In einer „eidetischen Reduktion" sollen die faktischen Erlebnisinhalte auf den ihnen zugrundeliegenden Wesensgehalt zurückgeführt werden. Phänomenologische „Wesensschau" und individuelle Anschauung sind dabei parallel konstruiert, das „Wesen" gilt als ein neuer (allgemeiner) Gegenstand, der angeschaut und zur Gegebenheit gebracht werden kann.[7] Manche Formulierungen Husserls erwekken daher den Eindruck, als wolle er ein 'positivistisches' Verfahren der Beschreibung auf ein ideelles Gegenstandsfeld anwenden. Die zugehörige Kehrseite zur reinen Beschreibung ist natürlich immer die Konstitutionsleistung des Subjekts.

So besehen vertritt die Phänomenologie auf der Grundlage eines 'idealistischen' Cogito ein 'realistisches' Erkenntnismodell und verbindet einen 'positivistischen' Gestus der voraussetzungslosen Beschreibung mit einem 'idealistischen' Erkenntnisanspruch, der auf allgemeine Wesensaussagen zielt. Sartre wird diese Verbindung von heterogenen Ansätzen dazu nutzen, die Phänomenologie in einigen Fällen an ihrem 'idealistischen', in anderen an ihrem 'positivistischen' Ende zu ergreifen und für sich fruchtbar zu machen.

Will man definitorisch umreißen, was eine von Husserl her bestimmte Phänomenologie ausmacht, so läßt sie sich mit den genannten Aspekten als Minimalkonsens beschreiben: Ihre Voraussetzung ist die „transzendentale Reduktion" und der methodische Primat des Cogito; ihr Erkenntnisziel ist der Gegenstand als Eidos; ihre Verfahrensweise ist die „reine Deskription" dessen, was sich zeigt.[8]

---

[6] Vgl. Husserl, *Ideen* ...: 4.

[7] Vgl. a. a. O.: 9f.

[8] Es versteht sich von selbst, daß mit diesen drei Aspekten keine zureichende Charakteristik der Phänomenologie gegeben ist, sondern eine auf meine Fragestellung hin perspektivierte Umschreibung, die sich mit anderen Definitionsversuchen von

Sartres Philosophie schreibt sich in das Spannungsfeld dieser drei Elemente ein, und ich werde in den folgenden Kapiteln die Transformation nachzeichnen, die er an diesen Elementen selbst und an ihrem Verhältnis zueinander vornimmt. Kapitel 2.2, das sich nochmals mit dem Methodenantagonismus von Phänomenologie und Ontologie befaßt, zentriert sich um die „phänomenologische Reduktion". Diese wird von Sartre v. a. in den Schriften vor *Das Sein und das Nichts* erwähnt, sie hat aber nicht mehr dieselbe systematische Relevanz wie bei Husserl. In *Das Sein und das Nichts* scheint die Epoché faktisch sogar rückgängig gemacht, indem gleich zu Beginn die Frage nach einer „transphänomenalen Seinsdimension" gestellt wird. - Kapitel 2.3 bezieht sich auf den Aspekt der „Wesensschau". Hier wird zu fragen sein, inwiefern die existentialistische Formel von der Existenz als Essenz den Gedanken und die Möglichkeit einer „Eidetik" methodisch konterkariert. - Für das Kapitel 2.4 ist der Begriff der „Deskription" leitend; ich werde exemplarisch zwei Phänomenbeschreibungen Sartres hinsichtlich ihrer Verfahrensweise untersuchen und fragen, wie sich die einzelne Beschreibung zu dem in ihr behaupteten und über sie hinausgehenden Wahrheitsanspruch verhält.

Sartres Auseinandersetzung mit der Phänomenologie ist durch einen Mangel an genauer methodischer Reflexion gekennzeichnet.[9] In der Literatur wird zu Recht immer wieder darauf hingewiesen, daß Sartre in der Verbindung verschiedener Methoden weit über das Ziel der Phänomenologie selbst hinausschieße. So weist Klaus Hartmann nach, daß die Fusion phänomenologischer, ontologischer und dialektischer Figuren zu Inkongruenzen führe und dazu,

---

Phänomenologie partiell überschneidet. - Merleau-Ponty bezeichnet als „Hauptthemen" der Phänomenologie „Deskription", „phänomenologische Reduktion", „Begriff des Wesens", „Intentionalität" und „Verbindung von Subjektivismus mit dem Objektivismus" (Merleau-Ponty, *Phänomenologie der Wahrnehmung*, 1966: 3-18); Lévinas nennt als wesentliche Elemente „Beschreibung, ... Intentionalität, ... Empfindung und ... Subjektivität" (Lévinas, *Überlegungen ...*: 83); Spiegelberg gibt eine Liste von 5 Punkten für die „Phänomenologie in ihrer strengsten Form": Voraussetzungslosigkeit, Wesensschau, Beschreibung der Phänomene aus dem Kontext der Lebenswelt, Methode der Reduktion und Untersuchung und Legitimation unseres alltäglichen und wissenschaftlichen Glaubens (Spiegelberg, *Husserls Phenomenology and Existentialism*, 1960b: 64).

[9] So auch Spiegelberg 1960b: 471, 477.

daß die Probleme stets auf der falschen Ebene behandelt würden.[10] Herbert Spiegelberg moniert mehrfach die hermeneutische Überbietung einfacher phänomenologischer Beschreibung,[11] und auch Paul Janssen argumentiert ähnlich, wenn er schreibt, daß Sartre mit fundamentalontologischen Thesen (Sein des Bewußtseins, Nichts, Ich etc.) operiere, „zu denen eine phänomenologische Beschreibung engeren wissenschaftlichen Sinnes keinen Zugang hat ...".[12]

Die für Sartre typische Engführung verschiedener methodischer Ansätze hatte indes Heidegger vorgemacht: In *Sein und Zeit* werden Phänomenologie, Ontologie und Hermeneutik in ein unauflösbares Ganzes zusammengefaßt.[13] Es zeigt sich deutlich, daß Sartre spätestens mit *Das Sein und das Nichts* in das Kraftfeld zwischen Husserl und Heidegger gerät, und seine hybride Theoriekonstruktion ist nicht zuletzt ein Ausdruck dieser Spannung.[14]

Ein gewichtiger Diskrepanzpunkt im 'Überschreiten' der Phänomenologie ist Sartres negationstheoretischer Ansatz, der aus der Phänomenologie selbst nicht abgeleitet werden kann. Schon in dem frühen Text *L'Imaginaire* ist die „Vorstellung" gegenüber der „Wahrnehmung" mit einer negativen Kraft ausgezeichnet, ähnlich wie in *Das Sein und das Nichts* dann später das Bewußtsein gegenüber den Dingen. 'Negativität' als strukturelles Merkmal ist hier zweifach eingeführt: zur (ontologischen) Charakterisierung

---

[10] Vgl. Hartmann, *Sartres Phänomenbegriff*, 1980: 181f.

[11] Spiegelberg 1960a: 65; 1960b: 472.

[12] Ströker/Janssen 1989: 253.

[13] Vgl. SuZ 37.

[14] Einige Kommentatoren sehen zwischen den frühen Schriften und *Das Sein und das Nichts* eine Zäsur hinsichtlich des Konzepts von Phänomenologie, die durch den stärker werdenden Einfluß Heideggers auf Sartre bedingt ist (s. Spiegelberg 1960b: 464, 477; Fretz/Amparo, *J.P. Sartre entre Husserl et Heidegger*, 1991: 193f). - Was die Beurteilung von Sartres Philosophie als 'Phänomenologie' angeht, spalten sich die Interpreten in zwei Lager, je nachdem ob sie Heideggers Philosophie als Fortsetzung derjenigen Husserls begreifen oder nicht. Im ersten Fall wird der „Existentialismus" als eine Form phänomenologischer Theorie gesehen (s. z. B. Ricoeur 1957; Landgrebe, *Husserl, Heidegger, Sartre. Trois aspects de la phénoménologie*, 1964; Thévénaz, *De Husserl à Merleau-Ponty*, 1966). Im anderen Fall betont man eher die Brüche und Inkongruenzen (s. Spiegelberg 1960b u. 1960a; Hartmann 1980; Earle, *Phénoménology and Existentialism*, 1960).

des Bewußtseins selbst und zur Bestimmung des Verhältnisses von Bewußtsein und Gegenstand. Paul Janssen macht den prinzipiellen Unterschied zum Ansatz Husserls deutlich:

„Sartre ist ... davon überzeugt, daß die Intentionalität des Bewußtseins besagt: Bewußtsein ist Bewußtsein von Nicht-Bewußtsein. Diese Ausgangsthese ist und bleibt derjenigen Husserls von Anfang an entgegengesetzt. Husserls Grundauffassung lautet: Bewußtsein ist ein universales Bezugsmedium für alles, so daß nichts in der seinsmäßigen Entgegensetzung zum Bewußtsein, sondern alles nur als Bewußtes im Bezug auf Bewußtsein auftreten kann.“[15]

Allein die Intention, das Subjekt und seinen Gegenstand mit Hilfe der dialektischen Figur der Negation verknüpfen zu wollen, weist weit über die Möglichkeiten und Ziele einer Phänomenologie in Husserls Tradition hinaus. Sartre geht „von der Phänomenologie über zu einer Prinzipientheorie, die er als seinslogische Ontologie glaubt geben zu können“.[16] Mit der expliziten Einführung des Negationsprinzips installiert Sartre *inhaltlich* eine „Dialektik des Selben und des Anderen“, die Foucault auf einer „archäologischen“ Ebene als Doppel von Cogito und Ungedachtem der gesamten Phänomenologie unterstellt. Da Foucault diese ‘Dialektik’ in der *Ordnung der Dinge* als Symptom des modernen Denkens auffaßt, ist zu vermuten, daß aus seiner Sicht Sartres ‘Überschreitung’ der Phänomenologie nur deren konsequente Fortführung wäre.

2.2. Phänomenologie - Ontologie. Die Suche nach dem „transphänomenalen Sein“

Das Sein und das Nichts beginnt mit einem Lob der Phänomenologie:

„Das moderne Denken hat einen beachtlichen Fortschritt gemacht, indem es das Existierende auf die Reihe der Erscheinungen, die es manifestieren, reduzierte. Man wollte damit eine gewisse Zahl von Dualismen überwinden, die die Philosophie in Verlegenheit gebracht hatten, und sie durch den Monismus des Phänomens ersetzen.“ (SN 9)

---

[15] Ströker/Janssen 1989: 253.
[16] Hartmann 1980: 181.

In diesem Beginn steckt zweierlei: eine erkenntnistheoretische Option und eine Absage an metaphysische „Hinterwelten". Die „Reduktion des Existierenden auf die Reihe der Erscheinungen", eine Reformulierung der Husserlschen „Epoché",[17] legt die philosophische Überlegung auf ein Paradigma fest, das vom Wahrnehmungssubjekt ausgeht: Seiendes ist nur, insofern es (jemandem) erscheint. Gleichzeitig versteht Sartre die genannte Reduktion als Befreiung vom „Wahn der Hinterweltler", vom Glauben an das „Sein-hinter-der-Erscheinung" (SN 10). Beide Aspekte, der erkenntnistheoretische und der metaphysikkritische, hängen, wie wir später noch sehen werden, zusammen.[18]

Die für den gesamten Entwicklungsgang von *Das Sein und das Nichts* bedeutsame Einleitung ähnelt einem Verwirrspiel: Sartre wechselt in diesen sechs Abschnitten mindestens viermal die Perspektive, um ein phänomenologisches Ausgangspostulat in eine ontologische These zu transformieren. Im Verlauf der Textpassage soll die Berechtigung und die Notwendigkeit der Frage nach dem *Sein* von Phänomenen begründet und die „transphänomenale Seinsdimension" des Subjekts und seines Gegenstandes bestimmt werden: Die Seinsweisen Für-sich und An-sich stehen als recht magere Resultate am Ende dieser dichten und theoretisch vielschichtigen Herleitung.

Wie kann man aber von einem phänomenologischen Ausgangspunkt aus „Transphänomenales" erfassen wollen? Wie kann man überhaupt von einer Phänomenologie zur Ontologie gelangen? Heidegger gelingt dieser Übergang, wie schon in Kapitel 1.6 ausgeführt, nur als gewaltsame Umdeutung, als *Bruch* mit dem transzendentalphilosophischen Motiv, das der Phänomenologie wesentlich ist. Die Phänomenologie ist hier nicht als eigenständige Wissenschaft präsent, sondern nur als „Behandlungsart", als Methode, nach der die *Ontologie* verfährt; der 'Paradigmenwechsel' vom Cogito zum „Dasein" markiert deutlich, daß es Heidegger nicht mehr um die Untersuchung von *Bewußtseins*phänomenen geht, und folglich hat die Epoché, verstanden als Eingedenken dessen, daß von Sein nur aus der Perspektive des Bewußtseins ge-

---

[17] Im folgenden ist die Epoché im Sinn von „transzendentaler Reduktion" verstanden.

[18] Vgl. diese Arbeit Teil 1, Kap. 2.3; s. a. Teil 2, Kap. 3.1.

sprochen wird, keinen Platz mehr.[19] Wenn Heidegger das „Seiende in der Erscheinung" mit dem „Seienden an sich" gleichsetzt,[20] so reduziert er nicht Sein auf Erscheinen, sondern er macht Erscheinen zum Sein.

Sartre dagegen bricht nicht in dieser Weise mit bewußtseinsphilosophischen Grundsätzen, er stellt sich auf den Standpunkt der Phänomenologie, um sie von ihren eigenen Voraussetzungen ausgehend zu überschreiten: Wenn die Erscheinung nicht mehr auf ein Sein verweist, „wenn das Wesen der Erscheinung ein Erscheinen ist, gibt es" - so behauptet er - „ein legitimes Problem des Seins des Erscheinens" (SN 14). Begründet ist diese Setzung von Husserl her gesehen nicht, denn die Epoché fordert ja eine Enthaltung von Seinsstellungnahmen. Sartres „Überschreiten auf das Ontologische hin" (SN 16) hängt an dem Gedanken, daß das „Sein des Phänomens" sich nicht auf das „Seinsphänomen" reduzieren läßt; im Gegenteil, das Seinsphänomen

> „ist ein Ruf nach Sein; als Phänomen verlangt es nach einer transphänomenalen Grundlage. Das Seinsphänomen verlangt die Transphänomenalität des Seins." (SN 16)

Sartre will beides: die Anfangsaussage, das Sein sei Erscheinung, nicht aufgeben und trotzdem die Frage nach einem Sein der Erscheinung stellen, einem Sein, das mehr ist als bloße Erscheinung. Dies ist genau die Konstellation des „modernen Denkens", das vom einzig möglichen Standpunkt der Endlichkeit aus (dem Sein als Erscheinung) die Frage nach seiner Grundlage (der Erscheinung als Sein) stellen will. Ein Spiel von Cogito und Ungedachtem.

Zwei Motive verquicken sich so in *Das Sein und das Nichts*: die Einsicht in das in cartesianischer und kritizistischer Tradition als unhintergehbar geltende Paradigma, daß jedes Wissen nur vom Erkenntnissubjekt aus zu gewinnen sei und der Wille zu einem starken Realismus, der der 'wirklichen Welt' den Vorrang gibt und die Immanenz des Cogito verläßt. Auf die heterogenen Ausgangspositionen von *Das Sein und das Nichts* ist vielfach hingewiesen

---

[19] Diese Vorgehen hatte ich oben als ein „Wegstreichen der Epoché" gedeutet (s. Kap. 1.5).

[20] Vgl. Heidegger, *Kant* ... : 31.

worden.[21] Das eine Motiv läßt Sartre die Phänomenologie Husserls, das andere die Ontologie Heideggers zum Bezugspunkt nehmen. Während Sartre in den frühen Schriften die Phänomenologie oft als 'Realismus' interpretiert,[22] scheint er in *Das Sein und das Nichts* ihren 'idealistischen' Charakter als Bewußtseinsphilosophie in Anspruch zu nehmen, um sie mit der Ontologie Heideggers in einer eigenartigen Weise zu verbinden, einer Weise, die Theunissen als „Aneignung einer existentialontologischen Erkenntnis zum Zwecke der ursprünglichen Wiederholung des Husserlschen Ansatzes" charakterisiert.[23]

Es gibt viele Untersuchungen über den Weg von Husserls Phänomenologie zu Heideggers Seinsdenken und nicht selten wird dieser Übergang als kontinuierlicher, bzw. sachlich einsichtiger gesehen.[24] Husserl läßt sich ebenso als Ontologe lesen wie der (frühe) Heidegger als modifizierter Transzendentalphilosoph. Die Phänomenologie ist zumindest in der Hinsicht „ontologisch", daß sie *Seins*strukturen des Bewußtseins aufzeigt.[25] Aber auch das Konzept der „Wesensschau" weist über die Grenzen einer Bewußtseinstheorie hinaus. Zwar ist die Frage nach dem 'Sein' der

---

[21] Theunissen beschreibt die unharmonische Verknüpfung transzendentaler und ontologischer Motive (Theunissen, *Der Andere*, ^{2}1977: 187ff); vgl. auch Seel, *Sartres Dialektik*, 1971: 7f; Butts, *Does intentionality imply meaning?*, 1960/61: 426; Hartmann, *Grundzüge der Ontologie Sartres in ihrem Verhältnis zu Hegels Logik*, ^{2}1983a: 40).

[22] Wenn man der Beschreibung Simone de Beauvoirs glauben darf, war es gerade das Interesse am Konkreten, das Sartre zur Phänomenologie hinzog (s. de Beauvoir, *In den besten Jahren*, 1969: 118). Auch sein „realistisches" Verständnis der „Intentionalität" deutet in diese Richtung (s. Sartre, *Eine fundamentale Idee der Phänomenologie Husserls: die Intentionalität*, 1982).

[23] Theunissen 1977: 199. Zur Art der Verflechtung von Motiven Husserls und Heideggers bei Sartre vgl. auch Spiegelberg 1960a: 476; Hartmann 1983a: 4; Seel 1971: 22f; Fretz/Amparo 1991.

[24] Vgl. z. B. Fink, *Die phänomenologische Philosophie* ...; und Landgrebe, *Husserls Phänomenologie und die Motive zu ihrer Umbildung*, 1949.

[25] Der Angelpunkt der Epoché besteht ja nur, sofern die „Seinsgeltung" des Bewußtseins selbst *nicht* neutralisiert ist. „Die Phänomenologie als Wissenschaft braucht einen von der Epoché ausgenommenen Bereich aufrechterhaltbarer Behauptungen ... Das Sein des Bewußtseins muß demnach von grundlegend anderer Art als das der Gegenstände in der Welt sein", es ist „in seiner Seinsart nicht 'mundan'" (Held: *E. Husserl, Die phänomenologische Methode, Ausgewählte Texte I*, 1985: 38f).

Gegenstände im Sinne ihres Daseins ausgeschaltet, doch das hindert Husserl nicht, ihr 'Sein' im Sinne von 'Wesen' zu erforschen, eine „'Ontologie' (=Eidetik) ... als apriorische Gegenstandstheorie" zu konzipieren.[26]

Die Frage, wie Phänomenologie zu Ontologie werden kann, stellt sich für Sartre jedoch anders, weil er (1.) nicht auf dieselbe Weise von Husserl ausgeht wie Heidegger und (2.) Ontologie anders akzentuiert als seine beiden 'Lehrmeister'. Sartre hält genau an dem fest, dessen Ausblendung für Heidegger die Bedingung der Ablösung von der Phänomenologie war: an der erkenntnistheoretisch gestellten Frage nach der Vermittlung des Gegensatzes des Bewußtseins und an der methodischen Grundlegungsfunktion des Cogito. Heidegger hatte sich schlicht „auf eine andere Ebene des Fragens begeben"[27] und die Probleme der Transzendentalphilosophie damit 'überwunden', daß er gar nicht erst versuchte, sie zu lösen. Sartres „phänomenologische Ontologie" dagegen bleibt Transzendentalphilosophie, bis zuletzt ist das Motiv einer Konstitution gegenständlicher Bedeutung durch das Bewußtsein virulent.[28]

Andererseits ist der Bezugsrahmen für 'Ontologie' bei Sartre so verändert, daß er kaum mehr mit dem kompatibel ist, was man in Husserls Phänomenologie 'ontologisch' hätte nennen können. Es stellt sich tatsächlich die Frage, was mit dem „Sein des Phänomens", der „transphänomenalen Grundlage" gemeint sein soll: „Sein" kann im Sinne von 'Wesen', von 'Existenz' oder auch von objektiver Gegenständlichkeit (bewußtseinsunabhängiges Seiendes) verstanden werden, und „Ontologie" erhält damit dieselbe Zweideutigkeit, mit der Foucault die „moderne" Ontologie schilderte[29]: Sie hat neben einer 'ideellen' eine 'empirische' Bedeutung; daher scheint auch die Ontologie in *Das Sein und das Nichts* oft mit einem Realismus zusammenzufallen.

In der oben zitierten Textpassage (SN 16) bezeichnet das „Sein des Phänomens" am ehesten ein „Prinzip der puren, blinden Exi-

---

[26] Fink, *Das Problem der Phänomenologie* ... :214f.
[27] Seel 1971: 23.
[28] Vgl. z. B. Theunissen 1977: 225f.
[29] Vgl. diese Arbeit Teil 1, Kap. 1.5.

stenz des Seienden",[30] eine Umschreibung mit „Wesen" lehnt Sartre selbst ab.[31] In einem späteren Argumentationsschritt aber wird mittels eines „ontologischen Beweises" das vom Bewußtsein unabhängige Sein der Dinge nachgewiesen und hier scheint „transzendentes Sein" dann als objektive Gegenständlichkeit, als Seiendes verstanden werden zu müssen. So verwischen (mindestens) zwei Bedeutungen von 'Sein', 'Existenzprinzip' und 'Gegenständlichkeit', und mit ihnen wird auch die Unterscheidung von Sein und Seiendem undeutlich. Wo die Rede vom „Sein des Phänomens" sich der Bedeutung von objektiver Gegenständlichkeit annähert (wie z. B. im „ontologischen Beweis", SN 33ff), wird genau die Seinssetzung wieder vorgenommen, die Husserl mit der Epoché vermeiden wollte.

So stellt Sartre unter dem Titel „Ontologie" die Fragen, die Husserl ausklammert und wählt unter dem Titel „Phänomenologie" den Ausgangspunkt, den Heidegger verlassen mußte, um überhaupt Ontologie betreiben zu können. Gleichviel, ob Phänomenologie und Ontologie generell in einem Gegensatz stehen oder ob sie sich verbinden lassen, bei Sartre treten die beiden Disziplinen als nicht lösbarer Methodenantagonismus auf, und zwar genau deshalb, weil er gegenüber der Phänomenologie an einer *realistisch* verstandenen Ontologie festhält und gegenüber der Ontologie an einer *transzendental* verstandenen Phänomenologie, kurz, weil er Phänomenologie 'transzendental' und Ontologie 'empirisch' akzentuiert. Ließen sich die Disziplinen bei Husserl, bzw. zwischen Husserl und Heidegger, schon nach dem Muster eines Doppels deuten, so erscheinen sie in *Das Sein und das Nichts* - bedingt durch ihre starke Akzentuierung - vollends als die Seiten einer Dublette.

Wenn Sartre einerseits mit seinem ontologisch-realistischen Ansatz die Epoché auszuschalten scheint, so hält er zugleich jedoch auch an ihr fest: die Reduktion des Seins auf Erscheinen, mit deren Lob *Das Sein und das Nichts* beginnt, bleibt ein Grundmotiv, das den Gang der Schrift leitet, der geheime rote Faden, von dem Sartre sich nicht lösen kann und der seine eigene Intention,

[30] Seel 1971: 26.
[31] Vgl. SN 15.

Aussagen über das Sein der Phänomene machen zu wollen, immer wieder unterläuft. Es ist genau dieser Ansatz, der ihn auch später gegen Foucault beharrlich das eine Argument wiederholen läßt, daß es der Mensch sei, der Bedeutungen schaffe.[32] So ergeben sich nach allen Seiten hin ausweichende Formulierungen wie die folgenden: „daß das Für-sich dem An-sich nichts hinzufügt" (empirisch), „außer eben die Tatsache, daß es An-sich gibt" (transzendental); „nichts von dem, was ich sehe, kommt von mir ..." (empirisch) „es gibt nichts außerhalb dessen, was ich sehe oder sehen könnte" (transzendental) (SN 398). Immer sind diese Aspekte unlösbar miteinander verquickt:

> „Das Sein ist weder in seiner eigenen Qualität noch in seinem Sein relativ zum Für-sich, und dadurch entgehen wir dem kantischen Relativismus; aber das ist es in seinem 'es gibt', da das Für-sich ... das Sein erkennt, so wie es ist, während das 'so wie es ist' nicht dem Sein angehören kann." (SN 399)

Das Sein entzieht sich der Erkenntnis permanent, doch Sartres Fazit ist letztlich immer, daß die Welt „menschlich" sei.[33] Da die beiden Ausgangspositionen nicht vereinbar sind, konstruiert die Theorie von *Das Sein und das Nichts* beständig Dualismen, die ihre Wurzel immer in diesem heterogenen Ansatz haben: Realismus und Idealismus, (ontologische) Präponderanz des An-sich und (sinnkonstitutive) Allmacht des Für-sich, die unverbundenen Seiten von Heteronomie und Autonomie, Determination und Freiheit. Die methodischen und inhaltlichen Konsequenzen der Einleitung zu *Das Sein und das Nichts* können wohl kaum überschätzt werden, sie bilden das Leitmotiv für die Ambivalenzen, die das gesamte Werk durchziehen und die sich nicht dialektisch 'aufheben', sondern sich fortwährend wiederholen.[34] Bei Sartre, dem emphatischen Theoretiker der Wahl und der Entscheidung, wird nichts entschieden, Gegensätze werden nicht 'aufgehoben', sondern 'ausgehalten'.

---

[32] Vgl. z. B. Sartre 1966.
[33] Vgl. SN 399.
[34] Damit wäre der Behauptung von Seel widersprochen, die „Kluft ... zwischen seinen Überlegungen zur Erkenntnisproblematik und seinen ... fundamentalontologischen Analysen" erscheine nur als „Diskontinuität von Einleitung und Hauptteil" (Seel 1971: 23). Die Kluft durchzieht vielmehr das gesamte System.

In *Das Sein und das Nichts* lassen sich die Doppel „empirisch/transzendental“ und „Cogito/Ungedachtes“ fast idealtypisch wiederfinden. Der genannte Methodenantagonismus, das Schwanken zwischen gegensätzlichen Positionen, spiegelt das Prinzip der Doppel als permanentem Oszillieren. Das Bemühen, von der Phänomenologie aus zu einer Ontologie zu gelangen, ist die in Theorie gefaßte Konstellation des „modernen Denkens“, vom Standpunkt der Endlichkeit aus über sich selbst hinauszugelangen, und ironischerweise lesen sich einige Reformulierungen von Sartres Vorhaben in der Sekundärliteratur, als stammten sie aus der Feder Foucaults. So schreibt z. B. Gerhard Seel, es gehe:

„darum aufzuklären, wie das konkrete Subjekt, das als solches endlich und bedingt ist, gleichwohl Leistungen soll vollbringen können, die Anspruch auf Geltung, und das heißt auf Absolutheit, erheben“.[35]

Dieser Satz hätte - mit anderer Intention - auch in der *Ordnung der Dinge* stehen können.

Daß Sartre von einem transzendentalphilosophischen Standpunkt aus die Frage nach den transphänomenalen Seinsdimensionen des Subjekts und des Gegenstandes stellt, bestätigt, daß das moderne Cogito zu der Frage wird „wie es unter den Arten des Nicht-Denkenden sein kann“ (OD 391), daß Phänomenologie, „während sie durch eine Reduktion auf das Cogito eingeführt wurde, immer ... zu der ontologischen Frage geführt“ hat (OD 393). Die Art, *wie* Sartre die Frage nach dem Sein stellt, nämlich so, daß sie, indem sie Sein und Seiendes vermischt, eine Frage sowohl nach den Bedingungen des Seienden als auch nach dem Seienden selbst ist, wiederholt die empirisch/transzendentale Doppelung (als Vermischung von Ebenen) noch einmal innerhalb des ontologischen Ansatzes selbst. Das Oszillieren findet also *zwischen* phänomenologischer und ontologischer Methode und *innerhalb* der jeweiligen Ansätze statt. „Empirisches“ als An-sich-Sein der Dinge, „Transzendentales“ als Prinzip des Cogito; oder „Empirisches“ als Seiendes, „Transzendentales“ als Sein: Auf diese beiden Wei-

---

[35] Seel 1971: 201.

sen stehen sich die Seiten der Dublette bei Sartre gegenüber.[36] Auf den zweiten Aspekt, die Verbindung von 'Sein' und 'Seiendem', werden die nächsten Kapitel genauer eingehen.

Daß sich auch das Doppel Cogito/Ungedachtes in *Das Sein und das Nichts* idealtypisch wiederfindet, ist kaum verwunderlich, denn Foucault hatte sich zur Beschreibung dieses Doppels sogar der Terminologie Sartres bedient: „Das ganze moderne Denken ist von dem Gesetz durchdrungen, das Ungedachte zu denken, in der Form des Für-sich die Inhalte des An-sich zu reflektieren ..." (OD 394).[37] Nichts anderes unternimmt Sartre, und er betreibt jene „Ontologie des Ungedachten" explizit in ihrer negativistischen Form, denn tatsächlich wird das An-sich (später das Inerte) zum Prinzip des Anderen, von dem aus das Für-sich (später der Mensch und die Praxis) sich bestimmt. Das Bewußtsein ist nicht mehr nur Bewußtsein von etwas, es „*entsteht* als auf ein Sein gerichtet, das nicht es selbst ist" (SN 35, Hervorhebung A.R.).[38]

Wie bei Husserl das 'objektive Sein' den „blinden Fleck" darstellte, der seine Phänomenologie von 'außen' her lenkte, so entkommt auch Sartre der Logik der Doppel nicht. Das letztlich unerkennbare Sein der Dinge hält die Überlegungen von *Das Sein und das Nichts* in Gang. Zusätzlich ist bei Sartre aber das, was bei Husserl als Ungedachtes wirkte, explizit als Theorie gefaßt. Sartre beschreibt das Dilemma der transzendentalen Phänomenologie als ein ontologisches Gesetz, und er schreibt es somit als unabänderliche Struktur fest, ohne deren historische Bedingtheit zu erkennen.

---

[36] Die beiden Aspekte entsprechen den oben schon erwähnten zwei Bedeutungen des empirisch/transzendentalen Doppels (s. diese Arbeit Teil 1 Kap. 1.6).

[37] Foucault gibt die Termini zwar als diejenigen Hegels aus, tatsächlich entspricht das Zitat aber Sartres Gebrauch dieser Begriffe.

[38] Zu der negativistischen Figur bei Sartre s. a. diese Arbeit Teil 2, Kap. 2.5.

2.3. *Die Identität von Existenz und Essenz*

„Existenzphilosophie" oder „Existentialismus" werden gemeinhin im Sinne einer Handlungs- und Freiheitstheorie definiert, als eine Philosophie, die die menschliche Existenz, ihre Möglichkeiten und Bedingungen, zum Ausgangspunkt und zum zentralen Thema macht. Hier wird der Mensch als Seinsweise betrachtet, in seiner Freiheit oder Geworfenheit, in seiner existentiellen Beziehung zur Welt, zum Anderen, zu sich selbst oder zu Gott. Auf Sartre bezogen verstellt diese Art der Definition jedoch nicht selten den Blick auf die theoretische Dimension, aus der sich der Grundsatz des „Existentialismus",[39] die Formel von der „Existenz als Essenz", in *Das Sein und das Nichts* herleitet. Dieser Grundsatz wird zuerst im dritten Abschnitt der Einleitung genannt, steht also im Kontext einer bewußtseinstheoretisch geprägten, ontologischen Grundlegung. Ich werde im folgenden nach der bewußtseinstheoretischen Wurzel der Existenzformel und nach ihren Auswirkungen für die Theorie Sartres fragen.[40]

Die Rede von der Existenz 'vor' der Essenz, bzw. von der Identität der beiden, basiert letzten Endes auf dem Prinzip, daß das Sein des Bewußtseins Erscheinen sei. Sie ist in der Einleitung zu *Das Sein und das Nichts* durch folgende Argumentation vorbereitet: Sartre geht gegen den Berkeleyschen Satz vom „esse est percipi" und eine idealistische Reduktion des Seins auf Erkenntnis vor, indem er - parallel zum Argument des Seins des Phänomens - darauf verweist, daß die Erkenntnis selbst einer Seinsgrundlage bedürfe. Die Totalität „Wahrnehmung-Wahrnehmendes" löst sich in Nichts auf, wenn sie „nicht von einem soliden Sein getragen wird".

> „So kann das Sein der Erkenntnis nicht durch die Erkenntnis bemessen werden, es entgeht dem percipi. ... das Begründung-Sein des percipere und des percipi (muß) selbst dem percipi entgehen: es muß transphänomenal sein." (SN 18)

---

[39] Das Etikett „Existentialismus" hat Sartre bekanntlich erst *nach* der Veröffentlichung von *Das Sein und das Nichts* übernommen (vgl. Spiegelberg 1960b: 408).

[40] Da es mir um eine Erklärung der Existenzformel aus dem theoretischen Fundament von *Das Sein und das Nichts* geht, werde ich mich nicht auf die Programmschrift *Ist der Existentialismus ein Humanismus?* stützen, die Sartres Thesen in vieler Hinsicht verwässert.

Gesucht wird nun die „transphänomenale Seinsdimension des Subjekts“. Da es das „Seinsgesetz des erkennenden Subjekts ist, bewußt-zu-sein“, glaubt Sartre mit dem Terminus „Bewußtsein“ eine tiefere, ontologische Struktur benennen zu können, die genau dem Berkeleyschen Paradigma der Erkenntnis entgeht. „Das Bewußtsein ... ist die transphänomenale Seinsdimension des Subjekts“ (SN 19).[41] Bewußtsein ist *kein Erkenntnismodus*, es ist das

„erkennende Sein insofern es *ist*, nicht insofern es erkannt ist ... [es] kann zwar erkennen und sich erkennen. Aber es ist in sich selbst etwas anderes als eine zu sich zurückgewandte Erkenntnis.“ (SN 19)

Nun wird das Bewußtsein nach zwei Seiten hin charakterisiert: Nach außen ist es „Setzung eines transzendenten Objekts“ (SN 19) (Intentionalität), nach innen ist es „unmittelbarer und nicht kognitiver Bezug von sich zu sich“ (SN 21) (präreflexives Cogito), so daß die vollständige Bestimmung lautet: „... jedes objektsetzende Bewußtsein ist gleichzeitig nicht-setzendes Bewußtsein seiner selbst“ (SN 21).

Es ist das „präreflexive Cogito“, auf das es Sartre hier ankommt, denn er glaubt, das Bewußtsein als den die Erkenntnis grundlegenden Existenzmodus nur etablieren zu können, indem er ein spekulatives Reflexionsmodell unterläuft und einen gewissen „Monismus“ des Bewußtseins behauptet. Unmittelbares Selbstbewußtsein, das wie Kants „transzendentales Ich“ alle meine Vorstellungen begleiten können muß, ist selbst nicht nach einem Subjekt-Objekt Schema zu denken, es ist, so wird uns gesagt, „nicht paarig“:

„Jede bewußte Existenz existiert als Bewußtsein, zu existieren. Wir verstehen jetzt, warum das erste Bewußtsein von Bewußtsein nicht setzend ist: es ist ja *eins* mit dem Bewußtsein, von dem es Bewußtsein ist. Es bestimmt sich zugleich als Wahrnehmungsbewußtsein und als Wahrnehmung.“ (SN 19)

In dieser Definition sind Bewußtsein und Akt in eins gesetzt, Wahrnehmungsbewußtsein *ist* Wahrnehmung. Dasselbe Muster führt zu den für Sartre so typischen Gleichsetzungen von Glaube

---

[41] Zur Trennung von Bewußtsein und Erkenntnis vgl. auch Sartres Vortrag *Conscience de soi et connaissance de soi* von 1947. - Eine ausführlichere Erklärung der Bewußtseinstheorie Sartres findet sich in Teil 2, Kap.2 dieser Arbeit.

und Glaubensbewußtsein, Lust und Bewußtsein von Lust, Freude und Bewußtsein von Freude. Lévinas nennt dies die „Einführung der Transitivität in den Begriff des Seins“[42]:

„Die Aussage, der Akt des Denkens sei für das Bewußtsein gleichbedeutend mit dem Akt des Existierens ... verändert den eigentlichen Begriff des Seins. ... Von nun an charakterisiert die transitive Struktur des Denkens den Seinsakt. Wie das Denken immer Denken von etwas ist, so hat das Verb ‘sein’ immer ein Akkusativobjekt: ich *bin* mein Schmerz, ich *bin* meine Vergangenheit, ich *bin* meine Welt. Es ist evident, daß das Verb ‘sein’ in diesen Formeln nicht die Funktion der Copula hat.“[43]

Die Identität von Bewußtsein und Akt ist - so meine These - auch die gedankliche Grundlage des Satzes von der Existenz vor der Essenz,[44] denn in der Argumentation von *Das Sein und das Nichts* folgt nun der fragliche Passus:

„Es gibt ein unteilbares unauflösliches Sein - keineswegs eine Substanz, die ihre Qualitäten als mindere Seinsweisen trüge, sondern ein Sein, das durch und durch Existenz ist. Die Lust ist das Sein des Bewußtseins (von) sich und das Bewußtsein (von) sich ist das Seinsgesetz der Lust. Das formuliert Heidegger sehr gut, wenn er schreibt ... ‘das Was-sein (essentia) dieses Seienden muß, sofern überhaupt davon gesprochen werden kann, aus seinen Sein (existentia) begriffen werden’.“ (SN 24f)

Es fällt auf, daß diese Konstruktion - strukturell - dem eingangs von Sartre gelobten, dann aber überschrittenen „Monismus des Phänomens“ ähnelt. Gehen wir noch einmal auf die Anfangspassagen von *Das Sein und das Nichts* zurück, so wird diese Parallele sichtbar. Hier heißt es, daß mit der (phänomenologischen) Reduktion des Existierenden auf die Reihe der Erscheinungen „eine gewisse Zahl von Dualismen“ überwunden werde (SN 9). Zu ihnen zählt „das Innere und Äußere“, „Sein und Erscheinen“ aber auch die Dualität von „Potenz und Akt“, von „Erscheinung und Wesen“ (SN 10f).

---

[42] Lévinas, *Von der Beschreibung* ...: 67.

[43] A. a. O.: 66. Lévinas leitet diese Transitivität von der Intentionalität her und verknüpft darin Phänomenologie und Existenzphilosophie enger, als ich es hier tun möchte. Das oben angegebene Zitat ist auch auf Husserl bezogen, für den es m. E. nicht in dem Maße zutrifft wie für Sartre.

[44] Eine weitere Belegstelle hierfür wäre *Bewußtsein und Selbsterkenntnis*: 40. Hier bindet Sartre die Existenzformel mit dem nicht-thetischen Bewußtsein zusammen.

Wie selbstverständlich geht Sartre von dem Satz, „daß der Dualismus von Sein und Erscheinung kein Bürgerrecht in der Philosophie mehr haben kann“ zu dem (folgenden) über, daß „wir schließlich ebenso den Dualismus von Erscheinung und Wesen verwerfen [können]. Die Erscheinung verbirgt nicht das Wesen, sie enthüllt es: sie *ist* das Wesen“ (SN 11). Und nun, im dritten Abschnitt der Einleitung, ist das Bewußtsein wie folgt beschrieben:

„Das Bewußtsein hat nichts Substantielles, es ist eine reine ‘Erscheinung’, insofern es nur in dem Maß existiert, wie es sich erscheint. ... gerade weil es reine Erscheinung ist, ... wegen dieser Identität von Erscheinung und Existenz an ihm kann es als das Absolute betrachtet werden.“ (SN 27)[45]

Die Parallelität der Formulierungen in den Abschnitten I und III ist deshalb bemerkenswert, weil der in I abgehandelte Standpunkt der Phänomenologie eigentlich schon überschritten ist. Für die Dinge hatte Sartre inzwischen gezeigt, daß ihr Sein gerade *nicht* mit Erscheinen zusammenfällt, daß das „Sein des Phänomens“ nicht das „Seinsphänomen“ sein kann. Doch für das Subjekt gilt weiterhin, daß Sein des Bewußtseins Seinsbewußtsein ist; die „transphänomenale Seinsdimension des Subjekts“ ist wie ein Phänomen aufgebaut, Sein und Erscheinen sind identisch.[46] Die Tragweite des Gedankens, daß das Sein des Bewußtseins Seinsbewußtsein sei, kann nicht überschätzt werden, sie reicht bis in die letzten Gründe der Handlungs- und Freiheitstheorie hinein: Es ist diese Konstruktion absoluter Identität, die zur Begründung der „Transluzidität des Bewußtseins“ (SN 123), zur Leugnung des Unbewußten in der mauvaise foi und zur Behauptung absoluter Verantwortlichkeit herhalten muß, weil wir nichts sein können, ohne dessen auch bewußt zu sein.[47]

Sartre übernimmt also einerseits für die *Seins*bestimmung des Subjekts das Modell der phänomenologischen Reduktion, umge-

---

[45] Dieselbe Parallele erscheint für den Dualismus von Potenz und Akt. In Abschnitt I heißt es: „Das Phänomen ... ist absolut sich selbst anzeigend. Damit wird zugleich auch die Dualität von Potenz und Akt fallen. Alles ist in actu. Hinter dem Akt gibt es weder Potenz noch ‘Hexis’ ...“ (SN 11). In III gilt dieselbe Regel für das Bewußtsein, das „nicht möglich ist, bevor es ist“ (SN 25).
[46] Vgl. Sartre, TE 46f.
[47] Zu den moralischen Implikationen dieses Bewußtseinsmodells s. a. diese Arbeit Teil 2, Kap. 2.3.

kehrt hat er aber auch schon die Existenzformel des dritten Abschnittes, die Behauptung der Identität von Existenz und Essenz, im ersten Schritt der Einleitung in die phänomenologische Methode hineingelesen. Indem er bei der Aufzählung der Reihe von Dualismen, die die Phänomenologie aufgelöst habe, den Dualismus „Sein und Erscheinen" mit dem von „Erscheinung und Wesen" gleichsetzt, verknüpft er - begünstigt durch die Ambiguität des Seinsbegriffs - eine phänomenologische mit einer metaphysikkritischen Intention, die der Existenzformel wesentlich ist. Das nietzscheanische Motiv der „Auflösung der Hinterwelten" wird von Anfang an der Phänomenologie unterlegt:

„... wenn wir uns einmal von dem losgemacht haben, was Nietzsche den 'Wahn der Hinterweltler' nannte, und wenn wir nicht mehr an das Sein-hinter-der-Erscheinung glauben, wird diese im Gegenteil volle Positivität, ist ihr Wesen ein 'Erscheinen', das sich nicht mehr dem Sein entgegensetzt ... das Sein eines Existierenden ist genau das, als was es erscheint. So gelangen wir zur Idee des Phänomens..." (SN 10)

Zwischen Sartres Bestimmung des Bewußtseins und seiner Definition von Phänomenologie besteht also eine doppelt akzentuierte Verbindung: Das *Sein* des Bewußtseins wird einem phänomenologischen Modell gemäß aufgefasst und die Phänomenologie selbst in 'existentialistisch-metaphysikkritischer' Perspektive gedeutet. Wir werden später sehen, daß auch Foucault sich dieser Figur bedient.[48]

Doch was besagt die Formel der Identität von Essenz und Existenz? Gemessen an der alten metaphysischen Unterscheidung zwischen dem „Was-etwas-ist" und dem „Daß-etwas-ist", klingt sie widersinnig, denn sie scheint zu behaupten, daß die qualitative, wesensmäßige Bestimmtheit eines Seienden in seiner Faktizität, seinem bloßen Dasein bestehe. Die metaphysische Unterscheidung von essentia und existentia hat, neben ihren vielen anderen Bedeutungen, auch den Sinn, die begriffliche Bestimmung eines Seienden unabhängig von seiner faktischen Existenz zu betrachten. So sagt Thomas von Aquin:

---

[48] Vgl. diese Arbeit Teil 2, Kap. 3.1.

„Kein Wesen kann nun ohne das, was Wesensteil ist, gedacht werden, jedes Wesen oder jede Washeit kann aber gedacht werden, ohne daß dieser Begriff etwas über sein Sein einschließt: ich kann nämlich denken, was der Mensch ist oder der Phönix, und dennoch unwissend darüber sein, ob so etwas in der Naturwirklichkeit Sein hat."[49]

Auch Kants Widerlegung des ontologischen Gottesbeweises basiert auf dieser Unterscheidung. In seinem berühmten Beispiel, daß hundert wirkliche Taler nicht mehr enthalten als hundert mögliche, legt er dar, daß Existenz nicht aus dem Begriff abgeleitet werden kann und umgekehrt, daß sie der begrifflichen Bestimmung nichts hinzufügt.[50] Genau dies aber besagt die von Heidegger und Sartre verwendete Formel: In ihr wird Existenz als Prädikat aufgefaßt[51] und mehr noch, als das einzig mögliche Prädikat zur Bestimmung des Seins des Subjekts.

Heidegger entzieht sich der im 'klassischen' Verständnis unsinnigen Behauptung, das Was-Sein liege im Daß-Sein, durch eine terminologische Verschiebung. In *Sein und Zeit* heißt es,

„daß, wenn wir für das Sein dieses Seienden [das Dasein, A.R.] die Bezeichnung Existenz wählen, dieser Titel nicht die ontologische Bedeutung des überlieferten Terminus existentia hat und haben kann". (SuZ 42)

Existentia im Sinne von „Vorhandensein" soll dem Dasein gerade *nicht* zukommen, Existenz heißt hier „Zu-sein" (SuZ 42), bzw. später als „Ek-sistenz" „Hinaus-stehen in die Wahrheit des Seins".[52] Da Ek-sistenz hier inhaltlich (als Zu-sein) gefaßt ist, liest sich der ehemalige Satz vom „Vorrang der 'existentia'" (SuZ 43) ganz unspektakulär, er wird wieder zu einer Wesensbestimmung.[53] Anders dagegen bei Sartre. Im *Humanismusbrief* distanziert sich Heidegger von Sartres „Grundsatz des Existentialismus", er kehre die Begriffe existentia und essentia um, verwende sie aber immer noch im Sinne der Metaphysik.[54] Damit hat Heidegger recht: Die Umkehrung, bzw. das Ineinssetzen von Existenz und Essenz über-

---

[49] Thomas v. Aquin, *De ente et essentia*, capitulum IV; Opera Omnia Bd. 18, 376 (die deutsche Wiedergabe folgt einer unveröffentlichten Übersetzung von Kluxen).
[50] Vgl. Kant, KrV: B 626f.
[51] Vgl. z. B. Rombach, *Das Phänomen Phänomen*, 1980: 27.
[52] Heidegger, *Brief über den Humanismus*, ^{2}1978: 324.
[53] A. a. O.: 324.
[54] A. a. O.: 325.

trägt die scholastische Definition Gottes als ens realissimum auf den Menschen und bleibt damit der christlich-metaphysischen Tradition verhaftet. Sartre wendet in der Beschreibung des Bewußtseins die Begründungsfolge des ontologischen Gottesbeweises um.[55] Während dieser die Wirklichkeit Gottes aus seinem Begriff (seiner 'Möglichkeit') ableitet, kann beim Bewußtsein die 'Möglichkeit' nur aus der Wirklichkeit abgeleitet werden: „da das Bewußtsein nicht möglich ist, bevor es ist, sein Sein aber die Quelle und die Bedingung jeder Möglichkeit ist, impliziert seine Existenz sein Wesen" (SN 25). In dieser Wendung wird dem Bewußtsein eine Art 'negativer Göttlichkeit' zugesprochen, es ist ein „nicht-substantielles Absolutes" (SN 27).

Sartres Definition der Seinsweise des Bewußtseins soll eine inhaltliche, substantiell festschreibende und vorgängige Wesensbestimmung des Menschen im Sinne der christlich-humanistischen Tradition unmöglich machen. Daher spricht er, je weiter er seine Freiheitstheorie entwickelt desto deutlicher, von einem „Vorausgehen" der Existenz,[56] das „Wesen" ist nichts substantiell Feststehendes, es wird je und je hergestellt; so heißt es, daß im Für-sich „die Existenz dem Wesen *vorausgeht* (prècède) und dieses *bedingt* (conditionne)" (SN 763). Es ist auch von einer *Determination* des Wesens durch die Existenz die Rede.[57] Von „Vorausgehen" zu sprechen, ist hier jedoch nur noch bedingt sinnvoll, denn Verwirklichung impliziert schon Ermöglichung. Die „Vorgängigkeit" muß vielmehr als ein „Zugleich" gelesen werden; die Bedingung (der Möglichkeit) einer Existenz und ihr Vollzug sind auf einen einzigen Punkt zusammengeschmolzen.

Welche Schlüsse Sartre aus dieser Konstruktion für seine Bestimmung des Menschen zieht, ist hinlänglich bekannt: Der Mensch macht sich zu dem was er ist, er ist was er tut, und *jede* seiner Handlungen ist Ausdruck der Einheit seiner ursprünglichen Wahl. Wo „Existenz" - völlig leer - einziges Wesensprädikat ist,

---

[55] Vgl. SN 25.
[56] Die Formel vom Vorausgehen scheint sich erst im Laufe von *Das Sein und das Nichts* zu entwickeln und zu verfestigen. In den frühen Passagen ist (nur) davon die Rede, daß die Existenz ihr Wesen „impliziert" (SN 25), „setzt" (SN 36), bzw. einen „Primat" vor der Essenz habe (SN 27). Erst mit der Gleichsetzung von Existenz und Freiheit spricht Sartre von einem „précéder" (zuerst SN 84).
[57] EN 524.

wird umgekehrt jedes Prädikat zur essentiellen Bestimmung. Daher rühren die permanenten Gleichsetzungen: wir *sind* Angst (SN 115), ich *bin* was ich verschleiern will (SN 115), ich *bin* mein Platz (SN 849), wir *sind* die Lösung des Problems des Seins (SN 802) etc.[58]

Die Existenzformel beinhaltet nicht nur die Umkehrung einer alten Unterscheidung, sie betreibt in der Umkehrung auch deren Auflösung. Wenn das Wesen sich erst nach der Existenz bekundet, die Möglichkeit erst nach der Wirklichkeit, so wird der Sinn der Unterscheidung von essentia und existentia zum Teil hinfällig: Im Primat der Faktizität werden beide Aspekte identisch.[59] Hier liegt die eigentliche Brisanz der Existenzformel, denn mit dem Hinweis auf Nietzsche stellt Sartre sie von Anfang an in eine metaphysikkritische Perspektive, die die Unterscheidung von Sein und Wesen, bzw. die Legitimation von Wesensaussagen generell fragwürdig macht.[60]

Auch in einer anderen Hinsicht bietet die Existenzformel mehr als eine bloße Charakteristik menschlichen Daseins: Zwar gilt, daß nur im Für-sich die Existenz der Essenz vorausgeht, doch die Ambivalenz im Seinsbegriff selbst, Sartres Deutung der Ontologie im

---

58 Solche Sätze sind analog zu der anfänglichen Bestimmung des Seins des Bewußt seins konstruiert, doch sie scheinen diffuser und im Verhältnis zu ihrem „Urbild" verschoben. Indem die abstrakten Termini der Einleitung nahtlos in konkretere überführt und mit ihnen identifiziert werden, entsteht ein verkehrter(?) Übergang von Bewußtseins- in Handlungstheorie, der die spezifischen Differenzen der beiden Bereiche verwischt. Sartre setzt Bewußtsein = Existenz = Möglichkeit = Nichtung = Freiheit (s. als Beispiele für solche Engführung: SN 763, 801, 806) und so wird aus dem Satz, daß das Wesen des Bewußtseins in seiner Existenz liegt derjenige, der zur gängigen Interpretation der Existenzformel dient: daß der Mensch sich zu dem macht, was er ist, daß das Für-sich absolut frei ist.

59 Aus der seinsgeschichtlichen Perspektive Heideggers wäre Sartre wohl auf eine Stufe mit Nietzsche zu stellen, an jenen Ort der Metaphysikgeschichte an dem sich Metaphysik im Vorrang der „actualitas" und mit der Aufhebung des Unterschiedes von existentia und essentia vollendet (s. Heidegger *Die ewige Wiederkehr des Gleichen und der Wille zur Macht*, [5]1989: 16; *Entwürfe zur Geschichte des Seins als Metaphysik*, [5]1989: 476. Zum Vorrang der actualitas s. *Metaphysik als Geschichte des Seins*, [5]1989: 419).

60 Den Einfluß Nietzsches auf Sartre belegt u. a. der sehr frühe Text *Legende der Wahrheit*, in dem Sartre in kritischer Absicht eine genealogische Herleitung der Vorstellung von „Wahrheit" vornimmt. - Foucault bemerkt zu diesem kurzen Text, daß Sartre vom gleichen Problem einer „Geschichte der Wahrheit" ausgegangen sei wie er selbst, dann jedoch den Weg zur Phänomenologie eingeschlagen habe (s. Foucault 1983: 444).

Sinne eines Realismus, zeigt, daß die Formel „Existenz vor Essenz" zugleich zum Ausdruck eines methodischen Prinzips wird, das auf verschiedene Gegenstände anwendbar ist. Im letzten Kapitel wurde deutlich, daß Sartre die Frage nach dem Sein so stellt, daß sie zugleich eine Frage nach den Bedingungen des Seienden und nach dem konkreten Seienden selbst ist. Sein und Seiendes sind konsequent vermischt. Genau dies entspricht der Bestimmung der Seinsweise des Menschen, und sie wird, vielleicht weil der Primat des Subjekts sich letztlich doch auf allen Ebenen durchsetzt, zum allgemeinen Merkmal der Theorie. Die Existenzformel wird zur Grundlage der Aussagen über Seiendes schlechthin.[61]

Die Trennung von Essenz und Existenz bedeutet, daß die 'Möglichkeit' einer Sache nichts über ihre 'Wirklichkeit' aussagt, daß ihr Tatsächlichsein irrelevant ist für die Bestimmung dessen, was sie (wesentlich) ist. Nichts anderes sagte auch die Epoché Husserls. Eidetische und transzendentale Reduktion beruhen auf der Differenz von Tatsache und Wesen: Nur wenn der Unterschied der beiden aufrechterhalten wird, kann der Aspekt der „Wirklichkeit" ausgeklammert werden, nur unter dieser Bedingung ist Phänomenologie als Wesenswissenschaft möglich. Sartre entzieht in seiner Definition des Bewußtseins - und über sie hinaus - dieser Differenz die Basis.

Wenn schon in der Neubelebung der Seinsfrage, in der Anwendung der Phänomenologie als Ontologie, ein 'Vergessen' der Epoché als transzendentaler Reduktion lag, so wiederholt sich in der Gleichsetzung von Existenz und Essenz dieses Vergessen ein weiteres Mal, diesmal als Verlust der „eidetischen Reduktion". Interessanterweise hat Sartre dieses 'Vergessen' mit Hilfe eines phänomenologischen Modells gewonnen, denn die Formel der Identität von Existenz und Essenz ist ja derjenigen der Identität von Sein und Erscheinen nachgebildet. Daß die Essenz in der Exi-

[61] Als Beleg hierfür läßt sich auch anführen, wie Sartre im *Ekel den Dingen* Existenz zuschreibt, und zwar in der Weise, daß „Existenz" ihr ganzes Wesen ausmacht. Hier ist der Übergang von einem klassischen Existenzbegriff zur einer Auffassung der Existenz als (einzigem) qualitativem Merkmal der Dinge beschrieben (s. Sartre, *Der Ekel*, 1981: 145).

stenz beruhe, ist die ontologisch gefaßte Version der Reduktion des Seins aufs Erscheinen.

In Husserls Phänomenologie ist, wie oben beschrieben, die Unterscheidung von empirisch und transzendental in mancher Hinsicht aufgehoben zugunsten eines totalisierten Transzendentalen, das von dem ihm entgegengesetzten „Mundanen" inhaltlich kaum mehr zu unterscheiden ist.[62] Husserl kann kein Kriterium für die Differenz zwischen einer psychologischen (empirischen) und einer transzendentalen Erfahrung angeben, dennoch behauptet er deren unterschiedlichen Status: Am schlichten Zusatz „transzendental" hängt die ganze Phänomenologie als Wissenschaft. Doch diese „Differenz, die nichts unterscheidet"[63] *bleibt* eine Differenz. So wäre die ehemalige, die Kantische Trennung von empirisch und transzendental hier zumindest formal noch enthalten im Unterschied von transzendental und mundan, auch wenn sie inhaltlich nichts bewirkt. Dieser Unterschied ist bei Sartre - nicht zuletzt durch seine Existenzformel und eine „mundanization of consciousness"[64] - aufgehoben; der Anspruch auf die transzendentale „Reinheit" der Untersuchung entfällt bei ihm vollständig.

Der Primat der Existenz treibt jene 'Ontisierung des Transzendentalen' weiter, die gemäß Foucaults Beschreibung das moderne Denken bestimmt. Sie enthält aber zugleich auch ihre Gegenbewegung, eine 'Transzendentalisierung des Ontischen', denn der Mensch als konkretes Seiendes ist als Ermöglichungsgrund aufgefaßt. Sartre hat in seiner Definition des Bewußtseins den ontologischen Gottesbeweis umgekehrt; die Einheit von Existenz und Essenz ist ein Signum der göttlichen Unendlichkeit oder der menschlichen Endlichkeit, je nach dem, in welcher Reihenfolge man das Verhältnis der beiden Seiten denkt. Als Endlichkeit entspricht sie strukturell der Identifizierung des Positiven mit dem Grundlegenden. Die Formel von der Existenz als Essenz läßt sich so als neue und verschärfte Spielart der empirisch/transzendentalen Reduplizierung lesen, und wieder ist es das Ausschalten einer Differenz, ein „Denken des Gleichen", das das Spiel

[62] Vgl. diese Arbeit Teil 1, Kap. 1.5.
[63] Derrida, *Die Stimme und das Phänomen*: 61.
[64] Spiegelberg 1960b: 481.

der Doppel in Gang setzt. Die empirisch/transzendentale Dublette ist im 'Systemprogramm' des Existentialismus selbst verankert.

Aus der Existenzformel Sartres ergeben sich zwei Folgen: Einerseits besagt sie, daß es für das 'Wesen' des Menschen keine inhaltliche Bestimmung geben kann, weil dieses 'Wesen' erst in der Existenz hergestellt werden muß. So bleibt eine reine Formbestimmung übrig: Das Sein des Menschen besteht in seinem Existieren, seiner Freiheit, etc. Die Frage nach der „condition humaine", nach einer bloßen Struktur, ersetzt die traditionelle Frage nach dem Wesen des Menschen. Der zweite Aspekt der Formel ist radikaler, denn er impliziert, als 'nietzscheanisches' Motiv, eine Ablehnung von Wesensaussagen, von Vorgängigkeit und Allgemeinheit schlechthin.

Die französische „rupture de génération" mag sich gebärden, wie sie will, was diese Implikationen der Formel „Existenz vor Essenz" angeht, beerbt sie Sartre und nicht Heidegger. Mit der systematischen Leere von Sartres Formel, mit dem Gedanken eines nicht-substantiellen, radikal verzeitlichten Bewußtseins, ist die Analyse von Strukturen, die Auflösung eines Gegenstandsrealismus und die Historisierung der betrachteten Gegenstände schon vorbereitet. Selbst die Methode, nur noch Diskursformationen und nicht mehr primär deren Inhalte zu betrachten, spiegelt noch einen Rest des Gedankens, daß das Sein eines Bewußtseins im Erscheinen liege.[65] Es mag sein, daß Foucault und seine Zeitgenossen die Kritik am „Innenleben", wie Sartre sie propagierte, fortführen und auf *alle* Gegenstände des Wissens ausdehnen. Philosophie wird, wie Deleuze einmal sagte, zur „art des surfaces".[66]

Warum ist dann aber Sartre aus der Perspektive Foucaults trotz allem ein „homme du 19ème siécle"?[67] Daß 'Verwirklichung' zeitlich und vor allem auch *logisch* ihrer Möglichkeit vorhergeht, sie bedingen soll, ist ein Unding, die Formel von der Existenz *vor* der Essenz ist als metaphysischer Satz nicht durchführbar. Tatsächlich kann es Sartre nicht gelingen, in den jetzt inhaltlich leeren

---

[65] Vgl. hierzu Teil 2, Kap. 3.
[66] Deleuze, *Fendre les choses, fendre les mots*, 1990: 120.
[67] Foucault, *L'homme est il mort?* Entretien avec Bonnefoy, 1966: 8; DE I: 542.

Bestimmungen Freiheit, Nichtung, Existenz, die Form von Wesensaussagen zu vermeiden. Zwar wehrt er sich dagegen, nun z. B. „Freiheit" als „vorgängige" Bestimmung zu verstehen,[68] aber de facto übernimmt der Begriff genau diese Funktion. Sartre stellt Fragen nach dem Muster: „Was muß der Mensch *in seinem Sein* sein, damit durch ihn das Nichts zum Sein kommt?" (SN 83; Hervorhebung A.R.), „*Was* muß die Freiheit *sein*, damit durch sie das Nichts zur Welt kommen soll?" (SN 84; Hervorhebung A.R.), und es liegt in der Doppeldeutigkeit des Seinsbegriffs, daß hier im Sein als „Existenz", Sein als „Wesen" immer mitgemeint ist. Sartre gibt die Frage nach Wesensmerkmalen nicht auf, und es ist schon früh bemerkt worden, daß er sie nicht aufgeben kann.[69]

Aus Foucaults Perspektive ist es der Zwang eines bestimmten Diskurses, der Sartre zu einem Denker im Stile des „19. Jahrhunderts" macht und ihn dahin treibt, bei aller Kritik an einer Wesensmetaphysik die Art ihrer Fragestellung nicht anzutasten. So bleibt die Suche nach dem „Was *ist*" des Menschen, und er „ist" jetzt Angst, Sorge, Freiheit, sein eigenes Nichts, etc. Sartre ist der Philosophie als dem „Reich der Frage 'ti esti'"[70] weiterhin verbunden. Doch Fragestellungen präfigurieren eine bestimmte Art von Antworten und keine Kritik wird sich als wirksam erweisen, die nicht den Boden der vorgegebenen Denkweise selbst verläßt. Die Aporetik, die Zerrissenheit, aber auch das Interessante an der Philosophie Sartres besteht wohl darin, daß sie - in Foucaults Geschichtsmetaphern zu sprechen - auf Fragestellungen des 19. Jahrhunderts verzweifelt die Antworten des zwanzigsten zu geben versucht.[71]

---

[68] Vgl. z. B. SN 84, 99.

[69] Vgl. z. B. Ecole, *Essence et existence chez Sartre*, 1951: 170.

[70] Formulierung Derridas, *Die Stimme und das Phänomen*: 77.

[71] Foucault 1966b: 8; DE I 541f.

2.4. *Was ist eine phänomenologische Beschreibung?*

In den vorhergehenden Kapiteln waren die 'Verschiebungen' Thema, die Sartre in den theoretischen Postulaten der Phänomenologie vornimmt. Deren grundlegendes Theorem, die Epoché, scheint angewandt und vergessen zugleich. Angewandt wird sie, indem Sartre das radikale Bewußtseinsprimat Husserls übernimmt, vergessen, indem er die ontologische Frage Heideggers stellt. Ich habe versucht zu zeigen, wie in der besonderen Art der 'Kreuzung' Husserlscher und Heideggerscher Motive durch Sartre eine hybride Struktur entsteht, eine mit transzendentalphilosophischen Voraussetzungen gefüllte Ontologie, ein Methodenantagonismus, der *Das Sein und das Nichts* nicht losläßt.

Würde man diesen in Kapitel 2.2 beschriebenen Aspekten den Titel 'Sartre zwischen Husserl und Heidegger' geben, so müßte das Kapitel 2.3 'Sartre zwischen Husserl und Nietzsche' heißen, denn in der Formel „Existenz gleich Essenz", die analog zum Modell der phänomenologischen Reduktion gebildet ist, schlägt sich auch das nietzscheanische Motiv der „Auflösung der Hinterwelten" nieder.[72] Gleichzeitig scheint Sartre aber das Denken in Kategorien des 'Wesentlichen' nicht aufgeben zu wollen oder nicht aufgeben zu können. Es findet sich keine offene Kritik am Konzept der Wesensschau, obwohl dies für einen existentialistischen Ansatz naheliegend wäre. In den frühen Schriften, wie in *L'Imaginaire* z. B., sind Reduktion und Wesenswissenschaft affirmativ geschildert, Sartre fordert gar eine „Eidetik des Bildes".[73] Eine Kritik an der Reduktion kündigt sich hier zwar schon an, ebenso wie die Forderung nach einer Überschreitung des Eidetischen, aber die Möglichkeit und Notwendigkeit einer „eidetischen Deskription"[74] selbst wird nicht angezweifelt. In *Skizze einer Theorie der Emotionen* ist fortwährend die Rede von „Wesen" [essence]: dem „'apriorischen' Wesen des Menschseins", dem

[72] Nicht nur bei Sartre, sondern auch bei Nietzsche scheint die metaphysische Leugnung von Essenzen und Hinterwelten mit einem bestimmten erkenntnistheoretischen Konzept zusammenzugehen (s. diese Arbeit Teil 2, Kap. 3.1). Erkenntnistheoretischer Subjektivismus ergibt ontologisch gewendet die Formel Existenz = Essenz.

[73] *L'Imaginaire*: 225f.

[74] A. a. O.: 240.

„transzendentalen Wesen der Emotion",[75] der phänomenologischen Psychologie als „eidetischer Reflexion"[76] etc.

Der Grund dafür, daß Sartre das Konzept einer „Wesenswissenschaft" auch in den späteren existentialistischen Schriften nicht explizit ablehnt, mag darin liegen, daß er seine theoretischen Überzeugungen in Anlehnung an Husserls Psychologismuskritik gewinnt. Husserl hatte den psychologistischen Theorien vorgehalten, sie würden in der Rückführung aller logischen Operationen auf Psychisches das Real-Psychische nicht vom Ideal-Objektiven trennen. Eine solche Kritik setzt den Unterschied von einzelner Tatsache und allgemeinem Wesen voraus, und Sartre unterstützt diese Unterscheidung:

> „Es besteht Inkommensurabilität zwischen den Wesen und den Tatsachen [les essences et les faits], und wer seine Untersuchung mit den Tatsachen anfängt, wird die Wesen niemals wieder finden können."[77]

Diesem Motiv bleibt Sartre zeitlebens treu, es kehrt wieder in seiner Abgrenzung des „dialektischen" gegen das „analytische" Denken (*Kritik der dialektischen Vernunft*), in seinem Bestreben, Totalitäten zu erfassen, sei es als Totalität eines Subjektes (*Das Sein und das Nichts*) einer Biographie (*Flaubert*) oder derjenigen eines Geschichtsverlaufs (*Kritik der dialektischen Vernunft*). Paradigmatisch hierfür ist die oft wiederholte Formel, das Ganze sei mehr als die Summe seiner Teile, und immer wird diese Formel ausgesprochen in dem Bewußtsein, daß die Legitimationsgrundlage für 'Ganzheit' nicht mehr gegeben ist.

So kommt es, daß Sartre - nietzscheanisch - zwar den Unterschied zwischen Essenz und Existenz einebnen möchte, Husserl folgend aber die Differenz zwischen Tatsache und Wesen nicht aufgibt.

Es steht nun noch aus, von den eingangs genannten Charakteristika der Phänomenologie dasjenige der 'Verfahrensweise' (Deskription) zu untersuchen: Wie verfährt eine phänomenologische

---

[75] *Skizze einer Theorie der Emotionen*, 1982: 261, 262; *Esquisse d'une théorie des émotions*, 1960: 12, 13.
[76] *Skizze* ...: 317; *Esquisse* ...: 65.
[77] *Skizze* ...: 261; *Esquisse* ...: 12.

Beschreibung, die sich weder einer realistischen Naivität noch einer metaphysischen Vorannahme beugen möchte? Ist sie eine deduktive oder eine induktive Methode oder keines von beiden?

Unter den gegebenen Voraussetzungen der Endlichkeit, v. a. unter der Voraussetzung einer Reduktion der Essenz auf Existenz, ergibt sich das Problem, den paradigmatischen Charakter von Phänomenanalysen zu begründen: Warum sagt die gegebene Beschreibung über sich hinaus etwas 'Wahres' aus? Wieso kann man sagen, sie *bedeute* mehr als ein bloß einzelnes, zufälliges Faktum? Und anhand welcher Kriterien kann man feststellen, ob die gegebene Analyse 'stimmt', das Wesentliche richtig erfaßt?

Von der phänomenologischen Deskription wurde gesagt, sie enthalte sich der Erklärung und sie versuche, das 'Wesen' eines Gegenstandes zu erfassen.[78] Heideggers resümierende Formulierung hierfür ist: „das was sich zeigt, so wie es sich von ihm selbst her zeigt, von ihm selbst her sehen lassen" (SuZ 34); die von Sartre häufig verwendete Metapher des „Enthüllens" (dévoiler) ist subjektivisch gewendetes Bild für eine ähnliche Intention.[79]

In welcher Weise übernimmt Sartre die Methode phänomenologischer Beschreibung, und welche Funktion haben Phänomenanalysen in seinem Werk? Wie wir wissen, war es - neben dem Ansatz beim Cogito - sein Interesse am Konkreten, das ihn zur Phänomenologie führte,[80] und seine Texte sind voll von Beispielen und Beschreibungen. In den frühen Schriften hält Sartre sich an das Vorbild Husserls, die Phänomenanalysen sind schlicht und noch nicht von jenem existentialistischen und stark hermeneutischen Duktus geprägt, der sie später auszeichnen wird. Eine „'Phänomenologie' der Vorstellung" ['phénoménologie' de l'image] z. B. wird methodisch folgendermaßen charakterisiert:

---

[78] Vgl. diese Arbeit Teil 1, Kap. 2.1.

[79] Typisch für Sartre ist, daß er Sätze, in denen Heidegger das Handlungssubjekt bewußt unbestimmt läßt, wieder eindeutig auf einen aktiven Part hin formuliert. So wird aus der vorsichtigen Formulierung „von sich selbst her sehen lassen", in der die Anteile von Sich-Zeigen (des Phänomens) und Enthüllen (Akt des Subjekts) in der Schwebe bleiben, bei Sartre ein Bewirken, „daß sich eine Welt enthüllt" (SN 83). Wo Heidegger sich der Konstitutionsfragen enthält, antwortet Sartre immer schon auf diese implizit mitgedachte Dimension.

[80] Vgl. diese Arbeit Teil 1, Kap. 2, Fußn. 22

„in uns selbst Vorstellungen [images] hervorrufen, über diese Vorstellungen reflektieren, sie beschreiben, das heißt ihre unterschiedenen Charakteristika zu determinieren und zu klassifizieren versuchen."[81]

Es gelte, hieß es zuvor, eine „radikale Unterscheidung" zu machen zwischen der „Beschreibung einer Vorstellung" [description de l'image] und den „Folgerungen, die ihre Natur betreffen" [inductions touchant sa nature]: „Der Übergang vom einen zum anderen ist der Übergang vom Gewissen zum Wahrscheinlichen."[82] Voraussetzungslose phänomenologische Beschreibung befindet sich also auf sicherem Boden, weil sie sich über deskriptiv Erfaßbares hinausgehender Folgerungen enthält. Gleichwohl soll sie an einem bestimmten Punkt aufs „Wahrscheinliche" hin überschritten werden[83]: 'Reine' Phänomenologie war Sartre schon immer zu wenig, weil seine Intention nicht auf *strenge* Wissenschaftlichkeit geht, sondern auf eine Sinnauslegung des Konkreten.

Wie eingangs erwähnt, geht es in dieser Untersuchung darum, der Phänomenologie"kritik" Foucaults in der spezifischen Transformation phänomenologischer Motive durch Sartre nachzuspüren. Ich möchte das Verfahren Sartres und seine Probleme anhand zweier Beschreibungen, der Analyse der „mauvaise foi" in *Das Sein und das Nichts* und dem Konzept der „rareté" in der *Kritik der dialektischen Vernunft* untersuchen. Der zweite Text stammt bewußt aus einer Werkphase, in der Sartre nicht mehr zu den Phänomenologen gerechnet wird. Doch er bedient sich weiterhin konkreter Beispiele und Beobachtungen, die nun die Rolle und die Funktion der phänomenologischen Beschreibung übernehmen. An der Konzeption der „rareté" läßt sich zeigen, daß das eigentlich Problematische von Sartres Phänomenanalysen nicht nur in der leicht angreifbaren existentialistischen 'Hyperhermeneutik' liegt, sondern daß ihre methodischen Schwierigkeiten auf der Ebene marxistischer und dialektischer Theoriebildung notwendig wiederkehren.

---

[81] *Das Imaginäre*: 44; *L'Imaginaire*: 17.
[82] *Das Imaginäre*: 44.
[83] Vgl. *L'Imaginaire*: 112.

2.4.1. Phänomenbeschreibung in „Das Sein und das Nichts"

Die berühmte Beschreibung der „Verhaltensweise der Unaufrichtigkeit" ist von zentraler Bedeutung in *Das Sein und das Nichts*, denn sie ist der phänomenale Beleg für die Struktur des Bewußtseins als immanenter Nichtung, als Sein, das zugleich sein eigenes Nichts ist.[84] „Mauvaise foi" ist ein komplexes psychisches Phänomen der Selbsttäuschung, in der ein Mensch versucht, sich das zu verbergen, was er ist und was er weiß. So möchte er z. B. vor seiner Angst fliehen, aber allein diese Flucht ist nur ein Modus, sich dessen bewußt zu sein, was man flieht: Ich bin meine Angst, um vor ihr zu fliehen; ich bin meine Angst in der Form, 'sie nicht zu sein'(SN 115f). Die paradoxe Unentrinnbarkeit dieser Struktur ergibt sich nicht nur aus der Identität von Täuschendem und Getäuschtem („ich ... *bin*, was ich verschleiern will", SN 115) sondern vor allem aus der von Sartre hypostasierten Identität von Sein und Bewußtsein, wie sie im vorigen Kapitel schon beschrieben wurde. Wo Sein und Bewußtsein zusammenfallen, ergibt sich eine absolute „Transluzidität" des Bewußtseins, die kein Unbewußtes zuläßt[85] und ein (zu einfaches) Schema der Umkehrbarkeit etabliert: Weil ich bin, was mir bewußt ist, ist mir bewußt, was ich bin. Das Phänomen der Unaufrichtigkeit dient Sartre nun dazu, die *ontologische Struktur des Bewußtseins* und mehr noch: den *Ursprung des Nichts* zu erweisen, indem er die mauvaise foi - ganz klassisch - auf ihre Möglichkeitsbedingungen hin befragt:

„Wenn die Unaufrichtigkeit möglich sein soll, müssen wir also in ein und demselben Bewußtsein die Einheit des Seins und des Nicht-seins antreffen können, das Sein-um-nicht-zu-sein. ... Was also muß das Bewußtsein in der Instantaneität des präreflexiven Cogito sein, wenn der Mensch unaufrichtig sein können soll?" (SN 118)[86]

---

[84] Vgl. SN 81.

[85] Mit der mauvaise foi will Sartre offensichtlich das Phänomen von Unbewußtem beschreiben, ohne die Primat des Bewußtseins aufgeben und ein Unbewußtes selbst annehmen zu müssen. Die mauvaise foi wird so zu einer Art 'bewußtem Unbewußten'.

[86] Sartres Argumentation erscheint zirkulär, denn er hat die mauvaise foi schon mit der Negationsstruktur des Bewußtseins erklärt, bevor er die Bewußtseinsstruktur phänomenal an der mauvaise foi ausweist.

Die Phänomenbeschreibung, die ich hier näher untersuchen möchte, beginnt wie folgt:

„Da ist zum Beispiel eine Frau, die zu einer ersten Verabredung gegangen ist. Sie kennt die Absichten, die der Mann, der mit ihr spricht, ihr gegenüber hegt, ganz genau. Sie weiß auch, daß sie früher oder später eine Entscheidung treffen muß. Aber sie will die Dringlichkeit nicht spüren: sie hält sich allein an das, was die Haltung ihres Partners an Respekt und Diskretion bietet." (SN 132)

Die Beschreibung geht nun in dem Sinne weiter, daß die Frau „die ersten Annäherungen" des Mannes nicht als solche erkennen möchte, „sie will die Möglichkeiten zeitlicher Entwicklung nicht sehen, die dieses Verhalten aufweist", sie reduziert die doppeldeutige Rede des Mannes auf den eindeutigen Gehalt des Ausgesagten und nimmt sein Verhalten in einer 'verdinglichten' Form wahr. Doch das ist nicht alles, denn zusätzlich „ahnt [die Frau, A.R.] ja nicht, was sie wünscht: Sie ist zutiefst empfänglich für die Begierde, die sie erregt", sie würde „nichts Reizvolles an einem Respekt finden, der einzig und allein Respekt wäre" (SN 133). Da sie die „nackte Begierde" des Mannes als zugleich reizvoll und erniedrigend empfindet, bleibt sie in einer Art Schwebezustand, den sie auch dann noch aufrecht erhält, als ihre Hand ergriffen wird:

„Man weiß, was nun geschieht: Die junge Frau gibt ihre Hand preis, aber sie weiß nicht, daß sie sie preisgibt ... die Hand ruht inert zwischen den warmen Händen ihres Partners: weder zustimmend noch widerstrebend - ein Ding." (SN 134)

Es ist deutlich, daß Sartre hier 'Gegenstände' behandelt, die Husserl wohl kaum für eine phänomenologische Untersuchung geeignet gehalten hätte: menschliche Alltagssituationen und komplexe emotionale Zustände.[87] Mit Recht kann man sich fragen, ob das angeführte Beispiel überhaupt ein „Phänomen" präsentiert.[88] Doch man muß die Analyse der mauvaise foi an ihrem eigenen Anspruch messen: Sie soll helfen, „die Möglichkeitsbedingungen der

---

[87] Cumming hat darauf hingewiesen, daß Sartre andere Kriterien zur Auswahl seiner Beispiele anwendet als Husserl. Sartres beliebtestes Gegenstandsfeld, die Gefühle, weisen gerade nicht diejenigen Eigenschaften auf, die für eine eidetische Bestimmung in Husserls Sinne hilfreich wären: Stabilität und Bestimmtheit (s. Cumming, *Role-playing. Sartre's transformation of Husserl's phenomenology*, 1992: 42, 46f).
[88] Vgl. Hartmann 1983a: 50.

Unaufrichtigkeit auszumachen“ (SN 132), und Sartre führt sie als eine Phänomenbeschreibung durch.

Um die Funktion einer Phänomenanalyse genauer zu bestimmen, halte ich es für sinnvoll, zwischen Beispiel, Phänomen und Struktur (Möglichkeitsbedingung) zu unterscheiden. So wäre „*Phänomen*“ ein Mittleres zwischen dem einzelnen und konkreten *Beispiel* und der abstrakten und allgemeinen *Struktur*. Es wäre selbst konkret, weil beobachtbar, aber allgemein in dem Sinne, daß es in verschiedenen Situationen ähnlich auftritt, gemäß der Definition von Hermann Schmitz, Phänomen sei,

> „was bei jeder Variation beliebiger Annahmen unveränderlich so sich aufdrängt, daß sein Vorkommen nicht im Ernst abgestritten werden kann“.[89]

Im vorliegenden Fall ist die beschriebene Rendezvous-Szene das Beispiel, mauvaise-foi das Phänomen und die „Negativität des Bewußtseins“ die zugrundeliegende ontologische Struktur. Der systematische Zweck der konkreten Beschreibung liegt darin, über sich hinauszuweisen: Aus einzelnen Beobachtungen wird das Phänomen, aus den Phänomenen die allgemeinere Struktur (bzw. das bedingende ‘Wesen’) gewonnen, ohne daß es sich bei Wesen/Struktur um eine bloß induktive Verallgemeinerung des Empirischen handeln soll.[90] Das Allgemeine wird aus der konkreten Erfahrung ‘herausgelesen’. Umgekehrt sind die Beispiele Belege, „phänomenaler Ausweis“ für die allgemeine Struktur. Der Rekurs auf Erfahrung fungiert als deren Bestätigung. Zwischen Beispiel und Phänomen, sowie zwischen Phänomen und Struktur besteht also ein je doppeltes Verhältnis von Entdecken und Bestätigen.

Wie verfährt die oben zitierte Phänomenbeschreibung aus *Das Sein und das Nichts*? Es ist eine erstaunliche Leistung von Fremd-Introspektion, die Sartre hier vollbringt. Wie ein auktorialer Erzähler durchleuchtet er das Innenleben seiner Versuchsperson: Er weiß, was sie will, was sie weiß, sogar was sie wünscht. Die Verben der Analyse sind eindeutig: „sie kennt“, „sie weiß“, „sie will“ (3x), „sie ahnt ja nicht“, „sie wünscht“, „sie ist zutiefst empfänglich“, „sie weigert sich ... zu erfassen“, „sie merkt nicht“ etc.

---

[89] Schmitz, *Der leibliche Raum*, 1967: 1.
[90] Vgl. Cumming 1992: 42.

Schon hier sind die Folgen des Vergessens der einmal vorgenommenen Epoché sichtbar: zum naiven Realisten geworden, beschreibt Sartre die Situation als objektiv gegebene und vergißt doch ganz, daß es immer das beobachtende Subjekt ist, das den Gegenstand (mit-)konstituiert. Vergessen ist auch, daß man berechtigt nur noch von Wahrnehmungs*weisen* sprechen könnte. Es handelt sich hier offensichtlich um einen klassischen Fall von Projektion. Die Ausblendung der Konstitutionsleistung des wahrnehmenden Subjekts ist typisch für Sartres Beispiele und Phänomenanalysen. So sehr dem Subjekt der theoretische Primat zugesprochen ist, so unsichtbar wird es in der Beschreibung der Phänomene selbst.

Und das Phänomen selbst, die „Unaufrichtigkeit"? Sartre leitet aus dem Beispiel drei strukturelle Merkmale der mauvaise foi ab. Als „Kunst, widersprüchliche Begriffe zu bilden" ist die Unaufrichtigkeit: 1. ein Spiel mit dem Gegensatz Transzendenz/Faktizität, die „Faktizität muß behauptet werden als die Transzendenz seiend und die Transzendenz als die Faktizität seiend" (SN 135); 2. ein „ständiges Entwischspiel" zwischen Für-sich und Für-Andere und 3. ein Spiel mit den zeitlichen Ekstasen, indem ich gleichzeitig behaupte, „daß ich das bin, was ich gewesen bin ... und daß ich nicht das bin, was ich gewesen bin" (SN 137f).

Die Frau beim Rendezvous ist aus Sartres Perspektive unaufrichtig, weil sie die strikte Gegenwart auf den zeitlichen Ablauf projiziert, d. h. die mögliche Transzendenz der Situation leugnet und sie als unveränderliche Faktizität wahrnimmt. Weiterhin ist sie unaufrichtig, weil sie die Begierde des Mannes „als etwas erfaßt, was nicht das ist, was es ist" (SN 133), d. h., sie nimmt die Faktizität nicht als Faktizität wahr, sondern als etwas anderes, als Transzendenz. - Nun fällt auf, daß Sartre die mauvaise foi nur ‘erkennen' kann, indem er ihre Prinzipien selbst anwendet. In umgekehrter Äquivalenz versteift er sich immer auf den gegenteiligen Part: Reduziert die Frau das Gespräch mit ihrem Partner auf seinen aktuellen Aussagegehalt, so reduziert Sartre es auf die dahinterliegende transzendente Intention; ignoriert die Frau das Begehren des Mannes, so kontert Sartre, sie weigere sich (sic!), „die Begierde als das zu erfassen, *was sie ist*" (SN 133, Hervorhebung A.R.) - als wäre der männliche Teil der Rendezvoussituation tatsächlich reine

Faktizität. Sartre muß, um die mauvaise foi zu 'entlarven', mit zweifelhafter Eindeutigkeit behaupten das Faktische *sei* Transzendenz und die Transzendenz *sei* Faktizität. Schon in den ersten Sätzen der Phänomenanalyse sind alle Elemente enthalten, die für Sartres Inszenierung des Phänomens der Unaufrichtigkeit benötigt werden:

- Die Frau „*kennt* die Absichten, die der Mann ... hegt, *ganz genau*" (Hervorhebung A.R.)
- Sie weiß, daß sie „eine Entscheidung treffen muß"
- Sie „will die Dringlichkeit nicht spüren"

Die Unaufrichtigkeit bildet sich als Ambivalenz zwischen den Polen: Genau-wissen und Nicht-spüren-Wollen und sie hat zum Maßstab die Eindeutigkeit der Entscheidung.

Nun könnte man sich allerdings fragen, warum die Frau eine Entscheidung treffen muß? Es scheint ihr Gegenüber zu sein, der dies als Notwendigkeit empfindet, und Sartre teilt diese Ansicht dergestalt, daß er sie gleich zum objektiven Maßstab erhebt. Man mag sich auch fragen, wieso Sartre überhaupt nicht auf die Idee kommt, den Mann als Unaufrichtigen zu schildern: schließlich trifft auf ihn in noch stärkerem Maße zu, daß er etwas ist (respektvoll und ehrerbietig), *um* es nicht zu sein. Anscheinend geht Sartre davon aus, daß der Mann die Frau täuscht (denn *er* weiß ja, was er will), die Frau dagegen täuscht sich selbst, und da eine immanente Negation gesucht ist, muß es notwendig die Frau sein, die das Phänomen Unaufrichtigkeit exemplifiziert. Aber woher weiß Sartre, daß sie sich selbst täuscht? Woher weiß er, daß sie nicht ein anderes, ebenso wohl inszeniertes Spiel spielt wie ihr Gegenüber?[91] Die Analyse der Unaufrichtigkeit beschreibt aus der Perspektive des Mannes das Innenleben einer Frau, um die ontologische Struktur des allgemeinmenschlichen Bewußtseins nachzuweisen: ein Beispiel markanter Art dafür, wie eine Vermischung von „Positivem" und „Grundlegendem" aussehen kann.[92]

---

[91] Aus 'weiblicher' Perspektive liest sich die Situation etwas anders. Le Doeuff reformuliert: „le récit d'un premier rendez-vous est donné, rendez-vous au cours duquel une femme *fait semblant* de ne pas comprendre ce qu'on lui veut ..." (Le Doeuff, *L'etude et le rouet*, 1989: 76; Hervorhebung A.R.).

[92] Die Textpassage ist darüberhinaus ein kaum zu übertreffendes Lehrstück dafür, was feministische Kritik am philosophischen Diskurs auszusetzen hat: die „Anmaßung des Allgemeinen durch ein Partielles" bei gleichzeitiger Verschleie-

Es ließe sich einwenden, daß hier ein zu komplexes Beispiel gewählt wurde. Immerhin ist es die Beschreibung eines flüchtigen innerpsychischen Phänomens, das mit einem moralisierenden Duktus und Aspekten der Geschlechterbeziehung befrachtet ist, die vielleicht das 'Eigentliche' einer Phänomenanalyse verzerren. Solche Überfrachtung ist typisch für Sartres Argumentieren. Das 'tiefere' Problem seiner Beschreibungen liegt jedoch nicht in dieser offensichtlichen Mischung verschiedener Gegenstandsbereiche, sondern in dem Verhältnis von einzelnem Beispiel, angeblichem Phänomen und allgemeiner Struktur: Der Übergang vom „Empirischen" zum „Transzendentalen" ist fragwürdig, denn wenn

> „von Phänomenen auf die Bedingungen zurückgegangen werden soll, ohne deren Annahme die Phänomene nicht denkbar sind, so kann ... gefragt werden, wie weit die vom gewählten Phänomen erschlossene Bedingung verallgemeinert werden kann".[93]

Klaus Hartmann stellt fest, daß Sartre letztlich kein analytisches Verfahren des Schlusses vom Phänomen auf dessen Bedingungen anwendet, sondern synthetisch eine Struktur des Bewußtseins aufstellt. Bezüglich der Unwahrhaftigkeit ist der Gedanke der ontologischen Verfaßtheit des Menschen als Nichts sogar so sehr bestimmend, „daß das Phänomen [die mauvaise foi, A.R.] ohne ihn vielleicht bestreitbar wäre".[94] Tatsächlich hat es ja auch eher den Anschein, als ob Sartre die allgemeine Struktur nicht aus dem Konkreten heraus-, sondern sie vielmehr in es hineinlese.

Wenn in diesem Verfahren einerseits die allgemeine Bedeutung je schon in Konkretes verlegt ist, so wird andererseits den konkreten Begriffen universale Bedeutung zugesprochen. Nirgends zeigt sich die Anwendung des Empirischen auf transzendentaler Ebene deutlicher, als wenn Begriffe wie Angst, Sorge, Gestimmtsein, Unaufrichtigkeit etc. zu allgemeinen Grundbestimmungen menschlichen Daseins ernannt werden. In Heideggers Terminus

---

rung der Partikularität (Klinger, *Das Bild der Frau in der Philosophie und die Reflexion von Frauen auf die Philosophie,* 1986: 70). Soll man sich darüber wundern, daß der offen sexistische Charakter von Sartres Schriften bisher selten wahrgenommen, bzw. kommentiert wurde?

93 Hartmann 1983a: 50.

94 A. a. O.: 50.

„Existentialien“, ist diese Zusammenfügung von empirisch und transzendental sogar explizit festgeschrieben.

Der besondere Charakter von Sartres Phänomenanalysen erklärt sich z. T. aus seinem hybriden Ansatz: Weil er das phänomenologische Motiv der Psychologismuskritik (die eine Trennung von Tatsache und Wesen nötig macht) mit einem nietzscheanischen Motiv der Metaphysikkritik (die eine Trennung von Sein und Wesen aufhebt) verbindet, *überträgt* Sartre Aussagen mit Allgemeingültigkeitsanspruch auf „Mundanes“, bzw. spricht Mundanem Allgemeinheit zu.[95] Eine phänomenologische Beschreibung soll sich - ‘positivistisch’ - der Deutung enthalten und andererseits - ‘idealistisch’ - etwas über Wesen aussagen, nicht über Tatsachen. Sartre übernimmt beide Impulse, verändert jedoch ihre Positionen: Weil er Sein und Wesen in eins setzt, gleichzeitig aber an ihrer Trennung irgendwie festhält, bekommen die Aussagen über Seiendes den Status eidetischer Bestimmungen. So kommt es, daß Sartre die Phänomene *interpretiert*; er beschreibt nicht ‘Wesen’, sondern erklärt die Tatsachen. Es sieht ganz so aus, als trete hier der hermeneutische Anspruch an die Stelle der Eidetik.

So fraglich es ist, ob überhaupt eine scharfe Trennung zwischen „phänomenologisch“ und „hermeneutisch“ gemacht werden kann,[96] so sicher ist es, daß Sartre die Phänomenologie schon im voraus mit einem interpretativen Anspruch überbietet und mit einem Rekurs auf Gegenstandsbereiche, von denen man nicht weiß, ob sie überhaupt durch die phänomenologische Methode erschlossen werden können. Sicher ist aber auch, daß sich diese Überbietung aus den Motiven und den theoretischen Grundlagen der Phänomenologie selbst herleitet.

Den Phänomenanalysen haftet eine falsche Unmittelbarkeit an. Gemäß der Bewegung, die ich als ein ‘Vergessen der Epoché’ gekennzeichnet habe, fehlt sowohl die Besinnung darauf, daß eine Beschreibung durch das beobachtende Subjekt vermittelt ist, als

---

[95] Vgl. z. B. Cumming: „In Sartre, however, there is no longer the same sharp distinction of level between an essence and particular facts or particular persons that Husserl sought by his ‘eidetic analysis’“ (Cumming 1992: 45). Zur „Verweltlichung“ des Ontologisch-Abstrakten vgl. auch Theunissen 1977: 192.

[96] Denn jede Beschreibung ist ja notwendig auch schon Auslegung (s. Ricœur 1975).

auch die Besinnung darauf, daß 'Empirisches' nicht bruchlos als 'Transzendentales' gelten kann.

2.4.2. Phänomenbeschreibungen in der „Kritik der dialektischen Vernunft"

Das zweite Beispiel einer phänomenologischen Beschreibung, das ich hier untersuchen möchte, stammt aus einer späteren Werkphase; es betrifft die Darstellung und Erläuterung von menschlichen Beziehungen als „Serialität" in der *Kritik der dialektischen Vernunft*. Sartre nimmt eine Reihe von wartenden Personen an einer Bushaltestelle zum „oberflächlichsten und alltäglichsten" Beispiel, um die Serialität als unterste Stufe von Kollektivbildung zu erläutern. Die Intention geht weniger auf die konkret beobachtbare Situation, als auf ihre strukturellen Implikationen; so ist die Beschreibung von abstrakt-formellen Erklärungen dominiert, die terminologisch deutlich auf Hegels Logik anspielen.[97] Die Wartenden auf der Place Saint-Germain „verwirklichen" - so sagt Sartre - „in der alltäglichen Banalität das Verhältnis von Isoliertheit, Wechselseitigkeit und Vereinigung (und von Vermassung) von außen" (KddV 273). Hiermit ist angegeben, über welche Stufen das Beispiel geführt wird: Zunächst ist die Menschengruppe als „Pluralität von Isoliertheiten" betrachtet:

„die Personen kümmern sich nicht um einander, reden sich nicht an und beachten einander im allgemeinen nicht; sie existieren nebeneinander um den Haltepfosten herum." (KddV 273)

Doch es ist keine inerte Isoliertheit, sondern eine „Negation der Wechselseitigkeit", bedingt durch die Zugehörigkeit zu jeweils anderen Gruppen, die hier wirkt. So geht die zweite Stufe der Betrachtung auf das Wechselverhältnis zwischen den isolierten Individuen:

„Jeder weiß, selbst wenn er den Anderen den Rücken zuwendet, ... daß sie als endliche und unbestimmte Pluralität existieren, von der er ein Teil ist" (KddV 275),

---

[97] Bis in den Wortlaut hinein wird Hegels Sprachduktus imitiert (s. z. B. KddV 277).

und schließlich auf ihre Vereinigung von außen: das praktisch-inerte Sein dient als „leitendes Medium interindividueller Wechselseitigkeiten“:

„Diese getrennten Menschen bilden eine Gruppe, insofern sie alle von demselben Bürgersteig getragen werden ... insofern sie um dieselbe Haltestelle gruppiert sind usw. Und vor allem darin bilden diese Individuen eine Gruppierung, daß sie ein gemeinsames Interesse haben, das heißt, daß sie, als organische Individuen getrennt, eine Struktur ihres praktisch-inerten Seins gemeinsam haben, von dem sie von außen vereinigt werden.“ (KddV 276)

Die Auswirkung solcher „Vereinigung von außen“ ist eine Identität als Austauschbarkeit: „In dem Maße jedoch, wie der Autobus die gegenwärtigen Benutzer bezeichnet, konstituiert er sie in ihrer Austauschbarkeit“ (KddV 276) und nun endet das Beispiel, wie so viele Beschreibungen bei Sartre, mit einer Wendung ins Negative:

„Genau auf dieser Stufe wird der materielle Gegenstand die serielle Ordnung als gesellschaftlichen Grund der Trennung der Individuen bestimmen. Die praktisch-inerte Forderung kommt hier vom Mangel: es ist nicht genug Platz für alle da.“ (KddV 278)

Was will Sartre mit seinem Beispiel „demonstrieren“ (KddV 273)? Er will zeigen, wie ein materieller Gegenstand die Beziehungen von Menschen „nach dem ... Gesetz der Serie strukturiert“ (KddV 273). „Demonstrieren“ heißt, ein Allgemeines an einem Einzelfall darstellen, es belegen. Aber wie hat Sartre das ‘Allgemeine’ gewonnen und mit welchem Recht leitet er es aus seinem Beispiel ab?

Die Frage nach der Eigenart und Funktion der phänomenologischen Beschreibung, bzw. dem Rekurs aufs Konkrete, stellt sich im Rahmen der *Kritik der dialektischen Vernunft* komplexer als in *Das Sein und das Nichts*, weil die *Kritik* zusätzlich die Methode der Dialektik mit ihrem Spezifikum der Untrennbarkeit von Form und Inhalt, von Erkennen und Sein übernimmt; d. h. Erkenntnismethode und Seinsgesetz werden als übereinstimmend gesehen.[98]

---

[98] Vgl. z. B. KddV 21, 25, 36. Besonders prekär ist diese Identität, wo Sartre die Dialektik als Intelligibilität bestimmt: Hier bleibt durchgehend unklar, ob von ihr als Seins- oder als Erkenntnisbeziehung die Rede ist. Wenn die gesellschaftlichen Verhältnisse sich so entwickeln, daß sie nur als dialektische *begriffen* werden können, heißt das, daß sie dialektisch *sind*?

Die Widersprüche zwischen einem ontologischen und einem transzendentalphilosophischen Ansatz treten zurück,[99] 'Phänomene' haben einen anderen Status. Um hier Klarheit über die Funktion der Phänomenbeschreibung zu gewinnen, muß man zwei Aspekte trennen: die Frage nach dem Verhältnis von individuellem Erfahrungshorizont und Theoriebildung (1) und diejenige nach dem Verhältnis von konkretem Ereignis und allgemeiner Struktur (2).

(1.) Sartre bedient sich in der *Kritik* eines phänomenologischen Motivs, wenn er in der Einleitung behauptet, man müsse die dialektische Vernunft dort aufsuchen „wo sie sichtbar ist" (KddV 35), es sei erforderlich, „sie in jedem Fall empirisch zu entdecken" (KddV 39). In einem strengeren, wörtlicheren Sinn als bei Hegel stellt sich für Sartre die dialektische Vernunft erst im Erkennen und durch die Erfahrung her, denn er beruft sich auf die konkrete Erfahrung des Individuums. Das Denken, in dem die dialektische Vernunft sich selbst erkennend verwirklicht, ist immer als „die verstehende Praxis eines *daseienden* Subjekts" aufgefaßt.[100] Die Dialektik ist so auf fundamentale Weise an ihre 'Intelligibilität' geknüpft.[101]

Sartre gibt uns das Beispiel der Wartenden an der Bushaltestelle. Er beschreibt ihre seriale Ordnung und die Struktur der Knappheit als notwendig, und zwar aus der beobachtenden Erfahrung des Ereignisses heraus. Der Schluß von der Erfahrung auf ein Allgemeines wird normalerweise als Induktion verstanden. Seine Auffassung von Dialektik scheint es Sartre allerdings zu erlauben, ein induktives Verfahren als Deduktion aufzufassen und durchzuführen: Er *deduziert* das Allgemeine aus dem Konkreten.[102] - Doch wenn eine Erkenntnis sich aus der Erfahrung entwickelt, wie abhängig ist sie dann von dieser? Konkret: Hätte Sartre eine andere Theorie der gesellschaftlichen Ensembles entwickeln müssen, wenn er auf dem Lande gelebt, d. h. *andere Erfahrungen* gemacht hätte? Hätte er eine andere Universalie als die „Knappheit" zum

---

[99] Sie verschwinden jedoch nicht vollständig, sondern bleiben auf anderer Ebene virulent (vgl. Theunissen 1977: 232).
[100] Hartmann, *Sartres Sozialphilosophie*, ^{2}1983b: 57.
[101] Vgl. KddV 39.
[102] Vgl. Sartres Abweis von Induktion, KddV 19, 32

Motor der Geschichte gemacht, wenn er unter anderen Umständen aufgewachsen wäre? Sartre würde das bestreiten mit dem Argument, daß Sozialbeziehungen und die Beziehungen der Menschen zur Materie überall gleich strukturiert sind, sich also überall als ähnliche auffinden und als dialektische verstehen lassen. Aber er hätte wohl Schwierigkeiten seine Behauptung zu belegen, ohne auf einen Idealismus zu rekurrieren, den er vermeiden möchte. Er müßte die gesellschaftliche Dialektik wie eine Naturdialektik behandeln - genau das aber kann er nicht wollen.

(2.) Wie das Verhältnis von Erfahrung und Erkenntnis ist auch dasjenige von *konkretem Ereignis* und *übergreifender Struktur* in der *Kritik der dialektischen Vernunft* als Zirkel konstruiert. So ist in dem oben gegebenen Beispiel das 'Allgemeine' eines, das erst hergestellt werden muß: Es ist der „materielle Gegenstand" (der Autobus), der die Menschen nach dem Gesetz der Serie formiert, d. h., die jeweilige konkrete Begebenheit stellt die allgemeine Gesetzlichkeit erst her, für die sie ein Beispiel sein soll: Die 'Struktur' geht dem Ereignis nicht voraus und ist doch in diesem vorausgesetzt.

Diese Spiegelung von Vorgängigkeit und Nachträglichkeit zeigt sich deutlich am Konzept der „rareté" (Knappheit),[103] mit dem die beschriebene Situation an der Bushaltestelle endet: Es ist nicht genug Platz für alle da. Die „Knappheit" ist, so Sartre, eine „*grundlegende* menschliche Beziehung zur Natur und zu den Menschen" (KddV 131): Sie geschieht der Materie durch den Menschen und sie fällt durch die Materie wieder auf ihn zurück: so kämpft der Mensch immer gegen ein 'zu wenig' an Ressourcen, und immer könnte er gegenüber den anderen Menschen ein „Überzähliger" sein, einer der zu viel ist angesichts eines Zuwenig an materiellen Möglichkeiten und Produkten. Die Konzeption der „rareté" hat in der *Kritik der dialektischen Vernunft* eine große theoretische Last zu tragen, denn sie soll die „Möglichkeit der menschlichen Geschichte" begründen[104] und sie soll als „Ursprungsstruktur" (KddV 130) und „Ausgangsnegation" (KddV

---

[103] Ich übersetze, sofern ich nicht die deutsche Ausgabe der *Critique* zitiere, den Begriff der „rareté" mit „Knappheit".
[104] Vgl. KddV 133, 132, 148.

160) zur *Fundierung* der Marxschen Klassentheorie dienen. Während Marx historisch argumentiert, will Sartre, obgleich auch er beim Historisch-Konkreten ansetzt, einen fundamentaleren Erklärungsanspruch geltend machen. Marx kann nämlich - so Sartre - nicht erklären, wieso es überhaupt zur Aufspaltung in Klassen kommt. Die *Kritik* will nichts weniger, als eine „transzendentale Begründung des Marxismus" geben,[105] sie will „das strukturell-anthropologische Fundament des von Marx beschriebenen Phänomens der Entfremdung" aufdecken.[106] Und genau dazu dient die „rareté":

> „Die einzig mögliche Antwort - *nicht als historischer Grund* dieses oder jenes besonderen Prozesses, *sondern als Begründung* [fondement] der Intelligibilität der Geschichte - besteht darin, daß zunächst [d'abord] die Negation in ihrer ursprünglichen Unbestimmtheit gegeben sein muß ... und diese Negation ist natürlich die verinnerte Negation einiger Menschen durch den Mangel [rareté], das heißt die Notwendigkeit für das Gemeinwesen, seine Toten und Unterernährten auszuwählen". (KddV 155f/ CRD 258, Hervorhebung A.R.)

Die eingeschobene Zwischenbemerkung: „nicht als historischer Grund ..., sondern als Begründung ..." unterstreicht noch einmal Sartres Anspruch, über eine bloß geschichtliche Erklärung hinauszugehen,[107] sein Verfahren ließe sich als ein „historisch-transzendentales" bezeichnen.[108]

Das Besondere an der „Knappheit" als Struktur ist, daß sie nur als kontingente gedacht werden kann, gleichzeitig aber als Universalie gelten muß, wenn sie die Dynamik der geschichtlichen Entwicklung und die Notwendigkeit von Entfremdung und Herrschaft erklären soll. Sartre ist sich dieses Zwiespalts sehr wohl bewußt, und er schränkt daher den Geltungsbereich der „rareté" in zweifacher Hinsicht ein: Sie begründet nicht *jede* Geschichte, sondern nur die „menschliche", und sie ist bloß Bedingung der Möglichkeit, nicht

---

[105] Hartmann 1983b: 193.
[106] Fretz, *Knappheit und Gewalt: 'Kritik der dialektischen Vernunft'*, 1988: 248.
[107] Vgl. KddV 53: „Nicht die reale Geschichte der menschlichen Art wollen wir rekonstruieren, sondern wir versuchen, die Wahrheit der Geschichte herauszufinden."
[108] Fretz 1988: 248.

notwendigerweise der Wirklichkeit von Geschichte.[109] Letzteres muß Sartre zugestehen, da er die Existenz „geschichtsloser" menschlicher Gesellschaften annimmt, die gleichwohl unter den Bedingungen des Mangels leben: Hier wird die Knappheit „durch innere Anpassung der Organismen ... als Gleichgewicht erlebt" (KddV 133), führt also nicht zu jener „schlagartigen Gleichgewichtsstörung", aus der „Geschichte" entsteht. Die erste Einschränkung allerdings ist folgenreicher, denn sie gibt eine „Kontingenz der Mangelbeziehung" (KddV 131) selbst zu:

> „wir haben keinerlei Mittel, zu wissen, ob für andere Organismen auf anderen Planeten oder für unsere Nachkommen ... eine andere Geschichte denkbar ist oder nicht." (KddV 132) Es ist sogar „unmöglich ... a priori zu entscheiden, ob ihre Verzeitlichung die Form einer Geschichte annehmen würde ...". (KddV 133)

So ist eine „dialektische Praxis und sogar die Arbeit" ohne die Knappheit denkbar (KddV 131), nicht jedoch, und damit schränkt Sartre die Einschränkung ihrerseits wieder ein, unsere Geschichte als Geschichte der Menschen:

> „Was jedoch [ohne die Knappheit, A.R.] verschwinden würde, ist unser *Menschencharakter*, das heißt, da dieser Charakter historisch ist, das eigentlich Spezifische unserer Geschichte." (KddV 131) - „... es ist ein und dasselbe, ob ich sage, daß unsere Geschichte Geschichte der Menschen ist oder daß sie im permanenten Rahmen eines vom Mangel hervorgebrachten Spannungsfeldes entstanden ist und sich in diesem entwickelt." (KddV 133)

Die Überlegungen, mit denen Sartre zwischen einem historischen, materialen und einem prinzipiellen, formalen Konzept der „Knappheit" vermitteln will, sind beeindruckend, aber es scheint, daß mit seiner Einschränkung des Geltungsbereichs mindestens ein Problem nicht gelöst ist: der ambivalente Status der „rareté". Zwar läßt sich denken, daß die „Knappheit" zum einen als Ursache und zum anderen als Wirkung der menschlichen Beziehungen auftritt,[110] daß sie „produziert" ist, weil sie erst mit der Bearbeitung

---

[109] Vgl. KddV 133.

[110] So in Formulierungen wie der folgenden: „Ich behaupte nicht, daß das Wechselverhältnis beim Menschen jemals vor dem Verhältnis der Knappheit existiert habe, weil der *Mensch das historische Produkt der Knappheit* ist. Aber ich sage, daß *ohne das menschliche Verhältnis* der Wechselseitigkeit das unmenschliche Verhältnis der *Knappheit nicht existieren würde*" (CRD *243; KddV 139; Über-

der Materie entsteht[111] und „produzierend“ als Effekt der Rückwirkung der Materie auf den Menschen, daß sie kontingent ist und dennoch den grundlegenden, „unvermeidlichen Rahmen“ der Praxis darstellt.[112] Es läßt sich auch verstehen, daß Sartre die Knappheit durch Tatsachen begründet und sie umgekehrt wieder zur Erklärung der Tatsachen verwendet. Doch zwischen all diesen mehr oder weniger nachvollziehbaren Spiegelungen ist das Verwirrende, daß derselbe Begriff sowohl eine (variable) empirische Tatsache als auch ein (konstantes) theoretisches Fundierungsprinzip sein soll.

Es ist scheinbar nicht möglich, den bloß „historischen Grund“ von der „Begründung“ zu trennen. Und doch ist diese Unterscheidung notwendig, wenn Sartre seinen fundamentalen Erkenntnisanspruch aufrecht erhalten will. Es ist scheinbar nicht möglich, letzte Kriterien dafür anzugeben, warum der Platzmangel in einem Pariser Bus notwendiger Ausdruck des Prinzips der „Knappheit“ ist und nicht umgekehrt die „Knappheit“ nur ein zum allgemeinen Prinzip hypostasierter Platzmangel. In diesem Schwanken läßt sich die Figur des „Denkens des Gleichen“ wiedererkennen, „die Identität und der Unterschied der Positivitäten und ihrer Grundlage“ (OD 381). Wir werden an späterer Stelle sehen, wie auch Foucault mit seinen Aussagen über den Wahnsinn eine ähnlich ambivalente Konzeption vorlegt.

All diese Probleme sind Sartre bekannt, denn seine Theorie situiert sich *bewußt* in ihnen als der Versuch eines „dialektischen Nominalismus“ (KddV 39), einer Theorie, die sich vollständig am Konkreten (der Praxis) orientiert und dennoch eine Wahrheit liefern will, die mehr ist als eine bloß empirische Begründung der Dialektik unter kontradiktorischen Bedingungen.[113] - Ähnlich wie *Das Sein und das Nichts* sucht die *Kritik* die grundsätzliche Dualität von Realismus und Idealismus zu überschreiten, und zu diesem

---

setzung fehlerhaft; Hervorhebung A.R.). - Solches Changieren entsteht, weil Sartre Grundlegungsverhältnisse postulieren will *und* zugleich Gleichursprünglichkeit denkt.

111 Vgl. KddV 129ff; s. Fretz 1988: 255f.

112 Vgl. KddV 160; CRD 262.

113 Vgl. KddV 35.

Zweck werden Marx und Hegel gegeneinander ausgespielt.[114] Aus der Perspektive Sartres ist das 'Wahre' an Marx sein „Materialismus", seine gegen Hegel gewendete Überzeugung, daß „die materielle Existenz nicht auf die Erkenntnis reduzierbar ist" (KddV 24).[115] Doch aus diesem 'Wahren' entwickelt sich als 'Falsches', daß der Marxismus nun das „Spiel der Positivisten" (KddV 23) und eines relativistischen Realismus spielt; er hat sein Wahrheitsfundament verloren.

So stellt sich für Sartre das Problem des Verhältnisses von Sein und Erkenntnis aufs neue:

> „Wie läßt sich jetzt behaupten, daß diese disparaten Prozesse [Handeln und Wissen, A.R.] von derselben Bewegung getrieben werden?" (KddV 24) - „Wenn die Erforschung der Wahrheit in ihren Methoden dialektisch sein soll, wie kann man dann *ohne Idealismus* beweisen, daß sie der Bewegung des Seins entspricht?" (KddV 25)

Es ist unschwer zu bemerken, daß hier das erkenntnistheoretische Problem aus *Das Sein und das Nichts* als ein dialektisches wiederkehrt. Das Verhältnis von Sein und Bewußtsein ist immer noch prekär, und es sieht ganz so aus, als habe die „dialektische" Figur der Identität von Sein und Erkennen das Erbe des phänomenologischen Gedankens der Identität von Sein und Erscheinung angenommen. Natürlich wechselt die Ebene, auf die die theoretischen Aussagen sich beziehen: Sartre betreibt jetzt endgültig keine Bewußtseinstheorie mehr. Die Parallelität der Strukturen ist dennoch augenfällig. Sätze wie: „Vor allem ist das Denken gleichzeitig Sein und Erkenntnis des Seins" (KddV 24) oder: „Die dialektische Erkenntnis ist Erkenntnis der Dialektik" (KddV 21), beruhen auf derselben Umkehr-Figur wie der Satz vom Sein des Bewußtseins als Seinsbewußtsein.

Die großangelegte *Kritik der dialektischen Vernunft* ist, wie ihr Titel schon durch den Rekurs auf Kant verrät, der Versuch, eine Dialektik unter den Bedingungen der 'Endlichkeit' zu installieren. Es ist der angestrengte Versuch des Unmöglichen: ein Apriori zu denken, das nicht *vor* der Erfahrung liegt (KddV 30), eine Dialek-

---

[114] Die *Kritik* scheint tatsächlich Hegel „auf die Füße" und Marx „auf den Kopf" stellen zu wollen.

[115] Sartre fügt an: „Es versteht sich von selbst, daß das auch unsere Position ist" (KddV 24).

tik, die nicht schon Einheit ist (KddV 38), eine „Totalisierung ohne Totalisator" (KddV 40, 66), die Notwendigkeit und Einheit eines Geschichtsverlaufs innerhalb der Kontingenz (KddV 37 u. a.), eine „Wahrheit des Menschen" ohne eine „Natur des Menschen" (KddV 37 u. a.), eine Identität von Sein und Bewußtsein ohne Idealismus.

Dieses Projekt kann Sartre nur durchführen, indem er (parallel zur Kantischen Reduktion unserer Erkenntnis auf den Bereich der Erfahrung) die Prinzipien der Dialektik selbst auf die Grenzen der menschlichen Praxis einschränkt[116] und indem er sie vollständig im Empirischen verankert:

> „die dialektische Bewegung ist keine mächtige vereinigende Kraft, die sich als göttlicher Wille hinter der Geschichte offenbart: sie ist zunächst *Resultante.*" (KddV 38; Hervorhebung, A.R.)

Dialektik ist *geschaffen*, wir müssen sie „im Objektiven begreifen" (KddV 59); es ist „notwendig, sie in jedem Fall empirisch zu entdecken" (KddV 39), weil sie sich nur empirisch herstellt. Hatte *Das Sein und das Nichts* eine „mundanization of consciousness" betrieben, so stellt die *Kritik* ein methodisch weitaus reflektierteres Bemühen dar, Dialektik zu „verweltlichen".[117]

Doch Sartre sitzt zwischen allen Stühlen: Wer das empirische Moment des Hegelschen Satzes, das Wirkliche sei vernünftig, von seinem idealistischen Gehalt, das Vernünftige sei wirklich, trennt, verliert zugleich die Legitimationsgrundlage fürs Normative. Bei Hegel verbinden sich Empirisches und Normatives nur, weil sie als Geistphilosophie zusammengedacht werden können: Wirklichkeit ist niemals (nur) factum brutum. Ohne den „Geist" fehlt das Kriterium zur Unterscheidung zwischen 'wahrer' und 'falscher' Wirklichkeit, zwischen einem 'bloß Historischen' und der 'Begründung', dem in die Geschichte entäußerten Begriff. Der Zirkel einer zugleich vorausgesetzten und sich doch erst in der Entwicklung realisierenden Dialektik läßt sich auf dem Boden der Geistphilosophie denken - auf dem Boden der Endlichkeit wird er

---

116 Daher lehnt Sartre eine Naturdialektik ab (s. KddV 27ff) und identifiziert die „dialektische Vernunft" mit ihrer Intelligibilität.

117 Hartmann spricht von einer „Realsetzung des Sinngesetzes und der ... Dialektik" (Hartmann 1983b: 51).

zu einem unauflösbaren Paradox. Nicht umsonst „vermißt man eine ... Argumentation für die Allgemeingültigkeit und Verbindlichkeit des Grundes der dialektischen Vernunft qua Grund und nicht qua seiend“[118] - Sartre wird sie nicht geben können, da er den Grund vom Faktischen nicht trennen *kann*, das Transzendentale nicht vom Empirischen.

Die Zwitterstellung, die diese Theorie einnimmt und sie - gegen allen Anschein - auf halbem Wege zu Foucault zeigt, spiegelt sich deutlich in den Stellungnahmen der Sekundärliteratur. Dort heißt es z. B.:

> „Sartre möchte mit seiner Begründung der dialektischen Vernunft auch die *historische Relativität* berücksichtigen und geht so weit, die Dialektik für ein historische Wahrheit zu erklären.“

Und es heißt weiter: „Das Werk als Theorie hält sich allerdings nicht an diese Selbstrelativierung.“[119]

Die vorangegangenen Überlegungen führten von der Frage nach der Bedeutung der Phänomenologie im Werk Sartres zur Beschreibung seines Konzepts einer dialektischen Vernunft unter den Bedingungen der Endlichkeit. Es zeigte sich, daß die Phänomenologie in *Das Sein und das Nichts* die andere Seite einer Ontologie bildet und daß das Verhältnis beider Disziplinen - in ihrer besonderen Akzentuierung durch Sartre - der Figur eines „Doppels“ gleicht. Indem er von der Phänomenologie zu einer Ontologie

---

[118] Hartmann 1983b: 61. - Der Aspekt der „Vermischung“ von Ebenen und der „Verendlichung“ tritt vor allem als *Geltungsproblem* auf. Hartmann beschreibt dieses Changieren sehr pointiert (v. a. 1983b: 57-61) scheint aber der Auffassung zu sein, daß es sich auflösen ließe, wenn Sartre nur eine wirklich transzendentallogische Theorie entwickeln würde. Mir geht es darum zu zeigen, warum Sartre eine solche Theorieform *nicht entwickeln kann*. - Zur Begründung von Geltung s. a. Seel 1971: 181-202.

[119] Hartmann 1983b: 61. - Eine andere Interpretation legt Vogt in seiner Studie *Sartres Wieder-Holung* vor: Er macht die Übereinstimmungen Sartres und Foucaults hinsichtlich ihres Nominalismus und der historischen Relativierung von Wissen und Wahrheit stark und parallelisiert die *Kritik der dialektischen Vernunft* mit Foucaults Machtanalytik (s. Vogt 1995: 153ff, 191ff). Eine solche 'glatte' Parallele nivelliert allerdings genau die oben dargestellte Ambivalenz, die Sartres Konstruktion ausmacht, und sie ignoriert den fundamentalen Begründungsanspruch seiner Theorie, der ihn auf grundsätzliche Weise von Foucault unterscheidet.

übergeht, ohne die bewußtseinsphilosophischen Prämissen der Phänomenologie aufzugeben, changiert Sartre zwischen transzendentalphilosophischen und real-ontologischen Prämissen, die sich kaum vermitteln lassen. Eine Doppelung vollzieht sich auch innerhalb der Disziplinen selbst: So findet im ontologischen Ansatz eine Vermengung von Sein und Seiendem statt, die in der Formel der Identität von Existenz und Essenz programmatisch festgeschrieben ist. Diese Formel weist über die bloße Definition menschlicher Existenz hinaus und gewinnt methodischen Charakter für Seinsaussagen generell. Im Rahmen phänomenologischer Beschreibung schieben sich faktischer Erfahrungsinhalt und zugrundeliegende Struktur dergestalt übereinander, daß das eine auch für das andere genommen werden kann und muß; konkrete Begriffe erhalten die Bedeutung allgemeiner Strukturprinzipien, wie etwa „Unaufrichtigkeit" und „Knappheit".

Die methodischen Probleme der Phänomenbeschreibung spiegeln sich in Sartres Version der Dialektik und werden hier theoretisch reflektiert. So gilt noch einmal, daß Foucaults Analyse des modernen Denkens bei Sartre explizit und als positive Theorie vorgetragen ist. Sartres Modifikation der Phänomenologie treibt die in ihr angelegten Motive weiter fort; die „Mundanisierung" des Bewußtseins, die empirische Auslegung von Ontologie, die Reduktion der Dialektik auf menschliche Praxis, entsprechen jener von Foucault beschriebenen „Verlagerung der transzendentalen Frage", derzufolge es im modernen Denken „nicht mehr um die Wahrheit, sondern um das Sein" geht (OD 390). Und auch die Struktur von Sartres Theorie entspricht der Struktur der Doppel: Die Identifizierung von Unterschiedenem konstituiert ein „Gleiches", in dem eine unsichtbare Differenz weiterlebt. Phänomenologie und Ontologie, Sein des Bewußtseins und Seinsbewußtsein, Existenz und Essenz, Denken und Sein werden so zu „Doublen", unterschieden und ununterscheidbar zugleich.

3. Exkurs: Foucaults 'Wende'

3.1. Das Ausgangsfeld: Existenz. Die Einleitung zu „Le rêve et l'éxistence"

Bei aller Polemik gegen das „moderne Denken": Foucaults eigene 'Vergangenheit' ist durchaus phänomenologisch, bzw. anthropologisch geprägt. Wenn Foucault zunächst dieser Tradition verpflichtet ist und erst später eine Kritik wie in der *Ordnung der Dinge* ausarbeitet, müßten in der sukzessiven Verschiebung seiner theoretischen Überzeugung auch Gründe für die Wendung gegen die „Phänomenologie"[1] zu finden sein, die Entwicklung seiner Methode müßte sich als eine 'implizite Phänomenologiekritik' lesen lassen. Im folgenden werde ich einige frühe Texte Foucaults untersuchen, um aus ihrer chronologischen Entwicklung heraus zu verstehen, worin die 'Wandlung' seines Denkens besteht und warum er sie vornimmt. Da es mir darum geht, die Spezifik und Veränderung dieses Denkens in der Bewegung der Texte selbst aufzusuchen, werde ich mich in den nächsten Kapiteln weitgehend auf eine textimmanente Interpretation beschränken. Die Ergebnisse werden an späterer Stelle noch einmal aufgegriffen und auf ihre Konsequenzen hin befragt.[2]

Seinen ersten veröffentlichten Text von 1954, ein Vorwort zur Übersetzung von Ludwig Binswangers *Traum und Existenz*,[3]

---

[1] Der Terminus „Phänomenologie" wird im folgenden nicht streng zur Bezeichnung einer einzelnen Disziplin verwandt, sondern steht, wie bei Foucault, auch für ein anthropologisches und existentiales Denken.

[2] Vgl. diese Arbeit Teil 2, Kap. 3.

[3] Ludwig Binswanger, *Le rêve et l'existence*, Préface par Foucault (RE), 1954. Das Vorwort und die Übersetzung entstanden vermutlich um 1952 (s. Eribon 1991: 64).

schreibt Foucault in der Art einer existenzphilosophischen Abhandlung. Das Vorwort hat wenig mit dem Aufsatz Binswangers selbst zu tun; vor allem was den Umfang angeht, steht die 128 Seiten starke Einleitung in keinem Verhältnis zu dem Text Binswangers, der in seiner deutschen Fassung gerade 24 Seiten umfaßt. Foucault übernimmt zwar einige Motive, kehrt jedoch die Intention Binswangers in nicht unbeträchtlichem Maße um, indem er den Traumzustand erheblich positiver bewertet und das Thema „Traum" mit dem der Imagination verbindet. Die Analyse des Traumes soll der entscheidende Weg zur Enthüllung fundamentaler Existenzbedeutungen sein.[4] Den Traum selbst begreift Foucault als eine „spezifische Form der imaginären Erfahrung" (RE *43) und darüber hinaus als den *Ursprung der Einbildungskraft*.[5]

Es geht in diesem Vorwort um eine „Phänomenologie des Traums" (RE 32), eine „Anthropologie der Imagination" (RE 16) und letztlich um die „ontologischen Bedingungen der Existenz" (RE 13). Wichtiger als die inhaltlichen Aussagen und Argumente des Textes - die immer darauf hinauslaufen, den Traum als eine gegenüber dem Wachbewußtsein privilegierte Weise der Erfahrung darzustellen - sind seine Intention, seine Terminologie und sein Argumentationsweise.

Foucault schließt sich, inspiriert von Heideggers Unternehmen einer „Daseinsanalyse", der 'Frage nach dem Menschen' an und will offensichtlich den Traum als ein Existential nachweisen. Manche Motive, die Geringschätzung des wachen Bewußtseins z. B., oder das Interesse für den Traum als kreativer Kraft, werden verwandelt in späteren Texten, vor allem in den Schriften zur Literatur, wieder erscheinen.[6] Doch von den existenzphilosophischen Termini und Denkmustern, die das Vorwort zu *Le rêve et l'existence* dominieren, rückt Foucault später deutlich ab und wird

---

[4] Vgl. RE 86.

[5] Vgl. RE 124, 106.

[6] Am meisten gleicht Foucaults Aufsatz über Bataille, *Vorrede zur Überschreitung*, dem Vorwort zu *Le rêve et l'existence*. Die dort bezeichnete „Überschreitung" als ekstatische Erfahrung der Grenze, scheint - nur in gesteigerter Form - eine ähnliche Rolle zu spielen, wie hier der Traum, der ja auch als „Transzendenz" und als Grenzerfahrung bezeichnet ist. Die Überschreitung ist eine Erfahrung der Endlichkeit und wird ebenfalls mit dem Tod in Verbindung gebracht (s. Foucault *Vorrede zur Überschreitung*: 41).

sie nie wieder in dieser Weise für sich in Anspruch nehmen. Im Vorwort zu Binswangers Traumbuch ist von „radikaler Freiheit", „ursprünglicher Verantwortlichkeit" und von „Entfremdung" die Rede,[7] es gibt „authentische" und „inauthentische" Weisen der Existenz.[8] Foucault übernimmt das existenzphilosophische Motiv eines sich auf die Welt hin entwerfenden Daseins[9] und die Betonung der Zukunft vor allen anderen Zeitformen; Traum und Imagination gewinnen ihre existentielle Bedeutung v. a. daraus, daß sie das Schicksal, d. h. die Zukunft ankündigen.[10] Parallel zu Heideggers „Sein zum Tode" entwickelt er eine Art Traum zum Tode:

> „Der Traum ... geht auf Existenz [il va à l'existence] und dort, in vollem Licht, sieht er den Tod als das Schicksal der Freiheit." (RE 71) - „Der Todestraum erscheint als das Fundamentalste, was die Existenz über sich selbst erfahren kann ..." - „... der Tod ist der absolute Sinn [le sens absolu] des Traumes." (RE 73, 74)

Die Reihe der Parallelen ließe sich weiter fortführen. Auch im Pathos des Stils und der Art der Phänomenbeschreibungen folgt Foucault Vorbildern der Existenzphilosophie. Niemals mehr wird er, wie hier, eine Situation in der Ich-Form beschreiben, um deren Bedeutungsgehalt zu enthüllen. Diese Form ist typisch für die Schriften Sartres, und Foucault läßt sich in seinem Text darauf ein, eine von Sartre begonnene Beschreibung in demselben assoziativen Stil fortzuführen.[11] Das Vorwort zu *Le rêve et l'existence* ist meines Wissens der einzige Text Foucaults, in dem er Sartre zitiert und sich inhaltlich auf ihn bezieht.

---

7 „liberté radicale" (RE 64; s. a. 66, 69, 103); - „l'expérience onirique ... se constitue comme responsabilité radicale dans le monde" (RE 65f; s. a. 64);- Foucault stellt die ursprüngliche Bewegung der Existenz und der Freiheit unter die Alternative „accomplissement" oder „aliénation" (RE 70; s. a. 103) und behauptet, das Imaginäre laufe Gefahr, sich im Bild zu „entfremden" (RE 124; s. a. 121).

8 Vgl. RE 102. Der Tod kann eine authentische oder inauthentische Form haben (RE 72), es gibt eine „historicité authentique" (RE 88); eine „temporalité authentique" (RE 100) oder eine inauthentische Verzeitlichung (RE 102) und eine authentische Einbildungskraft (RE 122, 123, 123, 125).

9 Vgl. RE 63; „mouvement d'une liberté qui se fait monde" (RE 111).

10 Vgl. RE 82; „le rêve, c'est déjà cet avenir se faisant, le premier moment de la liberté se libérant" (RE 83; s. a. 67, 110, 111).

11 RE 107ff. Es handelt sich um ein Beispiel aus *L'Imaginaire*, das Sich-Vorstellen des abwesenden Pierre.

Mit der Tradition, in die sich Foucault hier einschreibt, übernimmt er auch ihre Problemstellungen und eine bestimmte Weise des Begründens und Argumentierens. So folgt seine Abhandlung der Intention, Dualismen zu vermitteln. Foucault sucht den guten Mittelweg zwischen einer „objektivistischen" (psychoanalytischen) und einer „subjektivistischen" (phänomenologischen) Traumtheorie, er reflektiert das Verhältnis von träumendem Subjekt und Welt und scheint an einigen Stellen in das unlösbare Schwanken zwischen Immanenz (Konstitution einer Welt durch das träumende Subjekt) und Transzendenz zu verfallen, gerade weil er den Traum jenseits dieses Dualismus verorten will.[12] Neben diesem 'Vermittlungsgestus' läßt sich auch das Motiv der 'Enthüllung' in dieser frühen Schrift ausmachen: Foucault scheint der Auffassung zu sein, daß Phänomenbeschreibungen und ihre Interpretation bestimmte wahre Einsichten zutage fördern und eine seiende, zugrundeliegende Struktur der Existenz offenlegen. Der Traum ist „revelateur du monde", er „enthüllt" (il dévoile) die Ambiguität der Welt und die Bewegung der Freiheit;[13] die Analyse des Traumes ist „entscheidend, um die Existenzbedeutungen ans Licht zu bringen [mettre à jour]" (RE 86).

In den typischen Konstruktionen wie: „Der Traum ist nicht eine Abwandlung [modulation] der Einbildungskraft, er ist ihre erste Bedingung der Möglichkeit" (RE 106) wird auch die Suche nach dem Grundlegendem imitiert: Der Traum gilt für Foucault als „Ursprung" und „Wahrheit" der Einbildungskraft (RE, 124), er ist ein privilegierter Zugang zur menschlichen Existenz, es ist der 'eigentliche', der „ursprüngliche Sinn der Realität", der sich in seinen Gefilden enthüllt.[14]

Eine auf Ursprüngliches gerichtete Fragestellung führt notwendig zu einer Stufung der Kategorien, zu ihrer 'Hierarchisierung'. So steht die „dimension verticale" über den anderen Dimensionen der Existenz,[15] bestimmte Verhaltensweisen sind „authentischer" als andere, die Einbildungskraft ist „reiner", unmittelbarer als das

[12] RE 64.
[13] RE 58, 63, 64, 67 etc.
[14] Vgl. RE 114.
[15] RE 99. Sie ist „plus fondamentale", „plus originaire".

Bild[16] etc. - Unwillkürlich erinnern solche Formulierungen an Heideggers Setzung, das Dasein sei der privilegierte Zugang zum Sein. Der Traum ist bei Foucault ein privilegierter Zugang zur Existenz. Aber warum? Warum dringt der Traum tiefer, warum ist er wahrer als der Schlaf und das Wachbewußtsein, warum ist der Tod wichtiger als das Leben, die Existenz mehr als das Bewußtsein? Foucault sagt uns, daß der

> „Traum sich an diesem entscheidenden Moment [moment ultime] situiert, wo die Existenz noch ihre Welt ist, aber sofort darüber hinaus, seit dem Morgengrauen des Wachens, ist sie es nicht mehr". (RE *86)

Weil der Traum eine Grenzerfahrung ist, eine Trennlinie zwischen Innen und Außen, bringt seine Analyse die Bedeutungen der Existenz zum Vorschein. Doch ist das eine Begründung? Die Erläuterungen der anderen Hierarchisierungen sind nicht unbedingt tragfähiger: Weil der Traum auf die Existenz und auf den Tod zugeht, wird er emphatischer behandelt als der Schlaf, der zum Leben absteigt. „Wenn im Schlaf das Bewußtsein einschläft, so erwacht im Traum die Existenz" (RE *70). Weil sich im Traum die ursprüngliche Konstitution der Welt vollzieht und das Wachbewußtsein nur den „authentischen Lauf der Imagination" wieder einzuholen sucht, hat der Traum Vorrang vor dem Wachsein.[17]

Immer enden die Ableitungen eines Fundierungs- oder Enthüllungssprechens in einfachen Aussagesätzen, die wie letzte unhintergehbare Evidenzen behandelt werden. Das 'Wahrheitskriterium' solcher Behauptungen, die auch andere hätten sein können, bleibt offen.

Wie oben schon am Beispiel von Sartres Phänomenbeschreibungen dargelegt, neigt ein 'existentiales' Argumentieren, bzw. eine 'phänomenologische Hermeneutik' dazu, Konkretes und Strukturelles ineinander übergehen zu lassen, so daß Termini wie Angst, Freiheit, Tod, Traum und Grenze zu Philosophemen mit fundamentalem Erklärungsanspruch werden. Foucault wird sich auf dem Weg, den ich im folgenden nachzeichne, von dieser Art der „Ontologisierung des Ontischen" distanzieren. Er wird den Habitus von Grundlegung, Enthüllung, Hierarchisierung und Un-

---

[16] RE 117ff.
[17] Vgl. RE 122f

hintergehbarkeit in seinen späteren Schriften nicht unbedingt aufgeben, aber er wird ihn anders einsetzen.

Zuletzt noch ein Blick auf das Verhältnis von Phänomenologie, Anthropologie und Ontologie; wie ist es bei Foucault bestimmt? Gleich zu Beginn seines Textes ist von einer „inflexion de la phénoménologie vers l'anthropologie" die Rede (RE 10), später dann von einer „passage de l'anthropologie à l'ontologie" (RE 105), bzw. einer „passage d'une analyse anthropologique du rêve à une analytique ontologique de l'imagination" (RE 124).

Phänomenologie, Anthropologie und Ontologie scheinen einen methodischen Dreischritt darzustellen, ohne daß allerdings diese großen Begriffe eindeutig bestimmt wären. Es fällt nur auf, daß Anthropologie, wie auch später in der *Introduction à l'anthropologie de Kant*, als Mittleres erscheint. Und nicht nur ihre Mittelstellung, auch ihr Mischcharakter ist schon gedacht: Anthropologie wird eingeführt als „weder Philosophie, noch Psychologie", „weder ... Wissenschaft, noch ... Spekulation", und genau dies macht hier ihre Wahrheit aus:

> „Es schien uns der Mühe wert, für einen Moment den Weg dieser Überlegung zu verfolgen und mit ihrer Hilfe herauszufinden, ob die Realität des Menschen nicht einzig außerhalb einer Trennung zwischen dem Psychologischen und dem Philosophischen zugänglich ist; ob der Mensch in seinen Existenzformen nicht der einzige Weg ist, um zum Menschen zu kommen [de parvenir à l'homme]." (RE *12)

Das „mixte impur" der Anthropologie wird hier schon gesehen, es ist nur anders gewertet als in den späteren Schriften. Ein wenig deutet sich die Wendung in Foucaults Denken schon an, denn er sagt, er wolle nur „für einen Moment" diesem anthropologischen Weg folgen.

In vielen Passagen des Textes fällt auf, daß die Behauptungen Foucaults, im Vergleich mit den späteren Schriften ähnlich bleiben, daß sich ihre Bedeutung aber ändert.[18] So weist er zu Beginn auf eines seiner Projekte hin:

---

[18] Pierre Macherey hat ähnliches zu den beiden Fassungen von *Maladie mentale* festgestellt; aus der ersten Fassung unverändert übernommene Textpassagen und Termini haben in der zweiten nicht mehr unbedingt denselben Status (s. Mache-

„Eine weitere Veröffentlichung wird sich bemühen, die existentielle Analyse in der Entwicklung der zeitgenössischen Reflexion über den Menschen zu verorten, dort werden wir, indem wir der Wendung [inflexion] der Phänomenologie zur Anthropologie folgen, versuchen zu zeigen, welche Grundlagen [fondement] für die konkrete Reflexion über den Menschen vorgeschlagen worden sind." (RE *9)

Das wird sich in der *Ordnung der Dinge* auf gleiche Weise erfüllen, wie Foucault es ankündigt und doch auf andere Weise, als er es hier gemeint hat.

3.2. Der Übergang: Wissenschaft. „Maladie mentale"

Liest man das Vorwort zu *Le rêve et l'existence*, so liegt der Verdacht nahe, daß sich die Schärfe von Foucaults nachfolgender Polemik gegen die „Anthropologie" auch daraus erklärt, daß er die kritisierte Auffassung selbst einmal vertreten hat. Es kann hier indes nicht darum gehen, Foucaults 'Jugendsünden' vorzuführen, sondern darum, aus den frühen Schriften Motive für die Abkehr von einer phänomenologischen Methode zu erschließen.

Die erste Fragestellung Foucaults war keine 'genuin philosophische', sondern die nach der Möglichkeit einer Psychologie als Wissenschaft. Davon zeugen vor allem die kleinen Aufsätze aus den 50er Jahren, *La psychologie de 1850 à 1950*,[19] ein Text in *Les chercheurs s'interrogent*[20] und die Einleitung zu *Maladie mentale et personnalité*: Immer sucht Foucault die Psychologie in ihrem Verhältnis zu anderen Wissenschaften zu bestimmen, u. a. mit dem Anliegen, ihre „strenge Wissenschaftlichkeit" zu befördern.[21]

---

rey, *Aux sources de l'histoire de la folie: une rectification et ses limites*, 1986: 761, 757).

[19] Foucault, *La psychologie de 1850 à 1950*, 1957: 591 - 606.

[20] Foucault, in: *Les chercheurs s'interrogent: un psychologue*, 1957: 173 - 201.

[21] „... un bilan rapide est nécessaire ... pour montrer de quels postulats la médecine mentale doit se libérer pour devenir rigoureusement scientifique" (Foucault, *Maladie mentale et personnalité* (MM1), 1954: 2). In der zweiten Fassung von *Maladie mentale* äußert sich Foucault schon vorsichtiger und spricht von „rigueur nouvelle" der médecine mentale (Foucault, *Maladie mentale et psychologie* (MM2), 1966: 2). -In deutscher Übersetzung liegt nur die zweite Fassung unter dem Titel

Bekanntlich liegen von *Maladie mentale* zwei auch im Titel unterschiedliche Fassungen vor; *Maladie mentale et personnalité* von 1954 wird 1962 unter dem Titel *Maladie mentale et psychologie* wieder abgedruckt.[22] Während Foucault die Einleitung und den ersten Teil des Textes mit einigen geringfügigen, aber signifikanten Veränderungen übernimmt, ist der zweite Teil vollständig ausgewechselt. Statt der Ausführungen zu „Le sens historique de l'aliénation" findet sich unter dem Titel „Folie et culture" eine knappe Zusammenfassung der Thesen aus der 1961 bereits erschienenen *Histoire de la folie* (bzw. 1. Auflage: *Folie et déraison*).

„Offiziell" fragen beide Texte nach den „Wurzeln" der Psychopathologie, nach ihrem Zusammenhang mit der organischen Pathologie, und ihr Ziel ist es, ganz im Rahmen der oben erwähnten Frage nach der Psychologie als Wissenschaft, die Eigenständigkeit der Psychopathologie zu erweisen.[23]

In *Maladie mentale 1* legt Foucault dar, daß keine der von ihm sukzessive vorgestellten „psychologischen Dimensionen" eine befriedigende Erklärung für die Geisteskrankheit liefert, sie erläutern nur deren Aspekte.[24] So wird nach tieferen Ursachen und Gründen gefragt: Die bloßen „Erscheinungsformen" der Krankheit sind Foucault zu wenig, es müssen die „Bedingungen ihres Erscheinens" (conditions d'apparition) und ihre „Wurzeln" erkannt werden,[25] er forscht den „origines réelles" nach und der „réalité" der *Maladie mentale*.[26]

Solcher Rekurs auf Ursachenfragen läßt vermuten, daß neben der „offiziellen" Problemstellung von *Maladie mentale* untergründig eine ganz andere Frage virulent ist, nämlich: Warum heilt die Psychologie keine Krankheit, warum erklärt sie die Krankheit nicht einmal? Es muß *diese* Frage sein, die Foucault bewegt, denn genau auf sie geben die beiden Texte eine Antwort.

Psychologie und Geisteskrankheit (PG), 1968, vor. Der Einfachheit halber werde ich die beiden Fassungen als „*Maladie mentale* 1 und 2" bezeichnen.

[22] Zum detaillierten Vergleich beider Fassungen vgl. Macherey 1986.

[23] Vgl. PG 21; MM1/2: 12.

[24] Vgl. MM1: 89.

[25] MM1/2: 71.

[26] MM1: 91.

Die implizite Frage nach dem Grund der Unfähigkeit der Psychologie, ihren eigenen Gegenstand zu erklären, entwickelt sich als solche genau *zwischen* den beiden Fassungen von *Maladie mentale*,[27] sie wird in der Verschiebung von der ersten zur zweiten Fassung eine andere Lösung und damit auch eine andere Bedeutung erhalten. Hier, zwischen *Maladie mentale* 1 und 2, ist ein 'Bruch', bzw. eine 'Wendung' in der Theorieentwicklung Foucaults festzustellen.[28]

Worin besteht nun die Verschiebung? Foucault läßt viele Teile seiner Schrift unverändert, erstaunlicherweise auch viele, die ihm 'existentialistisch' ausgelegt werden könnten.[29] Nicht umsonst hat Foucault daher später auch die weitere Veröffentlichung der veränderten, zweiten Version untersagt.

Doch in *Maladie mentale et psychologie* wird plötzlich die Suche nach einer „wahren Grundlage [fondement] der psychologischen Regressionen" vorsichtiger behandelt,[30] der „fait pathologique" wird zur „déviation pathologique" (MM1/2: 71), von einer beiläufig in *Maladie mentale 1* erwähnten „réalité de la maladie" ist keine Rede mehr und der Untersuchungsgegenstand wechselt von den „conditions réels de la maladie" zur „psychopathologie comme fait de civilisation" (MM1/2: 17).

---

[27] Genauer müßte man sagen: zwischen der ersten und dem zweiten Teil der zweiten Fassung. - *Maladie mentale et psychologie* wirkt insgesamt inkohärent, denn Foucault übernimmt mit dem ersten Teil von *Maladie mentale et personnalité* auch eine recht affirmative Beschreibung psychologischer Forschungsmethoden, die dann nicht mehr recht zum zweiten, erneuerten Teil paßt.

[28] Natürlich ergibt sich der Eindruck einer 'Wende' auch retrospektiv aus der Sicht der späteren Schriften Foucaults. Hielte man nur die beiden vorliegenden Fassungen von *Maladie mentale* nebeneinander, wäre eine Verschiebung zwar zu bemerken, ich bezweifle jedoch, daß man ihre Bedeutung als „renversement de perspective" (Macherey 1986: 773) klar bestimmen könnte.

[29] Mit der Änderung des Textes schien es ihm zunächst hauptsächlich darum zu gehen, marxistische Anklänge der ersten Fassung auszumerzen. Eine Abgrenzung von 'phänomenologischer' Methode und existentieller Anthropologie ist hier noch nicht polemisch und nur in einzelnen Passagen zu erahnen.

[30] „Le *fondement véritable* des régressions psychologiques ..." (MM1: 86), wird in der zweiten Fassung zu „*L'horizon historique* des régressions psychologiques ..." (MM2: 97). - Ähnlich ist der folgende Satz: „Ce qui *se trouve au fondement* de ces formes pathologiques" (MM1: 85) vorsichtig reformuliert zu „Ce qui *sert de paysage* à ces formes pathologiques" (MM2: 96) (Hervorhebungen A.R.).

Exemplarisch kann der Bruch an folgender Textstelle aufgezeigt werden, die ich hier, um des besseren Vergleichs willen, im Original zitiere:

„Certes, on peut situer la Maladie mentale par rapport à l' evolution humaine, par rapport à l'histoire psychologique et individuelle, par rapport aux formes d'existence. Mais on ne doit pas confondre ces divers aspects de la maladie avec ses *origines réelles*, si on ne veut pas avoir recours à des explications mythiques ..." (MM1: 89, Hervorhebung A.R.)

In Maladie mentale 2 heißt es:

„Mais on ne doit pas faire de ces divers aspects de la maladie des formes ontologiques, si on ne veut pas avoir recours à des explications mythiques ..." (MM2: 101)

Die „origines réelles" nach denen Foucault in *Maladie mentale 1* forscht, sind hier der gegnerischen Position als „formes ontologiques" zugesprochen. Foucault selbst hält sich, was die Rede von (real verstandenen) Ursprüngen angeht, bedeckt. Die Fortsetzung des Zitates lautet:

„... En réalité, c'est dans l'histoire seulement, qu'on peut découvrir le seul a priori concret, où la Maladie mentale prend ... ses figures nécessaires." (MM2: 101)

Nicht zufällig sind die Formulierungen hier vorsichtig und ausweichend. Der Rekurs auf die grundlegende historische Dimension der Geisteskrankheit ist auch in *Maladie mentale 1* angelegt, die Rede von „conditions de possibilité" (MM1) nimmt das „a priori concret" (MM2) vorweg. Doch „histoire" heißt dort noch etwas ganz anderes:

„En réalité, c'est dans l'histoire seulement que l'on peut découvrir les conditions de possibilité des structures psychologiques;... on peut admettre que la maladie comporte ... des aspects régressifs, parce que notre société ne sait plus se reconnaître dans son propre passé, des aspects d'ambivalence conflictuelle, parce qu'elle ne peut pas se reconnaître dans son présent; qu'elle comporte ... l'éclosion de mondes pathologiques, parce qu'elle ne peut pas encore reconnaître le sens ... de son avenir." (MM1: 90)

Gesellschaft ist in *Maladie mentale 1* anthropomorph als Subjekt vorgestellt, Geschichte als Dimensionen der Zeitlichkeit[31] und Krankheit als ein entfremdetes Verhältnis der Gesellschaft zu ihrer Geschichte. Ein - wie auch immer geartetes - 'Subjekt' zu den drei Zeitdimensionen in Beziehung zu setzen und daraus Modi der 'Zuständlichkeit' dieses Subjekts abzuleiten, ist ein typisch existentialphilosophisches Vorgehen, das Foucault im folgenden ganz fallenlassen wird. Die „histoire" übernimmt in *Maladie mentale 2* eine andere Funktion, sie steht nicht mehr nur für die konkrete Zeitlichkeit, sie wird zur prinzipiellen Grundlage und zum Signum einer neuen Perspektive. Deutlich zeigt sich dies an den unterschiedlichen Titeln zum Kapitel 5: aus „le sens historique de l'aliénation", wird „la constitution historique de la Maladie mentale".

Der Kern der Wandlung zwischen *Maladie mentale* 1 zu 2 liegt in einer Art 'Entsubstantialisierung' der Geisteskrankheit. Nicht nur, daß Foucault Vokabeln wie „fait" oder „réel" vermeidet, die eigentliche Pointe seiner Aussagen liegt darin, daß er, mit dem radikalisierten Verständnis von „historisch", die Geisteskrankheit als konsistentes und beharrliches Faktum bestreitet: Es gibt zwar

> „keine Kultur ... die ... unempfindlich wäre gegen bestimmte Phänomene, denen gegenüber die Gesellschaft eine besondere Haltung einnimmt ... [aber, A.R.] Hüten wir uns zu sagen, dies sei das erste dunkle und diffuse Bewußtsein dessen, was unser wissenschaftlicher Verstand als Geisteskrankheit erkennen wird." (PG 116f)[32]

Wie später vom „Menschen" in der *Ordnung der Dinge* so heißt es hier vom Wahnsinn, er sei „viel historischer, als man gewöhnlich annimmt, aber auch viel jünger" (PG 107). Die konsequente Ernennung der Geschichte zum Apriori und das Fallenlassen eines realistischen Standpunkts sind ein und dieselbe Bewegung. Zu Recht schreibt Pierre Macherey:

---

[31] Das entspricht den existenzphilosophischen Paradigmen: Bei Sartre z. B. ist es kaum möglich, eine Unterscheidung von Zeitlichkeit und Geschichtlichkeit auszumachen, da Geschichte immer aus der Verzeitlichung der Subjekte hergeleitet, bzw. mit dieser identisch gesetzt wird. Mit diesem eng an die „temporalisation" gebundenen Geschichtsbegriff arbeitet auch der frühe Foucault (s. z. B. RE 103).

[32] Vgl. PG 99

„Das Problem der historischen Konstitution der Geisteskrankheit stellen heißt also, es abzulehnen, hinter dieser eine objektive Basis zu suchen, deren Manifestation sie wäre.“[33]

Maladie mentale 2 befindet sich also nicht mehr unter der „Voraussetzung einer realistischen Epistemologie“.[34] Foucaults Position ist schwer einzuordnen und - wie wir später sehen werden - nicht ganz eindeutig, doch sie gibt sich radikaler als eine bloß ‘kulturalistische’ Auffassung: Was das Mittelalter „Besessenheit“ nannte ist nicht nur eine andere Interpretation dessen, was wir heute als Geisteskrankheit bezeichnen, es ist *substantiell* etwas anderes - mit der Benennung und der Erfahrung verändert sich der Gegenstand der Erfahrung selbst. Die „These vom verkannten Objekt“,[35] d. h. von der immer schon existierenden, doch bloß nicht als solcher erkannten Geisteskrankheit, wäre demnach eine „retrospektive Illusion“ und ebenso falsch wäre die Annahme der Unabhängigkeit und „historischen Präexistenz des Objektes“.[36]

In *Maladie mentale 1* war Foucault davon ausgegangen, daß man die Fragen nur weit genug treiben müsse, um zu richtigen Erklärungen zu gelangen. Eine Konflikt- und Entfremdungstheorie ist dort die letzte Antwort auf die Frage nach den Bedingungen der Geisteskrankheit[37] und der Versuch einer „materialistischen“ Erklärung soll zu einer neuen, besseren Konzeption von Psychologie führen.[38]

Nun hält *Maladie mentale 2* an der Frage nach den „Bedingungen des Auftauchens der Krankheit“ fest und in gewisser Weise auch an der Überzeugung, daß gesellschaftliche Ursa-

---

[33] Macherey 1986: *763.

[34] A. a. O.: *761.

[35] Visker, *Michel Foucault. Genealogie als Kritik*, 1991b: 29.

[36] Vgl. hierzu die Ausführungen von Visker 1991b: 18ff.

[37] Vgl. MM1: 92, 102.

[38] Die Argumentationsweise von *Maladie mentale 1* unterscheidet sich so konzeptionell kaum vom Vorgehen Sartres, Merleau-Pontys oder Husserls, die alle ihre Theorien ausgehend von einer Psychologiekritik entwickelten. Das Argument gegen die positive Auffassung von Wissenschaft ist immer, daß sie bestimmte Phänomene nicht grundlegend genug erfaßt. Genau diesem Muster folgt Foucault: „Les formulations utilisées dans Maladie mentale et personnalité pouvaient suggérer la nécessité d’aller plus loin que ne faisaient les diverses psychologies dans le sens de la reconstitution d’une réalité humaine“ (Macherey 1986: 757).

chen, bzw. „conditions extérieurs“ die Grundlage der Geisteskrankheit liefern, doch die Vorzeichen haben sich verändert und damit auch das Verhältnis zur Psychologie als Wissenschaft. Die Annahme ist nun nicht mehr, daß die Psychologie ihr Ziel nur verfehlt, weil sie noch keine wirkliche Erklärung für die Geisteskrankheit gefunden hat, sondern daß sie ihren Gegenstand nicht erklärt, weil sie ihn *per se* nicht erklären kann:

„Was man mit der ‘Psychologie’ des Wahnsinns entdeckt, ist nur das Ergebnis der Vorgänge, durch die sie eingesetzt wurde.“ (PG 112)- „Niemals wird die Psychologie die Wahrheit über den Wahnsinn sagen können, weil im Wahnsinn die Wahrheit der Psychologie beschlossen liegt.“ (PG 114)

Die nicht-realistische Auffassung hat tiefgreifende Folgen: Wenn der „Geisteskrankheit“ kein reales, beharrliches Faktum korrespondiert, so gibt es auch keine ‘richtige’ Erklärung für sie. Und wenn sie historisch konstruiert ist, so liegt es nahe zu vermuten, daß sie das Produkt eben der Wissenschaft ist, die sie erklären will. Hier ist der Punkt, an dem Foucault feststellt, daß die Psychologie Geisteskrankheit weder verstehen noch heilen kann, *weil sie sie selber produziert*. Daher käme ein ‘wirkliches’ Verstehen der Geisteskrankheit der Zerstörung der Psychologie gleich,[39] denn eine ursprüngliche Komplizenschaft, zu der es kein Außen gibt, verbindet beide.[40]

Von dieser Erkenntnis ausgehend ist es nicht mehr möglich, noch innerhalb der Psychologie zu bleiben. Foucault gibt ein Wahrheitskonzept auf, dessen ‘ernsthafte’ Fragen sich als naiver Realismus entpuppen und wechselt die Disziplin: Er will nicht mehr ermitteln, was die Psychologie sein müßte, um eine strenge Wissenschaft zu werden, sondern er will ermitteln weshalb sie keine sein kann;[41] er verweigert sich ihren inhaltlichen Vorgaben, um sie selbst und ihren Gegenstand von einer Metaebene aus zu betrachten.

---

[39] „Bis in ihre Wurzeln hinabgetrieben, wäre die Psychologie des Wahnsinns nicht Bemeisterung der Geisteskrankheit ... sondern Zerstörung der Psychologie selbst ...“ (PG 115).

[40] Vgl. MM2: 89f. - Visker spricht von einer „Ko-Konstitution“ von Psychologie und ihrem Objekt (Visker: *Foucaults Anführungszeichen. Eine Gegenwissenschaft?*, 1991a: 306; vgl. auch Visker 1991b: 20).

[41] Zu den Ambivalenzen dieses Verfahrens s. Visker 1991b: 30 - 41.

In dem Verdacht der Komplizenschaft von Psychologie und Geisteskrankheit liegt der generelle Verdacht, daß das Spiel der Wissenschaften zwischen Frage und Antwort ein 'abgekartetes' Spiel ist: Die Wissenschaften konstituieren sich selbst durch die Probleme auf die sie angeblich stoßen und ihre Fragen präfigurieren bestimmte Typen von Antworten, bzw. beginnen ein Spiel unendlicher Verweisungen.

Das ließe sich ebenso auf philosophische Disziplinen übertragen. Die Frage: 'Warum löst die Bewußtseinsphilosophie das Außenweltproblem nicht?' erhielte zur Antwort: 'weil sie es selber produziert'. Und sie wird sich so lange am Leben halten, wie sie es weiter produzieren kann. Es gibt kein Außenweltproblem 'an sich', sondern es erscheint immer nur in einer bestimmten Fragekonstellation, die die Unmöglichkeit der endgültigen Lösung *innerhalb* dieser Konstellation gleich mitliefert. Gelöst wird diese Art von Problemen nur, indem man die Problemstellung selbst verläßt, bzw. verändert. Hier liegt das eigentliche Motiv für Foucaults Bruch mit dem Stil herkömmlichen philosophischen Fragens und daher wird seine „wichtigste Konversion", wie Deleuze sagt, darin bestehen, „die Phänomenologie in Epistemologie [zu, A.R.] verwandeln".[42]

Foucault kann nicht anders, als mit dem Gegenstandsrealismus auch eine realistische Theoriekonzeption generell aufzugeben, d. h. die Annahme, es gebe auf 'wirkliche' Fragen 'wirkliche' Antworten, bzw. die Annahme, man könne einen Gegenstand 'wirklich' erklären. Dies ist die ganze Konsequenz des Unterschieds zwischen einem „contenu réel" (MM1) und einem „contenu historique" (MM2).

---

[42] Deleuze, *Foucault*, 1987: 153.

Nun ist die Initialformel für Foucaults 'Wende' - „Niemals wird die Psychologie die Wahrheit über den Wahnsinn sagen können, weil im Wahnsinn die Wahrheit der Psychologie beschlossen liegt" (PG 114) - in sich ambivalent. Sie kann einerseits so gelesen werden wie im vorangegangenen Kapitel, daß Psychologie und Wahnsinn eine systemische Einheit bilden und daß der Wahnsinn in dem Sinne die 'Wahrheit' der Psychologie umfaßt, als er von ihr selbst hergestellt wird und als dergestalt produzierter die Psychologie in ihrem Wesen ausmacht. Doch bei der Formel könnte es sich auch um das von Foucault oft verwandte Muster des „renverser les termes" handeln, d. h. um die einfache Umkehrung einer Begründungshierarchie: Die Psychologie ist ein Produkt des sie grundlegenden (und von ihr unabhängigen) Wahnsinns. Für diese Deutung spricht der Duktus Foucaults und auch seine Wortwahl: Es ist von „folie" die Rede und nicht von „*Maladie mentale*". Die Unterscheidung der beiden Termini tritt erst mit *Histoire de la folie* und *Maladie mentale 2* auf,[43] und sie deutet im Sinne der zweiten Lesart des Satzes an, daß Foucault doch wieder eine 'Substanz' setzt, nämlich die des Wahnsinns, bzw. der eigentlichen Erfahrung des Wahnsinns. Sätze wie: „Der Okzident hat dem Wahnsinn erst relativ spät den Status als Geisteskrankheit zugesprochen" (PG 99) legen nahe, daß unter dem Namen der „folie" der Gedanke eines bleibenden „fait pathologique" wiederkehrt, auf den Foucault scheinbar doch nicht verzichten kann. Das hieße aber, daß er über den Weg einer begrifflichen Trennung von Geisteskrankheit und Wahnsinn den eigentlichen Kern seiner 'Wende' unterläuft und nur einen Realismus durch einen anderen ersetzt.[44]

Andere Formulierungen gehen noch weiter und evozieren den Wahnsinn als kontinuierliche Grundlage historischer Entwicklung:

---

[43] In *Maladie mentale 1* ist nur an einer recht unbedeutenden Stelle von „folie" die Rede (MM1: 86).

[44] So spricht Macherey von einem „realisme d'expérience" (Macherey 1986: 764); Visker merkt an, daß Foucaults „Diskurs ein Spiegelbild des Diskurses der Psychologie zu werden droht" (Visker 1991b: 39); und Derrida weist auf eine vorausgesetzte invariante Bedeutung des „Wahnsinns" in der *Histoire de la folie* hin (Derrida, *Cogito und Geschichte des Wahnsinns*, 1976: 68).

> „der Mensch ist eine psychologisierbare Gattung erst geworden, seit sein Verhältnis zum Wahnsinn eine Psychologie ermöglicht hat ...“ (PG 113). „Eines Tages müßte der Versuch unternommen werden, eine Studie über den Wahnsinn als Gesamtstruktur zu schreiben - über den befreiten, aus der Entfremdung zurückgeholten ... Wahnsinn.“ (PG 116)

Psychologie erscheint als Entfremdung und Verzerrung eines „wesentlichen ... Verhältnisses zwischen der Vernunft und der Unvernunft“ bzw. der „große[n] tragische[n] Begegnung mit dem Wahnsinn“ (PG 115). Aufgrund solcher Aussagen könnte man davon ausgehen, daß Foucault die „These eines persistierenden tragischen Erlebens des Wahnsinns“ vertritt;[45] Dreyfus/Rabinow sprechen sogar von einem „Rückgriff auf die Ontologie“ und einem „Anbandeln mit der hermeneutischen Tiefe“.[46]

Entgegen der Meinung anderer Kommentatoren möchte ich daran festhalten, daß der Status der „folie“ nicht eindeutig ein substantieller ist, er bleibt ambivalent.[47] Zu behaupten, Foucault habe in der *Histoire de la folie* noch gemeint, „es gäbe so ‘etwas’ wie den reinen Wahnsinn“,[48] scheint mir zu einfach. Natürlich setzt die Rede von „Erfahrungsformen des Wahnsinns“ semantisch ein Substrat voraus, ein Etwas, *wovon* die Erfahrungsformen Erfahrungsformen sind. Doch im Text sind keine wirklich eindeutigen Hinweise darauf zu finden, daß Foucault den Wahnsinn als ein solch substantielles Etwas verstanden wissen will. Die Fragen, ‘*ist* der Wahnsinn nun etwas Konstantes, das „entfremdet“ als Geisteskrankheit zum Gegenstand der Psychologie wird?’, ‘*gibt* es den Wahnsinn (an sich) oder ist er vollständig konstruiert?’, drängen sich auf, werden aber nicht gelöst. Es liegt nahe zu vermuten, daß ein guter Teil der ‘Wende’ Foucaults darin besteht, solche Fragen nach der Realität von etwas nicht mehr zu beantworten, sondern sie mit einer Fülle historischer Fakten und struktureller Deutungsmuster zu ersticken.

---

[45] Visker 1991b: 39.
[46] Dreyfus/Rabinow 1987: 36.
[47] Unter der Frage nach dem Status verstehe ich folgende: Ist der Wahnsinn konstituiert oder konstitutiv? Ist er ein relativer oder absoluter Bezugspunkt?
[48] Dreyfus/Rabinow 1987: 28.

Doch das Konzept der „folie“ ist nicht nur inhaltlich, sondern auch systematisch ausschlaggebend für eine weitere Veränderung in Foucaults Denken: wenn schon nicht der Wahnsinn selbst, so ist vielleicht das *Verhältnis* von Vernunft und Unvernunft als kontinuierliche Struktur gedacht. Der Wahnsinn wird u. a. deshalb philosophisch relevant, weil an ihn das Thema der Vernunftkritik geknüpft ist, der Gedanke des Wahnsinns als des ‘Anderen der Vernunft’. Die *Histoire de la folie* ist oft nach diesem Schema interpretiert worden. So schreibt z. B. Fink-Eitel:

„Foucault begreift den Wahnsinn als das Andere der Vernunft und diese wiederum als den Prozeß der Ausgrenzung, der das Andere der Vernunft zum Schweigen bringt.“[49]

Das Vorwort zur *Histoire de la folie* bestätigt eine solche Interpretation, denn Foucault erwähnt dort, daß er nach dem „Augenblick dieser Verschwörung“ forsche, in dem die Vernunft sich etablieren konnte, dem „Punkt Null der Geschichte des Wahnsinns ..., wo er ... noch nicht geteilte Erfahrung der Teilung selbst ist [expérience non encore partagée du partage lui-même]“.[50] Anscheinend will Foucault das Verhältnis von Vernunft und Wahnsinn als eine auf Abspaltung und Ausgrenzung beruhende Trennung denken, in der die beiden Seiten sich - zumindest vom Punkt ihrer Trennung an - in einer Art ‘dialektischer’ Verquickung befinden:

„Die Geschichte des Wahnsinns schreiben, wird also heißen: eine Strukturuntersuchung der historischen Gesamtheit ... zu leisten, die einen Wahnsinn gefangenhält, dessen ungebändigter Zustand in sich selbst nie wiederhergestellt werden kann. Da uns jene unzugängliche, ursprüngliche Reinheit fehlt, muß die Strukturuntersuchung zu jener Entscheidung zurückgreifen, die Vernunft und Wahnsinn gleichzeitig trennt und verbin-

---

[49] Fink-Eitel 1989: 24. - Vgl. auch Kammler, *Michel Foucault*, 1986: 25; Welsch, *Vernunft*, 1995: 167 - 173; Habermas, *Der philosophische Diskurs der Moderne*, 1986: 280. Habermas wendet das Muster differenzierter und zu Recht nur mit Einschränkungen auf Foucault an (s. Habermas 1986: 296f).

[50] Foucault, *Folie et déraison. Histoire de la folie á l'âge classique*, 1961: *I; Ulrich Köppen übersetzt diese Stelle mit: „noch nicht durch Trennung gespaltene Erfahrung“ (WG 7). - Die deutsche Ausgabe der *Histoire de la folie* ist in einigen Passagen gekürzt, in anderen verfälschend übersetzt. - Da die verschiedenen französischen Ausgaben im Textkorpus variieren, verwende ich zwei verschiedene Auflagen: das Vorwort aus *Folie et déraison* (a. a. O.) und den Haupttext aus *Histoire de la folie à l'âge classique* (1976/1990) (zitiert als HF).

det. Sie muß versuchen, den ständigen Austausch, die dunkle, gemeinsame Wurzel und die ursprüngliche Gegeneinanderstellung zu entdecken, die ebensosehr der Einheit wie der Opposition von Sinn und Irrsinn einen Sinn verleiht." (WG 13)

Erst von jenem (ominösen) Punkt der „ursprünglichen Entscheidung" (WG 12) an, kommt so etwas wie Geschichte in Gang, und Foucault etabliert - vielleicht nicht ganz absichtlich - eine 'Dialektik' auf zwei Ebenen: einerseits die von Vernunft und Wahnsinn *innerhalb* der abendländischen Geschichte, „jene[r] allgemeinen Tatsache, ... daß es in unserer Kultur keine Vernunft ohne Wahnsinn geben kann" (WG 10), andererseits die zwischen der „Dialektik der Geschichte" und „den unbeweglichen Strukturen der Tragik" selbst (WG 11), zwischen „Geschichte" und „geschichtlicher Abwesenheit", zwischen Orient und Okzident, „Gemurmel" und „Sprache".[51] Der „ungebändigte Zustand" scheint, ebenso wie die tragische Erfahrung des Wahnsinns, immer untergründig präsent und stellenweise avanciert er zum geheimen Ermöglichungsgrund seines Gegenteils:

„Der Orient ist für das Abendland all das, was es selbst nicht ist, obwohl es im Orient das suchen muß, was seine ursprüngliche Wahrheit darstellt." (WG 10) - „Die Fülle der Geschichte ist nur in dem leeren und zugleich

[51] Foucault operiert häufig mit den Metaphern von Gemurmel, Schweigen und Sprache. Mit ihnen läßt sich vielleicht die 'doppelte Dialektik' zwischen Ursprung und Folge und innerhalb der Folge selbst demonstrieren: „Gemurmel" wäre die ursprüngliche Leere, („verkalkte Wurzel des Sinns", „Abwesenheit vor der Geschichte", WG 12) von der aus sich am Punkt der Entscheidung Sprache und Schweigen, Vernunft und Wahnsinn trennen. Dialektik II wäre das Verhältnis von „Sprache" und ihrem Gegenteil, dem „Schweigen", Dialektik I aber das Verhältnis von „Gemurmel" einerseits und der Einheit Sprache/Schweigen andererseits. Die Vermischung der beiden Ebenen ergibt sich, weil der Begriff „Wahnsinn" sowohl auf der Position von „Gemurmel" als auch auf der des „Schweigens" verwendet wird.

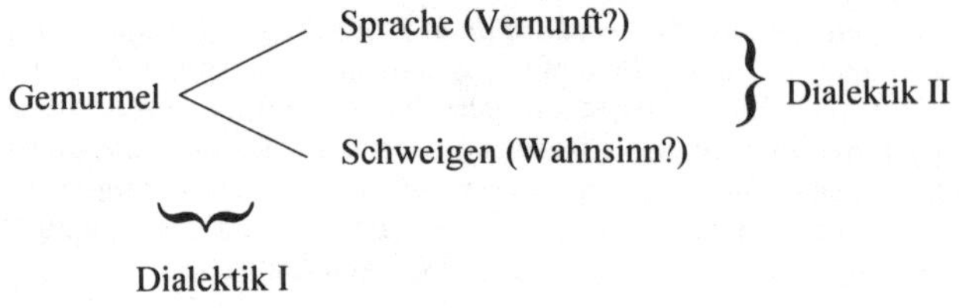

bevölkerten Raum all jener Wörter ohne Sprache möglich", dem „tauben Lärm von unterhalb der Geschichte ..." (WG 12)

Der Ermöglichungsgrund wird aber nur durch das zugänglich, was ihn verstellt:

„Die Freiheit des Wahnsinns versteht sich nur von der Höhe der Festung her, die ihn gefangenhält." (WG 13)[52]

Es sieht ganz so aus, als funktioniere die *Histoire de la folie* nach dem Modell 'Verdrängung und Wiederkehr des Verdrängten',[53] bzw. nach dem Prinzip, das oben als „negativistisches" bezeichnet wurde, d. h., daß etwas (notwendig) den Grund seines Seins genau in dem hat, was es nicht ist: der Okzident im Orient, die Sprache im Schweigen, die Vernunft im Wahnsinn etc. - Wenn „die Erfahrung des Wahnsinns, die sich vom sechzehnten Jahrhundert bis heute erstreckt, ihre besondere Gestalt und den Ursprung ihres Sinnes jener Abwesenheit, jener Nacht ... *verdankt*" (WG 50, Hervorhebung A.R.), wenn „unter dem kritischen Bewußtsein des Wahnsinns ... noch immer ein taubes tragisches Bewußtsein wach" ist (WG 49), dann scheint tatsächlich die Absicht Foucaults „in die Richtung einer Negativen Dialektik" zu weisen.[54] Auch sein 'hermeneutisches' Prinzip, demzufolge eine Gesellschaft sich positiv in dem äußert, was sie ausschließt, ist einem ähnlich 'negativistischen' Denken verpflichtet. Der „Begriff des Wahnsinns" - so kommentiert Derrida die *Histoire de la folie* - deckt „alles, was man unter dem Titel der *Negativität* unterbringen kann".[55]

---

[52] *Diese* Rückwendung findet sich seltener bei Foucault, seine Beschreibungen vermitteln häufig eher den Eindruck einer 'Dialektik mit Schlagseite' (d. h., der Grund ist nicht in dem Maße von seiner Folge abhängig wie diese von ihm); die zitierte Überlegung ist für Foucault eher untypisch.

[53] Vgl. z. B. die Interpretation von Fink-Eitel 1989: 29f; oder Welsch 1995: 173.

[54] Habermas 1986: 282f. - Das soll nicht bedeuten, daß Foucaults Verfahren wirklich als ein „dialektisches" verstanden werden könnte, er verwendet z. B. keine klare Figur der „bestimmten Negation". Ihr zufolge wäre die Vernunft von ihrem Gegenteil abhängig, *weil* sie sich selbst *durch ihr Gegenteil bestimmt* und somit an ihm ihre Wahrheit hat. Eine Entfremdung ihres Anderen wäre zugleich Selbstentfremdung. Will man dieses Muster auf Foucaults Erklärung des Verhältnisses von Vernunft und Wahnsinn anwenden, so ergibt sich beständig ein 'schiefes' Bild. Das liegt daran, daß Foucault nicht im traditionellen Sinn dialektisch denkt. - S. a. diese Arbeit Teil 2, Kap. 4.

[55] Derrida, *Cogito und Geschichte des Wahnsinns*: 69.

Paßt in das Modell 'negativistischen Denkens' nicht auch, daß „die Wahrheit des Menschen sich nur in dem Moment ihres Verschwindens sagt; sie ... [sich nur] manifestiert, wenn sie bereits eine andere als sie selbst geworden ist" (HF *545)? Daß „der Mensch ... Wahrheit nur [hat] in dem Rätsel des Irren, der er ist und nicht ist" (HF *548)? - Würde dem Prinzip 'Verdrängung und Wiederkehr des Verdrängten' nicht der Gedanke entsprechen, daß „der Irre ... in einer Dialektik ... des Selben und des Anderen" erscheint (HF *546), daß „der Wahnsinn ... einen Bezug des Menschen zu seiner Wahrheit anzeigt" (HF *534)?

All das paßt ins Schema, aber *diese* Sätze Foucaults sind unvollständig. Die zuletzt zitierten Aussagen aus dem Schlußteil der *Histoire de la folie* sind mit Zeitattributen versehen, es heißt: „der Irre erscheint *jetzt* in einer Dialektik ... des Selben und des Anderen" (HF *546, Hervorhebung A.R.), „der Wahnsinn zeigt *zukünftig nur* die Beziehung des Menschen zu seiner Wahrheit an" (HF *534, Hervorhebung A.R.), „der Mensch *unserer Tage* hat Wahrheit nur in dem Rätsel des Irren, der er ist und nicht ist" (HF *548, Hervorhebung A.R.).[56]

Die 'negativistische' Struktur, die 'Dialektik' des Selben und des Anderen, wie sie ja der *Gesamtkonzeption* der *Histoire de la folie* zugrundezuliegen schien, tritt auch als Signum einer - zudem harsch kritisierten - Epoche auf, d. h., sie hat den Status einer (bloß) historischen Gestalt.

Nicht zufällig stammen Belege für eine 'dialektische' Methode Foucaults fast ausschließlich aus dem Vorwort, dessen relative Eindeutigkeit im weiteren Text nur noch an wenigen Stellen übernommen wird. Es ist, als könne Foucault das unterlegte Modell in seinem Material nicht wiederfinden, bzw. als verschiebe es sich beständig.

Was der Wahnsinn und was die Struktur seines Verhältnisses zur Wahrheit ist, wird später fast nur noch relational bestimmt, in Abgrenzung zu anderen Erfahrungsweisen. Diese relationale Bestimmung entspricht einem (neo-)strukturalistischen Prinzip, dem-

[56] Diese Textpassagen fehlen teilweise in der gekürzten deutschen Übersetzung.

zufolge der Sinn der Elemente einer Struktur sich allein aus ihrer Position zueinander ergibt.[57]

Dennoch: Foucault hatte „die einfache Trennung zwischen Tag und Dunkelheit, Schatten und Licht“ als eine „*bewegungslose* Figur“ bezeichnet, die im Zentrum der Untersuchungen auftauchen sollte (WG 15, Hervorhebung A.R.),[58] und es bleibt die Frage, wie die einer historischen Epoche zugeschriebene und an ihr kritisierte Struktur zugleich dasselbe Muster haben kann wie der gesamte Duktus der Untersuchung. Entweder es handelt sich im einen wie im anderen Falle nicht um dieselbe Struktur, oder es liegt eine Doppelbödigkeit vor.[59]

Sätze wie: „Dans la folie l'homme découvre sa vérité“ (HF 539) und „c'est la folie qui détient la vérité de la psychologie“ (MM2: 89), sind sich zu ähnlich, als daß man mit dem Hinweis auf ihre unterschiedliche Intention ihre Differenz begründen könnte. Natürlich ist die erste Aussage „deskriptiv“, die zweite „explikativ“ zu verstehen,[60] aber (kritische) Deskription und (hermeneutische) Explikation sind in Foucaults Texten semantisch nicht zu unterscheiden.

Das 'negativistische' Prinzip behält, wie das Konzept der „folie“ - und aus den gleichen Gründen wie sie - einen ambivalenten Status. Das hat damit zu tun, daß es auf zwei Ebenen verwendet wird, einmal auf einer fundamentalen, absoluten, einmal auf einer historischen, relativen; doch der Gebrauch verschiebt sich zunehmend. Es ist, als tanze Foucault auf zwei Hochzeiten und sehe sich selbst, gleichsam 'von oben', noch auf dem Parkett bewegen, dessen Dielen er gerade einreißt. Er benutzt noch ein

---

[57] Vgl. Deleuze, *A quoi reconnait-on le structuralisme?*, 1973: 302.
[58] Vgl. WG 14: „eine große unbewegliche Struktur“.
[59] Methodisch 'richtig' ließe sich eine solche Übereinstimmung von überzeitlich Absolutem und historisch Relativem allenfalls noch in Hegels Modell des zu sich selbst kommenden Geistes denken, aus der Perspektive eines Endes der Geschichte. Das aber kann von Foucault nicht intendiert sein.
[60] In dem Sinne wie die Ebene der 'Dialektik 1' explikativ und die der 'Dialektik 2' deskriptiv wäre.

‘dialektisches’ Muster während ihm Dialektik mehr und mehr zur historischen Figur zerrinnt.[61]

In der Neuauflage der *Histoire de la folie* von 1972 fehlt das Vorwort, das ja als eine Art methodisches Programm gelesen werden kann. Es ist jetzt durch einen Appendix ersetzt, in dem der Tod des „homo dialecticus“ beschworen wird.[62] Einer ‘substantialistischen’ Auffassung des Wahnsinns entzieht gleich der erste Satz den Boden: „Vielleicht wird man eines Tages nicht mehr recht wissen, was der Wahnsinn gewesen sein mag“,[63] der Wahnsinn selbst (und nicht nur die Maladie mentale) ist historisch, seine Grenzen sind verschiebbar. Foucault nimmt hier spielerisch eine distanzierte, sich in die Zukunft versetzende Perspektive ein, die derjenigen ähnelt, mit der Nietzsche seinen Text *Über Wahrheit und Lüge im außermoralischen Sinn* beginnt. Und Foucault bestreitet nun die Auffassung, die „unveränderlich“ das voraussetzt,

> „was vielleicht am heikelsten ist, viel heikler als das Fortbestehen des Pathologischen: das Verhältnis einer Kultur gerade zu dem, was sie ausschließt, und genauer noch das Verhältnis unserer Kultur zu der fernen und umgekehrten Wahrheit ihrer selbst, die sie im Wahnsinn zu- und entdeckt. Was bald sterben wird, was schon in uns stirbt ... ist der Homo Dialecticus ... das Wesen [l’animal], das seine Wahrheit verliert und sie geklärt wiederfindet ... Die Beziehung zum Wahnsinn ... wird für immer verloren sein.“[64]

Warum hat Foucault sein altes Vorwort zur *Histoire de la folie* aufgegeben, warum ersetzt er es durch die Weigerung, ein neues

---

[61] Eine ähnliche Position nimmt Thomas Kuhn ein, der sich selbst und sein Denken noch auf dem Boden eines notwendig geltenden erkenntnistheoretischen Paradigmas lokalisiert, innerhalb dessen sich aber andeutet, „daß das traditionelle Paradigma irgendwie schief liegt“, d. h. nicht mehr mit unserer Wirklichkeitsauffassung übereinstimmt und im Wandel begriffen ist (s. *Die Struktur wissenschaftlicher Revolutionen*, ^{9}1988: 133). - Zu methodischen Parallelen von Foucault und Kuhn s. a. Weinert, *Die Arbeit der Geschichte: Ein Vergleich der Analysemodelle von Kuhn und Foucault*, 1982.

[62] Foucault, *La folie, l’absence d’oeuvre*. Der Text datiert ursprünglich von 1964 (zuerst erschienen in: La Table ronde, Mai 1964). Genauer handelt es sich um zwei Appendizes, der zweite (*Mon corps, ce papier, ce feu*) führt die Debatte mit Derrida um die Deutung der zweiten Meditation von Descartes fort. Diese Appendizes fehlen dann wieder in den folgenden Ausgaben.

[63] *Der Wahnsinn, das abwesende Werk*, 1991: 119.

[64] A. a. O.: 120f; HF/1972: 576, DE I 413f

zu schreiben?[65] Sicherlich sind es die zu eindeutigen Formulierungen eines Ursprungsgedankens, die ihn den alten Text verwerfen lassen, vielleicht aber auch, daß seine dort dargelegte Interpretationsmethode einer '*Dialektik*' des Selben und des Anderen bedenklich nahe kommt. Ohne das Vorwort liest die *Histoire de la folie* sich anders, ihr fehlt der 'rote Faden' an dem die materialen Analysen ihre eindeutige Ausrichtung gewinnen - und genau dies ist intendiert: „Ich wünschte", schreibt Foucault nun, „ein Buch wäre ... nichts anderes, als die Sätze, aus denen es gebildet ist" (*HF: Préface). Daß Foucault sein altes Vorwort und damit auch die explizite Formulierung der Idee, die seine Untersuchung über den Wahnsinn motivierte, später wegläßt, mag auch an der Fülle seines Materials gelegen haben. Vielleicht konnte sich die Beschreibung des Konkreten nicht einer einzigen Struktur fügen, vielleicht erwies sich die anfängliche Idee vom Wahnsinn als der Kehrseite der Vernunft als zu einfach, um die Vielfalt dessen zu erklären, was Foucault in seinen historischen Quellen fand. Hier mag ein weiterer Grund für die Notwendigkeit liegen, auf ein auf existential-anthropologische Weise verallgemeinerndes Denken zu verzichten.

Der Appendix *La folie, l'absence d'oeuvre* kann als ein Widerruf des ehemaligen Vorwortes zur *Histoire de la folie* gelesen werden, wobei Foucault allerdings so tut, als habe er niemals eine andere Auffassung als die jetzt dargelegte vertreten. Die 'Wende' ist vollzogen, wenn jenes 'negativistische', 'dialektische' Denken als *Symptom* beschrieben wird und nicht mehr als zeitlos strukturelle Wahrheit. Foucault denkt nicht dialektisch, sondern er denkt Dialektik als ein epochenspezifisches Erfahrungsmuster. Dies eingestanden, wäre es reduktionistisch, die *Histoire de la folie* noch nach dem Schema einer 'Dialektik der Aufklärung' zu verstehen. Das, was als 'festes' Fundament der Aussagen gelten könnte, verschiebt sich zunehmend in einen unerreichbaren Hintergrund,[66]

---

65 „... à la demande qu'on m'a faite d'écrire pour ce livre réédité une nouvelle préface, je n'ai pu répondre qu'une chose: supprimons donc l'ancienne." (HF: Préface)

66 Man könnte auch sagen, daß sich das auflöst, was ich als „Dialektik 1" in der *Histoire de la folie* bezeichnet habe. Diese 'fundamentale' Ebene wird scheinbar nicht durch etwas anderes ersetzt, sie bleibt aber untergründig immer noch relevant. Im erwähnten Appendix heißt es: „Dire que la folie aujourd'hui disparaît ...

und verständlicherweise war die dringlichste, immer wieder an Foucault gestellte Frage die nach dem Ort „von wo aus er spricht“. Foucaults Untersuchungen vermitteln das Gefühl einer Bewegung um eine Achse, die selbst beweglich und nirgends verankert ist; das ist es, was Habermas später einen „gnadenlosen Historismus“ nennen wird.[67]

Lag der erste Schritt von Foucaults Entwicklung darin, Inhalte (die Geisteskrankheit) und Wissenschaften (die Psychologie) zu historisieren, so trifft sein zweiter Schritt die Methoden des Denkens selbst (Dialektik) und damit das Verfahren, wie eine bestimmte Entwicklungslogik überhaupt erfaßt wird. Dieser zweite Schritt trennt ihn von einem ‘phänomenologischen’ Denken, das ja von gegebenen Inhalten und invarianten Bewußtseinsstrukturen ausgeht, die als Grundlage der Theorie gelten. Foucaults Methode ist, „da sie keine höchsten Ordnungsprinzipien hat, nicht transzendental.“[68] Die ‘Phänomenologiekritik’ läßt sich also nicht nur an der Beschreibung der Aporien eines „Denkens des Gleichen“ und der Denunziation des Prinzips des Menschen festmachen, die eigentliche Phänomenologiekritik besteht in Foucaults Methode des radikalen Historisierens, die ‘phänomenologische’ oder existentialanthropologische Erklärungen nicht mehr zuläßt. In dieser Methode liegt auch, wie sich später zeigen wird, Foucaults Antwort auf das Problem der Doppel im modernen Denken.

---

ce n’est pas dire que disparaît pour autant *la forme générale de transgression* dont la folie a été pendant des siècles le visible visage“ (HF/1972: 577, DE I 415, Hervorhebung A.R.).- Den allgemeinen Gedanken des Ausschlusses, der Grenze und der Überschreitung als fundamentalem Strukturprinzip gesellschaftlicher Ordnung, gibt Foucault nicht auf, er kehrt noch in der *Ordnung des Diskurses* wieder und motiviert die Untersuchung *Überwachen und Strafen*. Diese Ambivalenz zwischen Auflösung und Inanspruchnahme fundamentaler, invarianter Strukturen bleibt m. E. mehr oder weniger in allen Werken Foucaults bestehen.

[67] Habermas 1986: 296.

[68] Dreyfus/Rabinow 1987: 81.

Zweiter Teil: Subjekt

1. 'Postmoderne' Subjektkritik

1.1. Die Debatte um den „Tod des Menschen"

In den vorangegangenen Kapiteln zur Phänomenologie war die Frage nach dem 'Subjekt' implizit immer schon Thema, denn die Phänomenologie selbst entwickelt sich ja erst - so Foucault - aus der epistemischen Formation, die unter dem Primat des „Menschen" steht. Nur in der Konstellation einer „Endlichkeit", d. h. mit der Fundierung des Wissens im Menschen/Subjekt, wird jene Selbstbezüglichkeit des Denkens des Gleichen und die Dynamik der Doppel möglich und notwendig. Die Vorstellung eines starken, transzendentalen Subjekts ist in der Bewegung, die bisher beschrieben wurde, also schon vorausgesetzt. Die Phänomenologie, verstanden als „analyse du vécu", enthält beide Aspekte, den methodischen Vorrang des Subjekts (als gleichzeitigem Subjekt und Objekt der Erkenntnis) und die Reduplizierung von Empirischem und Transzendentalem, Cogito und Ungedachtem.

Nun dreht sich auch die einzige direkt ausgetragene Kontroverse zwischen Sartre und Foucault um das Problem des 'Subjekts', bzw. um Foucaults These, daß „der Mensch ... nicht das älteste und ... konstanteste Problem" des menschlichen Wissens sei, sondern eine relativ junge Erfindung, die sich bei Veränderung der epistemischen Formation wieder auflösen werde „wie am Meeresufer ein Gesicht im Sand" (OD 462). 1966, anläßlich des Erscheinens der *Ordnung der Dinge*, hatte Foucault sich mit Berufung auf einen Wandel der Geistesgeschichte öffentlich von einem Denken im Stile Sartres oder Merleau-Pontys distanziert.[1] In diesem ausgerufenen 'Generationenwechsel' stand mehr auf dem Spiel als die

[1] Vgl. Foucault, Entretien avec M. Chapsal, 1966; und Foucault 1966b.

Theorien einzelner Philosophen, es ging um den Begriff und die Möglichkeiten von Philosophie insgesamt. Aus demselben Jahr stammt ein Interview von Sartre, das als Antwort auf das „strukturalistische“ Denken, unter anderem auf die Polemik Foucaults konzipiert ist.[2] Diese durch die Medien nicht unmaßgeblich forcierte „Debatte“[3] bleibt eigenartig steril und inhaltlich wenig fruchtbar. Während Foucault angibt, daß man heute nicht mehr nach dem „Leben“, der „Existenz“ und dem „Sinn“ frage, sondern nach den Gesetzmäßigkeiten des sie leitenden „Systems“, daß man eine „Erkenntnis ohne Subjekt suche“ und das alte „Ich“ durch ein „es gibt“ ersetze,[4] beharrt Sartre darauf, daß die menschliche Praxis die letzte Instanz sein müsse, um historische Entwicklung und die Existenz von Strukturen zu erklären. Nur auf „Strukturen“, bzw. ein System der Sprache zu rekurrieren, hieße auf einer ersten, letztlich unzureichenden Ebene der Betrachtung stehenzubleiben, denn Strukturen sind selbst ein Moment des Praktisch-Inerten, d. h. „versteinerte“ Produkte menschlicher Praxis (Sartre 1966: 90).

Der Kernpunkt des Dissenses ist wohl nicht besser zu umschreiben als mit Sartres eigenen Worten bezüglich des Systems der Sprache: „Si vous admettez l'existence d'un tel système, vous devez admettre aussi *que le langage ne'existe que parlé*“ (Sartre 1966: 90). Die theoretische Notwendigkeit des Prinzips „Mensch“ (Praxis) zu leugnen, ist für Sartre ein „logischer Skandal“ (Sartre 1966: 95).

Wenn man diese Statements betrachtet, so erscheinen sie wie ein Schlagabtausch von Begriffen, die sich gegenseitig stets verfehlen. An keiner Stelle wird Foucault so auf Sartres Argument

---

[2] Vgl. Sartre 1966.

[3] Die direkte Konfrontation von Sartre und Foucault lag wohl mehr im Interesse der Medien, als in demjenigen der beiden Autoren. So ist das Interview mit Madeleine Chapsal, das im Original ohne Titel blieb, in der deutschen Übersetzung mit *Absage an Sartre* überschrieben. Auch die Überschrift des Interviews *Sartre répond* dürfte nicht von Sartre selbst stammen. Im Gegenzug betitelte man zwei Jahre später ein Interview mit: *Foucault répond à Sartre* (s. Foucault 1968a). Gegen die Veröffentlichung dieses Interviews hatte Foucault - zu spät - Einspruch erhoben (vgl. Foucault, *Une mise au point de Michel Foucault,* 1968).

[4] Vgl. Foucault 1966a.

eingehen, daß ein 'Dialog' möglich wäre,[5] er wird sich stattdessen der Logik dieses Argumentierens insgesamt entziehen. Es ist daher problematisch, sich in der Behandlung des Themas 'Subjekt' an dem in breiter Form geführten Streit um den „Tod des Menschen" zu orientieren. Im Rückblick erscheint diese Debatte in vieler Hinsicht unfruchtbar und heute überholt, weil sie zum Teil mit falschen, polemisch motivierten Entgegensetzungen arbeitet und mit nicht eindeutig zu bestimmenden Begriffen. So bleibt schon der eigentliche Streitpunkt der Auseinandersetzung diffus, weil die Begriffe „Mensch", „Subjekt", „Humanismus" und „Anthropologie" oft synonym verwendet werden, ohne daß deutlich würde, was im einzelnen mit ihnen gemeint ist und ob sich nicht verschiedene Ebenen der Rede vom 'Subjekt' unzulässig übereinanderschieben.[6] Zudem wurde die Debatte häufig so geführt, als sei sie letztlich auf die Frage 'Freiheit oder Determinismus?', 'Vorgängigkeit des Subjekts oder Vorgängigkeit der Struktur?' zu reduzieren, ein zu einfaches Fazit, das in keinem Verhältnis zum theoretischen Aufwand steht, mit dem die jeweiligen Inhalte in den einzelnen Texten abgehandelt werden.

Anknüpfend an die vorangegangenen Ausführungen zur Phänomenologie und Phänomenologiekritik werde ich mich weitgehend darauf beschränken, das Thema 'Subjekt' aus der Perspektive seiner bewußtseinsphilosophischen Implikationen zu behandeln, von denen ausgehend auch Sartre seine Konzeption von Subjektivität entwickelt. Ich werde mich in der Argumentation wiederum an Foucaults Modell der Doppel orientieren; stand bisher das Verhältnis der Seiten 'empirisch' und 'transzendental' im Vordergrund, so wird es nun vornehmlich um die Struktur des „Denkens des Gleichen", um das Verhältnis von Identität und Differenz gehen.

---

[5] Eine Ausnahme wäre evtl. das Nachwort zur *Archäologie des Wissens,* das Foucault ja als Dialog formuliert hat. Aber auch hier geht es eher um ein Sich-Abgrenzen als um einen 'dialogischen' Austausch.

[6] Ferry und Renaut z. B. gehen gegen die „assimilation réductrice" von Humanismus und Metaphysik an (Ferry/Renaut, *La pensée 68*, 1988: 33). - Zur Trennung der Aspekte s. a. Prucha, *Zur Kritik am Subjektbegriff der Moderne*, 1990: 86, 91 und Descombes, *A propos de la 'critique du sujet' et de la critique de cette critique*, 1988.

Da meine Überlegungen - trotz aller Vorbehalte - Foucaults proklamierte „rupture de génération“ zur Ausgangshypothese nehmen, werde ich zunächst einige generelle Motive der Kritik am ‘Subjekt’ erläutern, denen Foucault zusammen mit anderen „postmodern“ bzw. „neostrukturalistisch“ genannten AutorInnen verpflichtet ist.[7] Sie bilden den Hintergrund, vor dem ich dann anhand genauer Textinterpretation untersuche, was überhaupt Sartres Subjekt-Begriff ausmacht, worin Übereinstimmungen und Unterschiede zum Theorieanspruch der ‘Folgegeneration’ liegen. Diese Lektüre wird ein differenzierteres Licht auf Foucaults Subjektkritik werfen, und sie wird - am Beispiel Sartres - zu erklären suchen, warum Foucault Phänomenologie mit Anthropologie gleichsetzen kann, wie sich jener Übergang vom Bewußtseinsparadigma zur anthropologischen Frage herstellt, den die *Ordnung der Dinge* postuliert.

1.2. Motive der Subjektkritik

1. Die Kritik am ‘Subjekt’, die in den 60er und 70er Jahren in Frankreich propagiert wurde, artikuliert sich wesentlich als *Widerstand gegen das Prinzip von ‘Einheit’ bzw. ‘Identität’*, für das das ‘Subjekt’ als einheitsstiftende Funktion paradigmatisch steht. Dieser Widerstand bildet das Zentrum der Kritik und alle weiteren Aspekte lassen sich letztlich hierauf zurückführen.

‘Einheit’ gilt als prekär, weil in ihr das Individuelle unter das Allgemeine subsumiert, das Einzelne vereinheitlicht wird. Der Gedanke von Einheit birgt die Gefahr repressiver Totalität, und so liest sich die ‘neostrukturalistische’[8] Literatur in großen Teilen als Kampf gegen ein identifizierendes Denken, als Kampf für das „Nichtidentische“, „Differente“. Darüber hinaus gilt ‘Einheit’ auch

---

[7] Ich verwende im folgenden die Begriffe „postmodern“ und „neostrukturalistisch“ (letzteres in Anlehnung an Manfred Frank) synonym und in einer nicht scharf umrissenen terminologischen Bedeutung, um mich generell auf den Kreis von AutorInnen beziehen zu können, der die Diskussion um die „Postmoderne“ bestimmt.

[8] Vgl. die Bestimmung von Neostrukturalismus bei Frank 1983: 37.

als etwas konzeptuell Unmögliches: Wer sollte dieses Prinzip stiften, aus welchem Grund sollte es wirksam sein? In der Erfahrung der (Post-) Moderne gibt es nichts, das eine Legitimationsgrundlage für Einheitlichkeit bieten könnte. So wird versucht, auf eine grundsätzliche Weise die leitende Kategorie der Identität durch die der Differenz zu ersetzen, was z. T. eine radikale Verschiebung derjenigen Logik zur Folge hat, in der wir zu denken gewohnt sind.[9] Foucault folgt diesem Programm der Differenz, wenn er in seinen Texten das „Andere“, das „Außen“, die „Überschreitung“, die „Zerstreuung“, als Gegenentwurf zum Prinzip 'Subjektivität' geltend macht.[10]

2. Es ist jedoch nicht eine einfache Einheit, die hier zur Disposition steht, sondern eine durch Negation vermittelte. Die Kritik richtet sich gegen eine Identität, die - im Sinne Hegels - eine „sich *wiederherstellende* Gleichheit“ ist, eine „Reflexion im Anderssein in sich selbst“.[11] Mit der Kritik am Subjekt ist daher in vielen Fällen auch die Dialektik gemeint,[12] bzw. ein *dialektisches Verständnis von Einheit und Negation*. Foucault will, ähnlich wie Deleuze und Derrida,[13] das dialektische „Spiel des Widerspruchs und der Totalität“ durch ein Denken ersetzen, das der Logik der Gegensätze und der „bestimmten Negation“ entkommt. So sucht er explizit nach einer „nicht dialektischen Sprache“, wenn er in seinem Auf-

---

[9] Systematisch durchgeführt ist dies in den Schriften von Deleuze, so z. B., wenn er in *Différence et répétition* ein anderes kategoriales System entwirft, in dem „Differenz“, weil sie nicht mehr von Identität her verstanden wird, als ein nicht-negatives Prinzip fungiert (*Différence et répétition*, 1992: 11f, 59, 89). - Bei Derrida wird das Gleiche als „différance“ bestimmt, „... als aufgeschobener und doppeldeutiger Übergang von einem Differenten zum anderen“ (Derrida, *Die différance*, 1988: 37, 43).

[10] Vgl. z. B. *Das Denken des Außen*; *Vorrede zur Überschreitung* und *Nietzsche, die Genealogie, die Historie*, 1987.

[11] Hegel, *Phänomenologie des Geistes*: 23.

[12] Das würde z. T. erklären, wieso Foucault immer wieder Dialektik mit Anthropologie identifiziert, ohne diese auf den ersten Blick wenig einsichtige Verbindung genauer zu begründen. So ist von einem „dialektisch-anthropologischen Schlummer“ die Rede (*Vorrede zur Überschreitung*: 34) und in Interviewaussagen wird die Reihung noch erweitert: „l'humanisme, l'anthropologie et la pensée dialectique ont partie liée“ (Foucault 1966b: 8).

[13] Vgl. Derrida, *Fines hominis*, 1988: 129; u. Derrida, *Das Theater der Grausamkeit und die Geschlossenheit der Repräsentation*, 1976: 373.

satz zu Bataille das Verhältnis von Grenze und Überschreitung als eines beschreibt, das sich *nicht* wie das Schwarze zum Weißen oder das Verbotene zum Erlaubten bestimmt: „Die Überschreitung setzt nicht eines dem anderen entgegen [...] nichts an der Überschreitung ist negativ, gleichzeitig hat „diese Affirmation nichts Positives".[14] Negativität steht für eine Reflexionsstruktur die Einheit immer schon voraussetzt und garantiert. Hiergegen sollen neue Konzepte gesetzt werden: „Nicht Reflexion, sondern Vergessen; nicht Widerspruch, sondern vernichtende Leugnung ...".[15]

Negativität gerät zusätzlich in Mißkredit, weil sie in Anlehnung an Nietzsche als „reaktive Kraft", als Prinzip eines Nihilismus und einer Moral des Ressentiments 'entlarvt' wird. Deleuze, dessen Nietzsche-Interpretation für Foucault maßgeblich war, hat es verstanden, Nietzsche als einen systematischen Anti-Hegelianer zu interpretieren, dessen ganze Kraft sich gegen Negativität als Grundprinzip der - ihrem Wesen nach christlichen - Dialektik richtet.[16] Foucault übernimmt Deleuzes Eloge der reinen 'Bejahung', einer nicht dialektisch durchs Negative vermittelten Affirmation. Dieses Prinzip wirkt bis in seine späte Machttheorie hinein.[17]

3. Wenn der Widerstand gegen 'Einheit' und Dialektik unter dem Namen „Subjektkritik" firmiert, so deshalb, weil auch das neuzeitliche *Bewußtseinsparadigma*, der angeblich unhintergehbare Ausgang vom Cogito, getroffen werden soll. In diesem Paradigma geht es um den Grundlegungsanspruch dessen, was letzte Instanz philosophischer Reflexion zu sein habe. Heidegger, dessen Schriften ja einen nicht unerheblichen Einfluß auf die französische Subjektkritik nahmen, hatte in seiner Rekonstruktion der Metaphysikgeschichte die neuzeitliche Wandlung des hypokeimenon zum subjectum beschrieben. Was Husserl noch als unbezweifelba-

---

[14] Vgl. Foucault, *Vorrede zur Überschreitung*: 32ff.

[15] Foucault, *Das Denken des Außen*: 51.

[16] Vgl. Deleuze, *Nietzsche et la philosophie*, ^{8}1991: 9; s. a. 223f u. a. - Zur Dialektik als genuin „christlichem" Denken, a. a. O.: 12, 224.

[17] Die Passagen über die aktiven und reaktiven Kräfte in Deleuzes Nietzsche-Buch lesen sich daher auch wie eine Vorwegnahme von Foucaults Machtmodell (s. Deleuze, *Nietzsche et* ...: 44ff). - Zur Affirmation ohne Negation s. v. a. *Nietzsche et* ...: 201 - 222.

rer Fortschritt galt,[18] wird für Heidegger zum signum einer Verfallsgeschichte: Mit Descartes' zweifelsfreiem Cogito setzt ein Denken ein, das Sein als Vorgestelltheit und Wahrheit als Gewißheit begreift. Der „Subjektbegriff ist nichts anderes als die Einschränkung des gewandelten Substanzbegriffs auf den Menschen als den Vorstellenden".[19] Im Grundsatz des Cogito ist - so Heidegger - ein 'Repräsentationsmodell' (Sein als Vor-stellen), aber auch ein 'Reflexionsmodell' (cogito als me-cogitare) enthalten.

Descartes' Argument, daß uns ein böser Geist in allem täuschen könne, nur nicht darin, daß wir etwas sind, solange wir denken,[20] bezieht seine Plausibilität aus einer Verbindung von Sein und Denken[21] und daraus, daß in der Identität des ego Selbstbewußtsein implizit schon als eine reflexive, kognitive Instanz mitgesetzt ist: Ich muß wissen, daß *ich* es bin, die/der getäuscht wird. Damit ist eine bestimmte Vorstellung von Selbst-Bewußtsein als Klarheit, als Sich-selbst-durchsichtig-Sein evoziert und mit ihr der Gedanke, daß diese Selbstpräsenz die sicherste aller Erfahrungen sei.[22]

Für Heidegger führt die Gleichsetzung von ego und subjectum zur „neuzeitlichen Herrschaftsstellung des Menschen",[23] zum Verfügbarmachen des Seienden, das nur noch als Vor-gestelltes begriffen wird. Der „postmodernen" Subjektkritik dagegen scheint es weniger um die Verdammung dieser Ermächtigungstendenz zu gehen, als um deren Ironisierung: Zu deutlich ist, daß es sich beim

---

[18] Vgl. Husserl CM: 6.

[19] Heidegger, *Der europäische Nihilismus*, ^{5}1989: 182.

[20] Descartes, *Meditationen*: zweite Meditation, Abs. 3.

[21] Genau diese Gleichsetzung von Existenz und Denken macht das Argument von Descartes so schwer faßbar. Denken ist gleichzeitig als Handlung und als Reflexionsfigur gefaßt.

[22] Das heißt nicht, daß dieses Bewußtseinsmodell so eindeutig bei Descartes zu finden wäre. Aber die *Meditationes* enthalten bestimmte Motive, die eine rückwärtige Lektüre, wie Heidegger sie vornimmt, plausibel macht. - Gegen diese „aneignungshermeneutische" Auslegung Heideggers s. Hübner, *Der dreifache Tod des modernen Subjekts*, 1988.

[23] Heidegger, *Der europäische Nihilismus*: 188. - Der große Unterschied dieser 'Subjektkritik' zu derjenigen von Deleuze und Foucault besteht in der Rolle, die Nietzsche darin zugesprochen wird. Heidegger begreift die Philosophie Nietzsches nicht als Bruch mit der neuzeitlichen Metaphysik, sondern als deren Vollendung. Für ihn steht Nietzsche „so unausweichlich unter dem Gesetz ... der Metaphysik des Descartes ... wie kein neuzeitlicher Denker sonst" (Heidegger, *Der europäische Nihilismus*: 149).

Subjekt um ein „sujet“ im doppelten Sinn handelt, um einen „unterworfenen Souverän“.

Foucault hatte in *Wahnsinn und Gesellschaft* behauptet, die Zweifelsfreiheit des Cogito beruhe auf einer Ausgrenzung des Anderen, des Wahnsinns.[24] Das ‘Subjekt’ neigt dazu, sich als Immanenz zu etablieren. Die Vorstellung eines Bewußtseins als Selbstgegenwart, als Prinzip der „Präsenz in der Selbstpräsenz“ begünstigt jene Bewegung, in der das Subjekt sich selbst zum primären Objekt, zum bevorzugten Gegenstand seiner Befragung macht.[25] Es ist diese Bewegung, die Foucault in der *Ordnung der Dinge* als „Denken des Gleichen“ einführt. Von hier aus ist verständlich, warum die Kritik am Subjekt so schlecht von den Themen „Anthropologie“ und „Humanismus“ getrennt werden kann. Eine philosophische Anthropologie - zu der auch noch (der frühe) Heidegger zählen würde - ist anscheinend nicht in der Lage, ihre eigene Grundlage, das Konzept ‘Mensch’ noch einmal zu befragen: „Alles geschieht, als habe das Zeichen ‘Mensch’ keinerlei Ursprung, keinerlei historische, kulturelle, sprachliche Grenze. Und selbst keine metaphysische.“[26]

Das Subjekt konstituiert sich über Ausgrenzung und es ist, gerade in seiner methodisch festgeschriebenen Innerlichkeit, blind gegenüber seinen eigenen Voraussetzungen, dem ‘Außerhalb’. Dieses ‘Außen’ (selbst-)reflexiv d. h. auf der Grundlage von Immanenz einholen zu wollen, ist, wie Foucault gezeigt hat, ein Versuch, der zum Scheitern verurteilt ist.

4. An der Idee vom ‘Subjekt’ als identischem und identitätsstiftendem Bewußtsein hängt auch die Vorstellung eines *Ursache-Wirkungsverhältnisses*, das intentional geleitet ist.[27] Erkenntnis wird als Sinnstiftung, Handeln als Verwirklichung eines Willens gesehen. So wäre das Subjekt Ursache der Einheit und Sinnhaftigkeit seiner Vorstellungen und Urheber seiner Handlungen. Nur

---

[24] Vgl. WG: 68ff. Derrida geht - trotz seiner Einwände gegen Foucaults Deutung - in eine ähnliche Richtung; s. *Cogito und die Geschichte des Wahnsinns*: 97.
[25] Vgl. Derrida, *Die différance*: 42 u. Derrida, *Fines hominis*: 133.
[26] Derrida, *Fines hominis*: 124.
[27] Gegen den Gedanken von Urheberschaft s. z. B. Foucault, *Qu'est ce que'un auteur?*, 1969, oder *Nietzsche, die Genealogie, die Historie*: 77.

aufgrund dieser Tatsache ist die Welt verstehbar. Die TheoretikerInnen der „Postmoderne“ haben nun - teilweise im nietzscheanischen Impetus der Umwertung der Werte - die angebliche Ursache, das Subjekt, zum Effekt erklärt. Meist geschieht dies mit dem Hinweis auf den Primat der Sprache, das Subjekt erscheint jetzt als eine „‘Funktion’ des Sprachsystems“, das „Beisichsein des Bewußtseins“ als Effekt der différance;[28] das Konzept ‘Mensch’ ist Folge einer historischen Wissensformation oder, wie bei Althusser, einer ideologischen Praxis.[29] Mit der Behandlung des Subjekts als unterworfenem „sujet“, dem die eigenen Grundlagen nicht bewußt und nicht greifbar sind, werden auch die eng an das Bewußtseinsparadigma geknüpften und für die neuzeitliche Moralphilosophie zentralen Vorstellungen von Freiheit, Autonomie und Verantwortlichkeit hinterfragt.[30]

Mit dem Zweifel am intentionalen Ursache-Wirkungsverhältnis ist zusätzlich die Kritik an einem auf Kausalität und Finalität ausgerichteten *Geschichtskonzept* verknüpft. In der *Archäologie des Wissens* schreibt Foucault:

> „Die kontinuierliche Geschichte ist das unerläßliche Korrelat für die Stifterfunktion des Subjekts [...] Aus der historischen Analyse den Diskurs des Kontinuierlichen machen und aus dem menschlichen Bewußtsein das ursprüngliche Subjekt allen Werdens und jeder Anwendung machen, das sind die beiden Gesichter ein und desselben Denksystems.“ (AW 26)

Es liegt auf der Hand, daß - nach dem bereits Gesagten - eine Geschichtsauffassung unmöglich wird, die analog zu den Prinzipien von ‘Subjektivität’ gebildet ist: Die Kontinuität des Geschichtsverlaufs, die Sinnhaftigkeit der Ereignisse und ihr intentionales Gerichtetsein auf ein Ziel hin, werden nun bestritten. Foucaults „Archäologie“ setzt, getreu dem Grundsatz der Differenz, auf Diskontinuitäten und Brüche als Erklärungsprinzipien für Geschichte,[31] seine an Nietzsche angelehnte „Genealogie“ versteht

[28] Vgl. Derrida, *Die différance*: 41f.
[29] Althusser, *Idéologie et appareils idéologiques d'etat*, 1976: 124, 122.
[30] Diese Vorstellungen basieren auf dem Bewußtseinsparadigma, weil sie moralische Zurechenbarkeit an willentliche Verfügungsmacht und Bewußtheit koppeln. S. z. B. Hegel, *Grundlinien zur Philosophie des Rechts*: § 132, §§ 115ff.
[31] Vgl. AW 18.

sich explizit als Gegenkonzept zu einem Fortschrittsdenken. Die Vorstellungen von Kontinuität und Finalität entstehen durch Projektion individueller Identität auf einen Zeitverlauf, bzw. durch Projektion der Gegenwart in einen imaginierten Ursprung.[32] Immer ist bei Foucault ein neues Konzept von Geschichte mit der Zerstörung des Subjekts verbunden; an die Stelle einer Suche nach dem Ursprung tritt eine „Analyse der Herkunft“, die es erlaubt, das Ich aufzulösen, die Genealogie dient der „Opferung des Erkenntnissubjekts“.[33]

Man könnte den 'differenzphilosophischen' Geschichtsbegriff auch an seiner Auffassung von Zeit festmachen, bzw. an der Rolle, die hier dem 'Werden' zugesprochen wird. Deleuze gibt in seiner Nietzsche-Studie eine Deutung der „ewigen Wiederkehr“ im Sinne seines Prinzips der „repétition“, die man ebenfalls für Foucault fruchtbar machen kann. Deleuze geht auf Heraklit zurück, um zu behaupten, daß das Sein das Sein des Werdens sei - sonst nichts.[34] Es gibt demzufolge kein beharrliches Sein hinter dem Werden, das Sein *ist* Werden. Eine solche Auffassung muß - wenn man sie in metaphysischen Termini beschreiben will - auch der Methode Foucaults zugrunde liegen, Inhalte und Denk-Prinzipien radikal zu historisieren, sie auf ihr Gewordensein zu reduzieren. Foucault scheint das Bewußtseinsparadigma durch einen 'historistic turn' überwinden zu wollen.

In seiner Heraklit-Auslegung geht Deleuze noch einen Schritt weiter und fragt, was seinerseits das Sein des Werdens sei. Die Antwort lautet: „Wiederkehren ist das Sein dessen, was wird.“[35] Damit ist das Prinzip des Seins als Werden an die „ewige Wiederkehr“ gebunden und mir scheint, daß sich ein Teil von Foucaults Geschichtsauffassung aus dem Gedanken der Wiederkehr ableiten

---

[32] Vgl. Foucault, *Nietzsche, die Genealogie, die Historie*: 76.

[33] A. a. O.: 73, 87; *Nietzsche, la genéalogie, l'histoire*: 151f - Zur Zurückweisung der Frage nach dem „Subjekt der Geschichte“ als expliziter Kritik an Sartres Geschichtskonzeption s. Althusser, *Remarque sur une catégorie: "procès sans sujet ni Fin(s)"*, 1973; Althusser, *Réponse à John Lewis*, 1973; und Lévi-Strauss, *La pensée sauvage*, 1990: chapitre IX.

[34] Deleuze, *Nietzsche und die Philosophie*, 1991: 29.

[35] A. a. O.: 30. Diese Ableitung ist allerdings kaum nachvollziehbar. Wenn das Sein das Sein des Werdens ist, führt kein notwendiger Schluß zu der Behauptung, daß das Sein des Werdens seinerseits Wiederkehr ist.

läßt, und zwar aus derjenigen Bedeutung, die *Deleuze* ihr gegeben hat. Demnach wäre die ewige Wiederkehr nicht die Wiederkehr des Gleichen, sondern die Wiederholung der Differenz:

„... die Identität in der ewigen Wiederkehr bezeichnet nicht die Natur des Wiederkehrenden, sondern im Gegenteil die Tatsache des Wiederkehrens für das Unterschiedene" [l'identité dans l'éternel retour ne designe pas la nature de ce qui revient, mais au contraire le fait de revenir pour ce qui diffère] - „In der ewigen Wiederkunft kehrt nicht Ein-und-Dasselbe zurück, sondern ist die Wiederkunft selbst das Eine, das allein vom Diversen und von dem sich Unterscheidenden ausgesagt wird" [ce n'ést pas le même ou l'un qui reviennent, mais le retour est lui-même l'un qui se dit seulement du divers et de ce qui diffère].[36]

Hier ist die Wiederkehr nicht als Kreis gedacht, sondern als Bruch, als Affirmation des Differenten. Diese Lesart würde es erlauben, ein Modell, das gemeinhin als ein anti-historisches gilt, zur Grundlage einer Geschichtsauffassung zu machen.

Die angeführten Motive von Subjektkritik als Kritik am Einheitsdenken, an der Dialektik, am Bewußtseinsparadigma und an einer teleologischen Geschichtsauffassung, lassen sich mehr oder weniger deutlich auch bei Sartre finden, und es ist daher in letzter Zeit zunehmend üblich geworden, den Bruch, den die „Neostrukturalisten" rhetorisch zu Sartre aufbauten, in ein Kontinuum zu verwandeln. Christina Howells deutet die Art des Umgangs der Folgegeneration mit Sartre als „Vatermord" und geht so weit zu behaupten: „Sartre is not merely a forerunner but a real originator of much of what Deconstruction has to say on the subject."[37] Es ist offensichtlich, daß die Polemiken gegen Sartre nicht gänzlich treffen, da sie bestimmte Aspekte seines Werks ignorieren oder trivialisieren und verfälschen.[38] Das gilt auch für die Konzeption von Subjektivität, die Sartre ausgehend vom Bewußtseinsparadigma entwickelt. Er selbst nimmt für sich in Anspruch, die Vorstellung vom substantiellen, identischen Ich aufgelöst und seine

---

[36] Deleuze, *Nietzsche und* ...: 55, 53 (*Nietzsche et* ...: 55, 53).
[37] Howells 1992: 326, 349; vgl. auch die Lektüre von Vogt 1995.
[38] Ein Beispiel dafür ist Althussers *Réponse à John Lewis*. Auch Lévi-Strauss Kritik in *La pensée sauvage* entwirft ein „Zerrbild" von Sartres Philosophie (s. dazu Alfred Schmidt *Lévi-Strauss versus Sartre*, 1988, 315). Zu weiteren gezielten Mißverständnissen s. Howells, 1992.

'Dezentrierung' gedacht zu haben.[39] Manfred Frank ist der Auffassung, daß die Subjektkritik der „Neostrukturalisten" die - von Sartre längst getroffene - Unterscheidung von reflexivem und präreflexivem Cogito ignoriere[40] und nur „eine schon bestattete Leiche zum zweiten Mal" zu Grabe trage.[41]

Doch macht es sich eine solche Auffassung nicht zu einfach? Liest sie die Argumente der 'Subjektkritik' nicht zu schematisch und nivelliert damit die Gründe, von denen ausgehend Foucault z. B. die Notwendigkeit verspürte, einen Bruch zu Sartres Art von Theoriebildung zu proklamieren? Im folgenden werde ich in weitgehend immanenter Sartre-Lektüre seiner Konzeption von 'dezentrierter' Subjektivität nachgehen und dabei vor allem den Akzent auf die Entwicklung von der frühen Schrift *Die Transzendenz des Ego* zu *Das Sein und das Nichts* legen. Die Argumentation teilt sich in zwei Linien: Die Kapitel 2.1 - 2.3 beschreiben, wie Sartre von einer sehr frühen und radikalen Auffassung des Ichlosen Bewußtseins ausgehend, doch in das Fahrwasser eines 'Subjektivismus' gerät, weil er die Paradigmen von Reflexion und Immanenz wieder in seine Vorstellung vom Bewußtsein einführt. Die Kapitel 2.4 und 2.5 untersuchen genauer die Struktur des Bewußtseins als Für-sich und kontrastieren sie mit Foucaults Modell der Doppel aus der *Ordnung der Dinge*. Meine Ausführungen suchen eine Erklärung dafür, warum Sartres Form von 'Dezentrierung' des Subjekts für einen Ansatz wie denjenigen Foucaults prinzipiell nicht ausreichend sein konnte. Das Problem des 'Subjekts' führt letztlich zu Fragen der philosophischen Methode. In einem weiteren Teil (Kap. 3.) werde ich untersuchen, in welcher Weise Foucault seinerseits von Motiven der Bewußtseinsphilosophie ausgeht und wie er sie für eine Überwindung des anthropologischen Denkens fruchtbar macht.

---

[39] Sartre 1966: 93.
[40] Frank 1983: 257.
[41] Frank, *Subjekt, Person, Individuum*, 1988: 12.

2. Das 'zerrissene' Selbst: Sartres 'Dekonstruktion' des Subjekts

2.1. *Die Transzendenz des Ego*

Ein Konstituens des neuzeitlichen Bewußtseinsparadigmas ist der Gedanke, daß sich die Identität des Subjekts über Wissen herstellt; (Ich-)Gewißheit wird als selbstreflexive Vernunft verstanden.[1]

In seinen frühen Schriften setzt sich Sartre mit diesem Konzept von Bewußtseinsphilosophie in einer Weise auseinander, die in vieler Hinsicht den kritischen Motiven der 'poststrukturalistischen' TheoretikerInnen entspricht: In seinem Text *Die Transzendenz des Ego* (1936) legt er dar, daß ein „transzendentales Ich"[2] als synthetisierender Pol der Vorstellungen nicht eine Voraussetzung für Denken, sondern seine Folge ist; das Ich ist ein transzendentes und opakes Objekt, das sich erst nachträglich herstellt. Sartre setzt gegen das alte Cogito ein reines, ich-loses, unpersönliches Bewußtsein an den Ursprung der Erkenntnis: „Der gewisse Inhalt des Pseudo-cogito ist nicht 'ich habe Bewußtsein von diesem Stuhl', sondern 'es gibt Bewußtsein von diesem Stuhl'" (TE 54). Das ist genau jenes unpersönliche „il y a", das die Folgegeneration gegen die Vorstellung von Subjektivität geltend machen wird.

Wie kommt Sartre auf den Gedanken, das personale Ich vom Bewußtsein zu trennen, es als transzendentes Objekt und nicht als ursprünglichen Kern des Wissens zu verstehen? Sein Motiv liegt in einer eigenwilligen Interpretation des phänomenologischen Grundsatzes von der Intentionalität des Bewußtseins. Daß das Bewußtsein immer „Bewußtsein von etwas" ist, deutet Sartre radikal

[1] Daher könnte der cartesische Satz auch kaum durch die Evidenz eines „Ich fühle, also bin ich" ersetzt werden, denn der Wahrheitseffekt bildet sich nur über das Denken als reflexives Wissen.
[2] Zur Verwendung von „transzendental" bei Sartre s. weiter unten.

als Anwesenheit des Bewußtseins bei der Sache. Intentionalität dient ihm als Modell gegen die Vorstellung einer „Innerlichkeit", so daß er Bewußtsein als eine reine Bewegung des Aus-sich-Hinausgleitens, als „Draußen seiner selbst" versteht.[3] Damit ist Husserls Bestimmung von Intentionalität geradezu umgestülpt.[4]

Wenn das Bewußtsein nichts ist als die Anwesenheit bei seinem Gegenstand, dann beantwortet sich auch die Frage nach dem einheitsstiftenden Moment in der Wahrnehmung anders als bei Kant: Nicht das „ich denke", sondern *die Gegenstände bilden die Einheit des Bewußtseins.*[5] Bei diesem Verständnis von Intentionalität bedarf es keines zusätzlichen „transzendentalen Ich" zur Einheitsstiftung mehr: „es ist gewiß, daß die Phänomenologie es nicht nötig hat, auf dieses vereinigende und individualisierende Ich zu rekurrieren" (TE 44). Sartre plädiert dafür, das Ich, wie alle anderen transzendenten Objekte, unter die Epoché fallen zu lassen und das „transzendentale Feld" vom Ich zu befreien.

Auf der ersten Stufe der Gegenstandswahrnehmung ist Bewußtsein also niemals explizites Selbstbewußtsein, es ist nur Bewußtsein von sich, *insofern* es Bewußtsein vom Gegenstand ist. Ein persönliches Bewußtsein, ein „Ich", kommt erst auf einer zweiten Stufe hinzu, es erscheint erst in dem Moment, in dem das Bewußtsein sich selbst zum Objekt macht. Das bedeutet aber, daß dieses „Ich" niemals eine unmittelbare Erkenntnis sein kann, es ist ein Gegenstand für das Bewußtsein, wie andere Gegenstände auch. Da die Unmittelbarkeit des Bewußtseins reflexiv nicht einzuholen ist, da sie sich im Akt des Wahrnehmens stets selbst entgeht, kann Sartre auch gegen Descartes sagen: „Das Bewußtsein, das sagt 'ich denke' ist gerade nicht dasjenige, welches denkt" (TE 48). Den klassischen regressus eines Bewußtseins, das sich ad infinitum als

---

[3] Sartre, *Eine fundamentale Idee der Phänomenologie Husserls*: 35. Dieser kleine Text von 1939 spiegelt deutlich Sartres radikalen Impetus gegen alle Immanenz.

[4] Die Verschiebung gegenüber Husserls Begriff von Intentionalität läßt sich gut am Vergleich der Definitionen deutlich machen. Husserl nennt Intentionalität „diese allgemeine Grundeigenschaft des Bewußtseins ... als cogito sein cogitatum *in* sich zu tragen" (CM 35; Hervorhebung A.R.), Sartre nennt sie die „Notwendigkeit für das Bewußtsein, als Bewußtsein *von etwas anderem* als von sich zu existieren" (*Eine fundamentale Idee* ...: 35; Hervorhebung A.R.).- S. a. *Das Sein und das Nichts*, wo Sartre aus der „Anwesenheit der Sache beim Bewußtsein" die „Anwesenheit des Bewußtseins bei der Sache" macht (SN 324).

[5] Vgl. TE 44, 51.

Objekt setzt und sich als setzendes Subjekt wieder entgeht, entschärft Sartre mit der einfachen Behauptung, daß es gar keines Ichs in der Konstruktion von Bewußtsein bedürfe, daß „ein Bewußtsein keinesfalls ein reflektierendes Bewußtsein nötig hat, um von sich selbst bewußt zu sein" (TE 49).[6]

Es gibt also zwei Formen, ein setzendes und ein nicht-setzendes, ein reflektiertes und ein unreflektiertes Bewußtsein, eines, das sich selbst zum Objekt macht und eines, das sich seiner selbst auf eine nicht-reflexive Weise bewußt ist.[7] Die Verwendung des Reflexionsbegriffs in der *Transzendenz des Ego* ist terminologisch höchst uneindeutig, und die Schwierigkeiten ihn zu deuten, rühren zum Teil daher, daß Gegensatzpaare verschiedener Ebenen ineinandergefügt sind. Es bleibt unklar, wie sich „reflektiert/unreflektiert", „reflektiert/reflektierend", „reflektiert/reflexiv", „rein/unrein" zueinander verhalten und für welchen Bereich (Gegenstandswahrnehmung oder Selbstwahrnehmung) sie jeweils gelten. Sartre benutzt das Wort „reflektiert" z. T. synonym mit „setzend", bezieht es also auch auf Gegenstandswahrnehmung, teilweise behält er die „Ebene der Reflexion" nur der Selbstwahrnehmung vor. Ungeachtet all dieser terminologischen Verschiebungen ist die sachliche Pointe der Argumentation eindeutig: Sie liegt darin, daß das unreflektierte Bewußtsein zugleich als das reflektierende gedacht ist, als der eigentlich aktive, schöpferische Pol der Erfahrung. Es geht - wie so oft bei Sartre - letztlich um die Gegensätze von Aktivität und Passivität, Unmittelbarkeit und Vermittlung; dem instantanen Bewußtsein, das selbst in sich nicht reflektiert ist, wird hier der Primat zugesprochen,[8] weil es als *Spontaneität* und als *Durchsichtigkeit* aufgefaßt ist. Jede Form von Reflexion, auch jeder Rekurs auf ein Ich „vergiftet" diese Unmittelbarkeit (TE 58), macht aus dem ursprünglichen „conscience pur" ein „conscience

---

[6] Obwohl noch nicht so benannt, hat Sartre hier schon sein Konzept des „präreflexiven cogito" entwickelt (s. diese Arbeit Teil 2, Kap. 2.3).

[7] Sartre spricht von einer „dritten Ebene", was einige Interpreten dazu veranlaßt hat, sein Modell als dreistufiges darzustellen (s. Kommentar von Sylvie LeBon in *La transcendance de l'Ego*, 1988: 29 u. Fretz, *Individuality in Sartre's philosophy*, 1992: 76f). Mir ist dieses Modell in drei Stufen - für die *Transzendenz des Ego* zumindest - nicht verständlich, da es sich doch letzten Endes in der Dualität von reflektiert/reflektierend zu erschöpfen scheint.

[8] Vgl. TE 57.

complice".[9] So wird z. B. die spontane Abneigung oder Wut gegen eine Person zum „unreinen" Bewußtsein, sobald sie sich reflexiv als Haß definiert. Mit der situationsübergreifenden Reflexion vollzieht das Bewußtsein einen „Übergang ins Unendliche" (TE 62), es befreit sich von seiner Instantaneität, substantialisiert sich. Damit aber behauptet es immer zu viel, der verfestigte Inhalt (Haß) wird niemals den Status absoluter Gewißheit haben, denn gewiß ist nur die erste, nicht reflektierte Spontaneität. Interessant hierbei ist auch der Zeitaspekt: Die „reine" Reflexion hält sich an das Gegebene, sie ist vollkommene Gegenwärtigkeit. Sobald eine Extension über eine zeitliche Dauer hypostasiert wird, „verunreinigt" sie sich. Auch die Unterscheidung zwischen Sein und Schein und eine „Substantialität" des Ich sind erst möglich, wenn Zeit nicht nur als Gegenwart gedacht wird. Im reinen Bewußtsein sind Sein und Schein nicht zu unterscheiden, es ist ein „nichtsubstantielles Absolutes" genau deshalb, weil es keinen Bestand in der Zeit hat.[10]

Die Evidenz einer Erfahrung liegt also - laut Sartre - niemals beim sich selbst erkennenden Ich. Wenn es so aussieht, als sei das Ich Schöpfer unserer Bewußtseinszustände, so liegt das an einer Täuschung, an einer Projektion der ursprünglichen Spontaneität auf einen „virtuellen Einheitskern" (TE 74). Der berühmte Satz Rimbauds, „Je est un autre", bedeutet für Sartre, daß die Bewußtseinsspontaneität nicht aus einem Ich hervorgeht, sondern auf dieses zukommt (TE 86). Was als Grundlage der Erkenntnis übrig bleibt,

---

[9] Damit ist der Deutung von Bush zu widersprechen, derzufolge das „unreine Bewußtsein" der „natürlichen Einstellung" dem Verhaftetsein an den Gegenständen entspricht, während „conscience pur" eine reine Reflexion im herkömmlichen phänomenologischen Sinne bezeichnet (Bush, *Sartres use of the reduction: Being and nothingness reconsidered*, 1980: 20). Diese Auffassung von „reinigend" entwickelt Sartre m. E. erst später. In *Die Transzendenz des Ego* scheint im Gegenteil das „reine" Bewußtsein nur den spontanen, nicht-reflexiven Akt zu bezeichnen, unabhängig davon, auf was er sich bezieht (s. a. Sartre, *Bewußtsein und Selbsterkenntnis*: 8). Es geht Sartre hier gerade *nicht* um ein sich in der Reflexion „reinigendes" Bewußtsein; ein bloßes Aufgehen im Gegenstand bzw. das präreflexive cogito wären ebenfalls „conscience pur".

[10] Dieses Prinzip ließe sich durchaus nach dem Muster einer „ewigen Wiederkehr des Gleichen" verstehen, als eine Zeitkonzeption, in der die Gegenwart sich verabsolutiert hat. - In *Bewußtsein und Selbsterkenntnis* wird diese Vorstellung zurückgenommen, das Bewußtsein, heißt es dort, sei *nicht* augenblickshaft (*Bewußtsein und Selbsterkenntnis*: 7).

ist also ein unpersönliches, Ich-loses (aber individuiertes) Bewußtsein. Damit setzt sich Sartre gegen das rationalistische Prinzip des Bewußtseins als Wissen ab und unterläuft - vorläufig zumindest - das Modell der Selbstreflexion. Mit dem „präreflexiven cogito“ ist das Subjekt *gerade nicht* in jene Struktur des ‘Gleichen’ eingebaut, die Subjekt und Objekt in eins setzt; Bewußtsein ist nur „sich selbst produzierende Spontaneität“ (TE 86).

Indem er das „Ich“ außerhalb des Bewußtseins ansiedelt, als ein „zweifelhaftes Objekt“, widerspricht Sartre auch der cartesischen Vorstellung, daß Selbsterkenntnis klarer sei als Fremderkenntnis: „mein Ich ist für das Bewußtsein nicht gewisser als das Ich anderer Menschen. Es ist nur intimer“ (TE 90). Das reine, spontane, unpersönliche Bewußtsein ist darüber hinaus ein *a-moralisches*: Seine „monströse Spontaneität“ liegt vor aller Unterscheidung in willentliche und unwillentliche Handlungen, ja sie macht „jede Konzeption einer Autonomie des Willens unmöglich“ (TE 88).[11] Die für Moralität wichtigen Unterscheidungen kommen erst auf der reflexiven Ebene, mit einem Ego, ins Spiel, und Sartre vermutet in ihm eine Art Kontrollfunktion, dessen wesentliche Rolle es sei, dem Bewußtsein seine eigene Spontaneität zu verbergen (TE 88). Sartre bezieht sich - wie Foucault in *Wahnsinn und Gesellschaft* - auf einen Bereich, der durch den Primat des Rationalen ausgeschlossen werden sollte: Hier ist es jedoch nicht der Wahnsinn, sondern die nicht durch Reflexion kontrollierte Spontaneität und die Angst, die die verdrängte Seite des „Ich denke“ bildet.[12] Mit dem Bestreben, die Evidenz in einem präreflexiven Bereich anzusiedeln, ändert sich auch der Anspruch an Philosophie. Sartre wird die Gewißheit kaum mehr als ein *Wahrheits*kriterium in Anspruch nehmen, und das für Husserl treibende Motiv der Begründung von Wissenschaft scheint bei ihm fast vollständig substituiert. Auf der Grundlage des Bewußtseinskonzeptes, wie es in der *Transzendenz des Ego* vorgeführt wird, kann man Sartre wohl *nicht* zum Vertreter einer ‘Subjektphilosophie’ machen, im Gegenteil, sein absolutes Bewußtsein „hat nichts von einem Subjekt“ (TE 92).

---

[11] Vgl. auch TE 58, 72; SN 21.
[12] Vgl. TE 90.

Sartre hat mit seiner These von der „Transzendenz des Ego" ein Modell vorgelegt, das explizit gegen Selbstbewußtsein als Wissen und gegen die Subjekt-Objekt-Spaltung im Subjekt gerichtet ist. Das erste Bewußtsein ist einheitlich verfaßt und unreflektiert, es bedarf keiner Reflexion auf sich, um zu sein, was es ist: Bewußtsein von sich.[13] Demselben Ziel gilt in *Das Sein und das Nichts* die gegen den Idealismus gerichtete Trennung von Bewußtsein und Erkenntnis. Hier hat Sartre das Bewußtsein als einen einheitlichen Bereich *vor* der Erkenntnis angesetzt, um dem Berkeleyschen „esse est percipi" und dem rationalistischen Diktum zu entkommen. Bewußtsein ist gerade *nicht* „wissen, daß man weiß".[14]

Warum nennt aber Sartre diese erste Spontaneität noch „Bewußtsein", warum überläßt er die „creatio ex nihilo" (TE 86) nicht einem Trieb, einem unbewußten Willen oder einer Kraft wie Schopenhauer und Nietzsche, an deren Vorstellungen diese vitalistische Konzeption von reiner Unmittelbarkeit ohnedies erinnert? Anscheinend hatte Sartre ein großes Interesse, an einigen Motiven traditioneller Bewußtseinsphilosophie festzuhalten, und dazu gehört vor allem der Gedanke, daß die philosophische Betrachtung letztlich doch vom Subjekt und nicht vom Gegenstand der Erkenntnis auszugehen habe. Auch wenn Sartre in der *Transzendenz des Ego* das persönliche Ich auf die Gegenstandsseite verschiebt, bleibt das Bewußtsein als traditioneller Subjekt-Pol erhalten, als diejenige Instanz, die unbezweifelbare Unmittelbarkeit gewährleistet.[15] Gewißheit ist nun zwar nicht mehr als Wissen aufgefaßt, aber sie ist immer noch - ganz cartesisch - *Klarheit*. Die absolute „Transluzidität des Bewußtseins" gehört zu den Dogmen von Sartres Denken, und er vertritt dieses Prinzip so vehement, daß er bis in späte Werkphasen hinein eine Instanz des Unbewußten für schlichtweg unmöglich erklärt.[16] Das Bewußtsein wird also als „präreflexives cogito" bestimmt. Die Formel für Intentionalität

13 Vgl. TE 47.
14 Vgl. SN 20 und diese Arbeit Teil 1, Kap. 2.3.
15 Vgl. TE 64.
16 Vgl. SN 20.

lautet, Bewußtsein sei setzendes Bewußtsein vom Gegenstand und zugleich nicht-setzendes Bewußtsein von sich.[17]

Was Sartre mit dem präreflexiven cogito beschreibt, ist das allen bekannte Phänomen, daß man völlig im Gegenstandsbezug aufgehen kann und doch immer um die eigene Tätigkeit weiß, ohne sie kognitiv explizit machen zu müssen. Wenn ich z. B. die

> „Zigaretten in dieser Schachtel zähle, habe ich den Eindruck der Enthüllung einer objektiven Eigenschaft dieser Zigarettenmenge: es sind zwölf. ... Ich muß nicht unbedingt ein setzendes Bewußtsein davon haben, daß ich sie zähle. Ich 'erkenne mich nicht als zählend'. ... Und doch habe ich in dem Moment, da sich mir diese Zigaretten als zwölf enthüllen, ein nicht-thetisches Bewußtsein von meiner Additionstätigkeit. Wenn man mich nämlich fragt: 'Was tun Sie da?' antworte ich sofort: 'Ich zähle'...". (SN 22)

Ein weiteres einleuchtendes Beispiel ist das Lesen.[18] Auch hier versenkt sich die lesende Person vollständig in die Inhalte der Lektüre und weiß auf Anfrage doch, daß sie liest. Diese unmittelbare Vertrautheit mit sich, die erst in der sicher gegebenen Antwort auf die Nachfrage „Was tun Sie da?" reflexiv eingeholt wird, ist als Phänomen evident. Doch für Sartre geht es nicht um eine bloße Beschreibung der Strukturen von Selbstwahrnehmung. Das präreflexive cogito soll die *Bedingung* des cartesischen cogito sein,[19] d. h. letztlich dessen systematische Stelle einnehmen. Genau hierin liegt ein Anspruch, der das einfache Phänomen von präreflexivem Wissen überfordert und der dazu führt, daß sich unter der Hand doch wieder ein reflexives und egologisches Modell in die Funktion des Bewußtseins einschleichen wird. Das präreflexive cogito ist gewissermaßen 'überlastet', wenn es die Aufgaben der Reflexion übernehmen soll.

Sartre umschreibt das präreflexive cogito mit der Formel „Bewußtsein (von) sich" [conscience (de) soi], d. h. einer Schreibweise, die verdeutlichen soll, daß das erste Bewußtsein nicht reflexiv und doch als Bezug zu sich gedacht ist. Das erste Bewußtsein ist „nicht paarig", es enthält keine Dualität erkennend-

---

[17] Vgl. SN 21.
[18] Vgl. Sartre, *Bewußtsein und Selbsterkenntnis*: 32f.
[19] Vgl. SN 22; *Bewußtsein und Selbsterkenntnis*: 7.

erkannt, Wahrnehmung und Wahrnehmungsbewußtsein sind eins. Dennoch existiert diese Identität als „Zirkel“.[20]

Es ist eine begriffliche Gratwanderung, in der hier „Bewußtsein“ neu definiert werden soll. Warum gelingt es nicht, Bewußtsein als einfache Identität zu denken, als wirklich nicht-paarig? Warum muß es strukturell als „Bezug zu sich“ erscheinen? Und was soll dieses Bewußtsein noch von der Erkenntnis unterscheiden, wenn es doch als eine Art Wissen fungiert, in dem es nichts Unbewußtes geben darf? Das präreflexive cogito, heißt es später, sei dem reflexiven *homolog* (SN 165). Doch worin genau besteht der Unterschied?[21] Allein in den Klammern um die Präposition „de“? Auch hier scheint es sich um eine „Differenz“ zu handeln, „die nichts unterscheidet“, die Klammern bewirken de facto nichts, und es ist bezeichnend, daß Sartre das „de“ einklammert und nicht das „soi“. Im Begriff „Bewußtsein“ ist immer schon eine reflexive Struktur, ein kognitiver Gehalt und - wie mir scheint - auch ein egologisches Modell enthalten, denn letztlich mobilisiert Sartre ein Argument, das schon bei Descartes zu finden ist:

„es kann sehr wohl sein, daß das, was ich sehe, nicht wirklich Wachs ist, es kann sogar sein, daß ich überhaupt keine Augen habe, etwas zu sehen, aber es ist ganz unmöglich, daß, während ich sehe oder -was ich für jetzt nicht unterscheide [sic!, A.R.]- während ich das Bewußtsein habe, zu sehen, ich selbst, der ich dieses Bewußtsein habe, nicht irgend etwas bin.“[22]

Daß Sartre das präreflexive cogito nicht wirklich als eine vom traditionellen Erkenntnismodell unterschiedene Figur darstellen

---

[20] Vgl. SN 21, 23. Wie diese Identität den existentialistischen Grundsatz von der Existenz als Essenz vorbereitet, habe ich in Teil 1, Kap. 2.3 dargelegt.

[21] Dorothy Leland hat darauf hingewiesen, daß diese Unterscheidungen nicht erklärt werden und daß das präreflexive cogito stets eine duale Struktur behält (s. Leland, *The Sartrean Cogito: A Journey between versions*, 1975: 136f u. a.); s. a. Fretz 1992: 82, das präreflexive cogito sei schon Bewußtsein zweiten Grades. Sartre selbst spricht in dem terminologisch sehr schwammigen Text *Bewußtsein und Selbsterkenntnis* von einer „Andeutung von Dualität“, einer „Art Spiel reflektierender Reflexion“ im Bewußtsein (a. a. O.: 41).

[22] Descartes, *Meditationen*: zweite Meditation, Abs. 15. - Natürlich ließe sich einwenden, daß Sartre nicht die Gewißheit nachweisen will, daß *ich* bin, sondern daß Bewußtsein ist. Aber dieses Bewußtsein funktioniert nur nach einem kognitiven und egologischen Muster. Wenn Sartre z. B. sagt, „ein Bewußtsein, das *von sich selbst* nichts *wüßte*“, sei „absurd“ (SN 20, Hervorhebung A.R.), rekurriert er, wie in der gesamten Argumentation, schon immer auf die Prinzipien von Wissen und Selbstsein.

kann, liegt nicht daran, daß er einen falschen, überdeterminierten Begriff verwenden würde, es liegt daran, daß er *beides* will: das Bewußtsein als eine Existenzweise etablieren, die an Gefühl, Handeln, an das traditionell „unbewußt" Genannte gekoppelt ist, und gleichzeitig am kognitiven Modell der Klarheit festhalten, demzufolge nichts im Bewußtsein fremd, unbewußt sein kann.

Wie sehr das Präreflexive noch Aspekte von reflexivem Wissen enthält, wird spätestens mit den moralischen Implikationen des Bewußtseinsmodells deutlich. Der überzogene Verantwortlichkeitsbegriff aus *Das Sein und das Nichts* resultiert u. a. daraus, daß Sartre das traditionelle Zurechnungsprinzip, in dem Verantwortlichkeit an Wissen und Erkenntnis gebunden ist, auf den Bereich des präreflexiv Erfaßten ausdehnt. So wird auch das im Entwurf nur unausdrücklich Geahnte, das nicht willentlich Intendierte moralisch zugerechnet; das ganze Konzept der mauvaise foi basiert auf diesem Mechanismus, der zwar ein Präreflexives behauptet, in der Bewertung aber den Unterschied zwischen Reflexivem und Präreflexivem einebnet, das „Unbewußte" für Bewußtsein erklärt und das präreflexive cogito moralisch wie ein reflexives wertet. In dieser Konstruktion umfassender Verantwortlichkeit steckt beides, eine absolute Ermächtigung des Bewußtseins, das durch nichts als durch sich selbst bestimmt ist, und seine absolute Entmächtigung, weil ihm auch noch das als Bewußtsein zugerechnet wird, was es nicht wissen konnte.[23] Der Mensch ist eben „total verantwortlich" und „total nicht zu rechtfertigen" (SN 543). Hier läßt sich absehen, wie sehr das ambivalente Subjektmodell des „unterworfenen Souveräns" die Philosophie Sartres bestimmt.

Sartre hält genau deshalb am Terminus „Bewußtsein" fest, weil er dessen reflexive, kognitive und egologische Implikationen nicht ganz aufgeben kann, wenn er einen systematischen Ausgangspunkt für seine phänomenologische Ontologie sucht. Für die Form von Philosophie, die ihm immer noch vorschwebt, ist das *reflexive* Bewußtsein unhintergehbar, nicht das präreflexive.

---

[23] Ausführlicher habe ich dieses Problem an anderer Stelle behandelt; s. Roedig, *Von der 'Unwirksamkeit willentlicher Entschließungen'. Sartres Wahlethik und ihre Grundlagen in der Theorie des 'präreflexiven cogito'*, 1991.

Ob diese Implikationen auch schon das Bewußtseinskonzept in der *Transzendenz des Ego* bestimmen, ist schwer auszumachen. Leo Fretz spricht von einer „coupure épistémologique" zwischen der *Transzendenz des Ego* und *Das Sein und das Nichts*.[24] In *Das Sein und das Nichts*, so seine weitere These, sei die „Transzendenz" des Ich wieder aufgehoben, das Für-sich sei die personalisierte Form des ehemals unpersönlichen, transzendentalen Feldes.[25] So ließe sich sagen, daß eine mehr am traditionellen Subjektbegriff orientierte Konzeption von Bewußtsein erst mit *Das Sein und das Nichts* deutlich hervortritt und daß die frühe Philosophie Sartres in diesem Sinne 'postmoderner' ist als die spätere. Die Verfestigung des Subjektkonzeptes dürfte nicht zuletzt auch am veränderten theoretischen Anspruch der Schriften liegen: In der *Transzendenz des Ego* ging es wesentlich nur um die Beschreibung einer Bewußtseinsstruktur, die Begründungslasten einer Ontologie des Menschen dagegen fordern stärkere Theoreme.

Es ist jetzt vielleicht besser zu verstehen, warum die 'Dezentrierung', die Sartre vornimmt, indem er dem reflexiven ein präreflexives cogito vorangehen läßt, der „postmodernen" Subjektkritik nicht genügen kann. Diese Form von Dezentrierung trifft nicht den Kern des Bewußtseinsparadigmas, sie ist nicht radikal genug. Das beste Beispiel für dieses Radikalitätsdefizit ist Sartres Weigerung, ein wirkliches Unbewußtes anzunehmen. Sartre verschiebt zwar die Grenzen traditioneller Dualismen, wie die von Bewußtsein und Gegenstand, aber er löst sie nicht auf;[26] die Refle-

---

[24] Vgl. Fretz/Amparo 1991: 191, 193f und Fretz 1992: 71.

[25] Fretz/Amparo 1991: 199; s. a. Fretz 1992: 81, 83. - Für diese Wandlung spricht m. E. auch, daß das spontane „unmoralische" Bewußtsein später wieder zu einem verantwortungsfähigen gemacht wird; 1943 jedenfalls gibt es keinen Bereich *jenseits* der Willensfreiheit mehr.

[26] Ein großer Teil von Sartres frühen Schriften ist von dem Bestreben geprägt, eine Differenz in das einzuführen, was gemeinhin als Einheit begriffen wird. So trennt er in *L'Imaginaire* die „Vorstellung" [image] von der „Wahrnehmung" [perception], in der *Transzendenz des Ego* das Bewußtsein vom Ich, in *Das Sein und das Nichts* das Bewußtsein [conscience] von der Erkenntnis [connaissance], das präreflexive vom reflexiven cogito. Doch diese Dissoziierung verschiebt nur die Grenzen traditioneller Entgegensetzungen, das auf der einen Seite Abgespaltene wird meist auf die andere Seite des Dualismus übertragen. So ist bei der Unterscheidung von Ich und Bewußtsein das Ich den Gegenständen zugeschlagen, die „Transluzidität" des Bewußtseins auf der einen Seite ist damit erkauft, daß auf der

xionsfigur und das Subjekt-Objekt-Schema bleiben konstitutiv für sein Denken und ebenso konstitutiv bleibt die mit den Subjekt-Objekt-Positionen verbundene Wertung: Das präreflexive cogito wird unter der Hand mit der Macht des alten Erkenntnissubjekts ausgestattet.

2.3. *Das Verhältnis von Innen und Außen*

In der *Transzendenz des Ego* meint „transzendentales Bewußtsein" ganz im klassischen Sinne ein „reines" Bewußtsein - doch der Gegenbegriff zu „rein" ist nicht mehr „empirisch",[27] sondern „transzendent". Die bloße Spontaneität ist genau deshalb „rein", weil sie, völlig durchsichtig, nichts 'Fremdes' enthält; der Gegensatz von empirisch und transzendental hat sich, so scheint es, auf den Gegensatz von Innen und Außen, von Immanenz und Transzendenz verlagert.

Nun gibt es, was das Verhältnis von Innen und Außen angeht, zwei gegenläufige Tendenzen im Werk Sartres, parallel zu dem grundsätzlichen Methodenantagonismus von „Phänomenologie" und „Ontologie".[28] Paradigmatisch für diesen Widerstreit können die Texte *Une idee fondamentale de la phénoménologie de Husserl: l'intentionnalité* und *La Nausée* stehen. *Une idee fonda-*

---

anderen zwischen Ich und „fremden" Objekten kaum mehr geschieden werden kann. Während die gängige Auffassung Bewußtsein und Erkenntnis als Einheit faßt und sie dem Unbewußten entgegensetzt, trennt Sartre Bewußtsein von Erkenntnis, aber, wie wir gesehen haben, um den Preis, daß er den Unterschied zwischen bewußt und unbewußt einebnet. - Der dargestellte Mechanismus der verschobenen Dualismen, für den sich noch weitere Beispiele anführen ließen, wäre schematisch etwa so zu fassen:
trad.: Bewußtsein + Ich <--> Gegenstände.
Sartre: Bewußtsein <-->.Ich + Gegenstände.
trad.: Erkenntnis + Bewußtsein <--> Unbewußtes
Sartre: Erkenntnis <--> Bewußtsein + Unbewußtes

27 Für das reine, „transzendentale" Bewußtsein gilt auch schon in der *Transzendenz des Ego* das Prinzip der Identität von Existenz und Essenz: „... wahrhafte Spontaneität ... *ist* das, was sie hervorbringt und kann nichts anderes sein" (TE 73). Daher ist das transzendentale Bewußtsein nicht von einem existierenden, faktischen zu unterscheiden.

28 Vgl. diese Arbeit Teil 1, Kap. 2.2.

mentale entwickelt den oben schon erwähnten Intentionalitätsbegriff, demzufolge das Bewußtsein ein „Draußen seiner selbst" ist, eine reine Fluchtbewegung hin zu den Gegenständen der Welt. Dieses Bewußtsein hat kein „Innen", denn Sartre entwickelt sein Konzept gegen die trügerische Rede von „Bewußtseinsinhalten", gegen die „dem Realismus und Idealismus gemeinsame Illusion, nach der Erkennen Essen heißt".[29] Betrachtet man die Wortwahl in diesem stark metaphorisierenden Text, so fällt auf, daß alles, was mit einem „Innenraum" zu tun hat, als „feucht", „düster", „warm", als „gastrische Intimität", „lauwarme Zellularchemie" und „übelriechende Lauge" bezeichnet ist.[30] Für das Außen dagegen steht die „harte Erde", „das grelle Licht", der „trockene Staub der Welt". Das Bewußtsein „reinigt" sich gerade dadurch, daß es in ihm, „klar wie ein starker Wind", nichts mehr gibt außer „der Bewegung ... aus sich herauszugleiten", und es gibt in ihm natürlich auch kein vorgängiges „Selbstsein": „Stellen Sie sich ... ein fortgesetztes Bersten vor, das uns von uns selbst losreißt, das sogar einem 'uns selbst' keine Muße läßt, sich hinter ihm zu bilden".[31] Motiviert ist diese überzogene Interpretation von Intentionalität u. a. durch das Bestreben, den Dingen gegenüber der Erkenntnis ihre (philosophische) Selbständigkeit, ihre „unreduzierbare Eigentümlichkeit" wiederzugeben, sie als Verursacher für Bewußtseinszustände gelten zu lassen.[32]

Während dieses Modell der Auflösung des Bewußtseins in reine Bewegung eines ist, in dem die Angst vorzuherrschen scheint, in einer „Innerlichkeit" zu ersticken, gibt es andererseits Motive im Werk Sartres, die auf eine Furcht schließen lassen, von den Gegenständen der Welt „berührt" zu werden, in ihnen zu versinken. *La Nausée* ist ein einziges Zeugnis dieser Furcht. Hier erregen die Dinge Ekel, weil sie „existieren" und sich nicht mehr durch Begriffe und Namen beherrschen lassen.

---

[29] *Eine fundamentale Idee ...*: 33.

[30] Die offensichtliche sexuelle Konnotation Sartrischer Metaphorik bietet sich als unerschöpfliches, leider aber auch unerquickliches Feld für Geschlechterforschung an. Vgl. z. B. Collins/Pierce, *Holes and Slime: Sexism in Sartres Psychoanalysis*, 1976.

[31] *Eine fundamentale Idee ...*: 35.

[32] *Eine fundamentale Idee ...*: 36. Dem entsprach in der *Transzendenz des Ego* die Aussage, daß die Gegenstände die Einheit des Bewußtseins stiften.

„Die Gegenstände, das dürfte einen nicht berühren ... Aber mich berühren sie, das ist unerträglich. Ich habe Angst, mit ihnen in Kontakt zu kommen, als wären sie lebendige Tiere.“[33]

Ähnliche Metaphern, die oben für einen „Innenraum“ standen, charakterisieren im *Ekel* und an einigen Stellen von *Das Sein und das Nichts* die Außenwelt, und das Bewußtsein „reinigt“ sich jetzt dadurch, daß es der Verfallenheit an die Gegenstände entflieht, sich von ihnen losreißt.

Der Gegenstandsbezug des Bewußtseins ist also ambivalent dargestellt, einerseits als Ausbrechen aus der Immanenz und andererseits als Nicht-Sein des Transzendenten.[34] Bewußtsein, so scheint es, ist immer auf der Flucht. Allein der Wunsch nach Ablösung (Trennung) scheint den beiden gegenläufigen Bewegungen gemeinsam zu sein.

Man könnte in der Furcht vor der Außenwelt - deren Macht ja zunächst theoretisch proklamiert wurde - auch dasjenige Motiv vermuten, das Sartre am Bewußtsein als *Selbst*bewußtsein festhalten läßt. Dorothy Leland schreibt in ihrer Untersuchung über die verschiedenen Versionen des Cogito:

„Sartre maintains that if intentional consciousness were not also self-consciousness, the ‘subject’pole of the relation would be absorbed into its ‘object’pole and consciousness as such would disappear. From the beginning, then, Sartre interprets consciousness of --- as a consciousness which ist *not* ‘world’ ...“[35]

In der Angst vor dem ‘Selbst’verlust läge also der affektive Grund für die Einführung des Negationsprinzips und auch der Grund dafür, daß Sartre doch wieder im Gegengewicht zur ‘Welt’, das Bewußtsein als eine, wenn auch gebrochene, ‘Innerlichkeit’ neu etabliert.

So erscheint die Struktur des Für-sich in *Das Sein und das Nichts* wie eine Rücknahme der Reflexionsfigur ins Subjekt. Bewußtsein ist nicht (mehr) der ungeschiedene Akt einer Spontanei-

---

[33] Sartre, *Der Ekel*: 20. - In *Das Sein und das Nichts* betont Sartre immer wieder, Bewußtsein als „Anwesenheit bei der Sache“ bedeute keinesfalls eine „Verschmelzung mit dem Objekt“ (SN 332, 333).

[34] Diese Gegenläufigkeit mag auch der Grund für die Interpretationsprobleme mit der „reinen“, „reinigenden“ und dem „mitschuldigen“ Reflexion sein; s. diese Arbeit Teil 2, Kap. 2.1. Fußn. 9.

[35] Leland 1975: 141.

tät, sondern es *ist* jetzt, was es nicht ist, und zwar in dem Sinne, daß es ein „Anderes-sein als es selbst *impliziert*" (SN 37, Hervorhebung A.R.).[36] Die (zu) radikal vertretene These von der Transzendenz, die ja zeitweise auf die Behauptung einer Identität des Bewußtseins mit dem Gegenstand hinauslief, kann nur durch eine gegenläufige Tendenz zur 'Immanentisierung' kompensiert werden. Hier liegt Sartres vielzitierter Subjektivismus, der das Gegenstück zu seinem Bemühen um Realismus bildet und es hartnäckig wie ein Schatten verfolgt. Die Grundsätze der Bewußtseinsphilosophie haben für Sartre eine zu hohe Plausibilität, als daß er nicht nach ihrem Muster seine Ontologie organisieren würde. So wird die Selbständigkeit der Dinge wieder nivelliert. Das Bewußtsein als „Draußen seiner Selbst" scheint nur möglich (und erträglich), wenn das „Draußen" nichts anderes ist, als eine nach außen gewendete Innerlichkeit: Zunehmend wird in *Das Sein und das Nichts* das „Sein" bei den Gegenständen als Konstitution der Gegenstände verstanden. Jenes unpersönliche „es gibt Bewußtsein von diesem Stuhl" aus der *Transzendenz des Ego* wird überholt von der Formel, Bewußtsein sei das, was mache, „daß es Sein gibt" (SN 335). „Nur durch die menschliche Realität gibt es eine Welt", wird behauptet (SN 546), immer mit dem Nachsatz natürlich, daß dieses „es gibt" das Sein nicht erschafft und ihm selbst nichts hinzufügt.[37] Wo eine starke Trennung von Erkenntnis und Gegenstand etabliert ist, kann Vermittlung nur noch als Vermittlung des Subjekts mit sich gedacht werden, ein solches Bewußtsein setzt in den Gegenständen allein sich selbst als Objekt:

> „So finde ich mich selbst überall zwischen mir und dem Sein als das nichts [rien] wieder, das das Sein nicht ist. Die Welt ist menschlich. ... Man sieht die ganz besondere Stellung des Bewußtseins: das Sein ist überall, an mir, um mich herum, es lastet auf mir, es belagert mich, und ich bin fortwährend von Sein zu Sein verwiesen ... Ich will dieses Sein fassen und finde nur noch mich." (SN 399)

---

[36] Die Rede von Implikation ist der Gegenpart zur Metapher des „Draußen seiner selbst". An vielen Stellen redet Sartre vom Bewußtsein als Immanenz (SN 167), als „Transzendenz in der Immanenz" (SN 100), als „absoluter Interiorität" (SN 542); s. a. SN 117, 165, 329 u. a.

[37] Vgl. SN 399; vgl. auch diese Arbeit Teil 1, Kap. 2.2.

In veränderter Form ist das 'subjektivistische' Prinzip selbst noch in der *Kritik der dialektischen Vernunft* wirksam: Hier ist die menschliche „Praxis" letzter erkennbarer Grund der gegenständlichen Welt, und alles, was Objekt für ein Handeln werden kann, ist schon ein durch Handeln formiertes Objekt.[38] So kann tatsächlich nur der Mensch den Gegenstand der Erkenntnis bilden, er ist, in Foucaults Worten, „Objekt für ein Wissen und ... Subjekt, das erkennt: ... betrachteter Betrachter" (OD 377). Es war genau diese Figur, die Sartre anfänglich - und auch später noch - für unzureichend hielt: Das Bewußtsein sollte nicht als eine immanente Subjekt-Objekt Dyade verstanden werden. Doch in der Verschiebung der theoretischen Akzente von der *Transzendenz des Ego* zu *Das Sein und das Nichts* werden die Prinzipien der Subjektphilosophie zum Teil wieder etabliert. Sartres 'Denken des Anderen' unterliegt einer Bewegung, das Transzendente in die Immanenz zurückzunehmen, es wird so zu einem „Denken des Gleichen".

Dieses Denken scheint ebenfalls die Struktur von Sartres ontologischer Konzeption des Subjekts als „Für-sich-Sein" zu bestimmen, auf die ich im folgenden genauer eingehen werde. Es wird sich zeigen, daß Sartre nicht nur trotz, sondern gerade *wegen* seines Versuchs, traditionelle Vorstellungen von Selbstreflexivität und Rationalität zu unterlaufen, diejenige Reflexionsfigur ausführt, mit der Foucault die Ägide des „Menschen" beginnen läßt.

---

[38] Sartre schließt in der *Kritik* Betrachtungen über eine mögliche „erste Natur" aus. Das Prinzip der „Praxis" scheint mir, bei allen inhaltlichen Unterschieden zum Bewußtseinsidealismus, dennoch analog zur Struktur von Subjektivität konstruiert. - Zur Parallele von Reflexions- und Praxisphilosophie vgl. auch Habermas 1986: 80.

2.4. Nicht-Identität als ontologische Struktur des Bewußtseins[39]

Zum Paradigma des „Subjekts" gehört wesentlich Einheit, doch Sartre ist, wie wir gesehen haben, keinesfalls ein Theoretiker der Identität oder der Vermittlung, sein Subjekt ist ein wesensmäßig 'zerrissenes'. In der *Transzendenz des Ego* galt, daß das Bewußtsein sich nur um den Preis seines „Selbst"-verlusts reflexiv verfügbar wird: Ursprünglich ist es Spontaneität, reine Bewegung, und es zu 'identifizieren' heißt, es zu verkennen. Auch die Einheitlichkeit des Bewußtseins ist von Sartre paradox formuliert: Zwar findet das Bewußtsein seine Einheit an den Gegenständen, doch damit „vereinigt es sich, *indem* es sich selbst entgeht [en s'echappant]" (TE 44; Hervorhebung A.R.). Diese Formel enthält schon im Kern die spätere Interpretation von Transzendenz als Negativität und vom Bewußtsein als nicht-identischem.

In *Das Sein und das Nichts* wird das spontane Bewußtsein als „präreflexives cogito" wieder aufgenommen und später in die Struktur des „Für-sich" als Charakteristikum menschlichen Daseins überführt.[40] Im Gegensatz zu den Dingen, die „An-sich", d. h. Seinsfülle und vollkommen identisch mit sich sind, ist das Bewußtsein als „Für-sich" durch einen „nicht-spürbaren Riß" (SN 170) gekennzeichnet. Das „sich" im präreflexiven cogito deutet eine „irreduzible Dualität" an, es existiert als „dauernder Verweis von sich auf sich" (SN 172), als „Spiegelung-Spiegelndes". Diese ins Subjekt zurückgenommene Reflexionsfigur soll aber dennoch nicht dem Subjekt-Objekt Schema entsprechen; das 'sich' läßt sich

---

[39] Ich werde in den folgenden Aussagen zur Struktur des Bewußtseins keine systematische Trennung der Aspekte von Selbst- und Weltverhältnis vornehmen, sondern sie nur an einigen wenigen Stellen aufspalten, um die Argumentation nicht unnötig zu verzweigen. - Einerseits wäre eine solche Differenzierung notwendig, weil beide Bezugsweisen sich unterscheiden und von Sartre auch als verschiedene begriffen werden. Andererseits scheinen beide nach demselben Muster konzipiert zu sein. Ihre Unterscheide vermischen sich nicht zuletzt deshalb, weil Sartre - subjektivistisch - den Gestnstandsbezug als Stelbstbezug denkt und umgekeht den Selbstbezug oft nach dem Modell des Subjekt-Objekt Gegensatzes, d. h. als Gegenstandsbezug.

[40] Das Für-sich kann als Wiederholung der Bewußtseinsstruktur auf ontologischer Ebene gelesen werden. Sartre nennt das Für-sich die „ontologische Grundlage des Bewußtseins" (SN 169).

nicht fassen, es ist ein flüchtiges Nichts, das ebenso permanent dem Zugriff entgleitet, wie das präreflexive cogito dem reflexiven:

„... das Subjekt kann nicht Sich *sein*, denn die Koinzidenz mit sich läßt, wie wir sahen, das Sich verschwinden. Aber ebensowenig kann es Sich *nicht sein*, da das Sich Anzeige des Subjekts selbst ist. Das Sich stellt somit eine ideale Distanz in der Immanenz des Subjekts zu sich selbst dar, eine Weise, *nicht seine eigene Koinzidenz zu sein*, der Identität zu entgehen, gerade indem es sie als Einheit setzt ..." (SN 169)

Sartre nennt diese Figur „Anwesenheit bei sich" (présence à soi) (SN 169), und er liest sie negationstheoretisch: Zur „Wesensstruktur der Anwesenheit" gehört ein Nicht-sein (SN 326). Das Für-sich ist also wesentlich nicht-identisch, es ist aber keinesfalls das Gegenteil von Identität, sondern existiert als „verneinte Identität" (SN 334). Es befindet sich, so Sartre, in einem „dauernd instabilen Gleichgewicht" (SN 169), denn es *ist* einerseits eine „Identität als absolute Kohäsion ohne die geringste Verschiedenheit" (SN 169), und es ist andererseits doch „Synthese einer Vielfalt". Das „Sich" als idealer Abstand des Bewußtseins von sich existiert und ist doch „nichts".

Die Verquickung von Identität und Differenz als „Anwesenheit bei" gilt nicht nur für den Selbst-, sondern auch für den Weltbezug des menschlichen Bewußtseins, denn An-sich und Für-sich sind durch Negation vermittelt. In einer „ursprünglichen Negation", die den „apriorischen Grund jeder Erfahrung" bildet, „konstituiert sich das Für-sich als die Sache *nicht seiend*" (SN 327), als anderes gegenüber seinem Anderen. Diese am Modell der bestimmten Negation orientierte Figur stellt Distanz und Vermittlung in einem her: Sartre betont, daß man dasjenige *sein* muß, was man verneint,[41] und so ist auch das Bewußtsein identisch mit demjenigen, wovon es Bewußtsein ist. Einerseits. Andererseits ist es aber nur Bewußtsein, wenn es sich von seinem Gegenstand unterscheidet, und zwar so, daß es nicht der Gegenstand ist.[42] Bewußtsein oszilliert zwischen diesen beiden Polen, und immer steht Identität auf der einen Seite der Gleichung, wenn auf der anderen Differenz erscheint:

---

[41] Vgl. SN 231.

[42] Daß es sich bei diesem ganzen Vorgang um eine Selbstkonstitution des Für-sich handelt, die das An-sich nicht berührt, unterstützt noch einmal die These, daß Sartre seine Ontologie letztlich nur als 'subjektivistische' denken kann.

„Identität" mit sich stellt sich nur über eine Differenz zum Gegenstand her (ich bin *Bewußtsein* nur, indem ich *nicht* der Gegenstand bin) und „Identität" mit dem Gegenstand nur über eine Differenz mit sich (ich *bin* nur als Bewußtsein vom Gegenstand, d. h. als etwas, was ich nicht bin).[43]

Diese hin- und herlaufende Bewegung ist für das Verhältnis vom Selbst zu den Dingen oder vom Selbst zu sich parallel konstruiert,[44] und die Konjunktion „indem" ist die Achse, um die das Kippbild (von Identität und Differenz) sich dreht: Das Bewußtsein „vereinigt ... sich, *indem* es sich entgeht", es entgeht der Identität, „*indem* es sie als Einheit setzt" etc.

So ist im Bewußtsein, „dem es in seinem Sein um sein Sein geht, insofern dieses Sein ein Anderes-sein als es selbst impliziert" (SN 37) eine Nichtidentität definitorisch festgeschrieben: *Das Für-sich ist, was es nicht ist, und es ist nicht, was es ist* (SN 42 u. a.). Dieser Satz soll einerseits die ek-statisch zeitliche Verfaßtheit des Subjekts zum Ausdruck bringen und läßt sich dann so verstehen, daß das Für sich (schon) ist, was es (noch) nicht ist und daß es nicht (mehr) ist, was es (noch, als gewesenes) ist. Doch es wäre reduktionistisch, das Paradox in dieser Formulierung zu mildern, indem man den Satz allein auf seinen temporalen Sinn hin auslegt. Die Formel vom „ich bin, was ich nicht bin ..." hat neben der zeitlichen auch eine *strukturelle* Bedeutung, und hier läßt sich das Widersprüchliche nicht mehr so leicht durch eine Unterscheidung nach Hinsichten auflösen. Das Für-sich **ist** tatsächlich, was **es** nicht ist. Sein und Selbstsein fallen auseinander. Das Für-sich hat sein Sein (als Bewußtsein) in dem, was es (als Sein) nicht ist. Und sein „Selbstsein" ist immer dort, wo es als Sein nicht ist, es existiert „immer nur in der Form des Woanders" (SN 171f).

---

43 So löst die Figur der „Anwesenheit bei" in gewisser Weise den Konflikt zwischen den beiden Erkenntniskonzepten, die im vorigen Kapitel beschrieben wurden: Bewußtsein war entweder Flucht aus sich und „Verschmelzen" mit der Welt, oder es war Distanznahme zur Welt und etablierte dadurch ein „Selbst". Der Gedanke der „Anwesenheit bei" wahrt den nötigen Abstand zu beiden Seiten: zur Innerlichkeit des Bewußtseins und zur angstbesetzten Außenwelt.

44 Der Grund dafür liegt darin, daß das „Ego" ja als ein transzendentes Objekt aufgefaßt ist, ein reflexives Selbstverhältnis sich also qualitativ nicht von einem Gegenstandsverhältnis unterscheidet.

Diese Konstruktion und die Paradoxie der Formel vom „ich bin, was ich nicht bin ...“ ergibt sich, so scheint mir, zu einem nicht unerheblichen Teil aus der Verschmelzung von Seins- und Erkenntnisrelation, d. h. daraus, daß Bewußtsein als Seinsweise aufgefaßt ist.[45]

Der Widerstand, den die TheoretikerInnen der „Postmoderne“ dem Prinzip der Negativität entgegenbringen, gründet sich, so wurde oben vermutet, darauf, daß Negation als dialektische Figur im Dienst von Einheit und Identität steht. Bei Sartre ist die Negation zwar als Vermittlungsprinzip benannt, doch sie führt de facto niemals zur Einheit zurück, sie ist Mittel der Distanz, sie begründet eine unaufhebbare Differenz. Von daher ist kaum zu verstehen, wieso die Differenzphilosophen sich nicht stärker auf Sartre berufen, denn es steht zu vermuten, daß dessen Bewußtseinskonzeption das Denken der Differenz in gewisser Weise vorbereitet. Doch Sartre schildert die gebrochene Struktur des Bewußtseins als notwendig *verfehlte* Identität, und damit bleibt die gesamte Dynamik im Streben des Für-sich am Ideal von Einheit und Selbstsein ausgerichtet. So hat Sartre einerseits die Einheit als unerreichbar und das Streben nach ihr als „passion inutile“ entlarvt und dieses Streben andererseits - in der Form der Negation - als Ontologie festgeschrieben.

Zur „Verlagerung der transzendentalen Frage“, die Foucault für das moderne Denken konstatiert, gehört auch, daß es im „modernen Denken“ nicht mehr um „die Möglichkeit einer Erkenntnis, sondern um die eines ursprünglichen Verkennens“ geht (OD 390). Das „alte Privileg der reflexiven Erkenntnis, des sich selbst denkenden Denkens“ verschwindet, der Primat des „ich denke“ wird außer Kurs gesetzt (OD 393). Anlaß für diese Verschiebung - die sich auch in Sartres Abweis des rationalistischen Bewußtseinsmodells spiegelt - ist das Auftauchen der epistemischen Formation des Menschen als einer Dublette, in der Positives und Fundamentales sich vermischen und beständig aufeinander verweisen. Sobald der Mensch sich selbst sichtbar wird als Ermöglichungsgrund von Erkenntnis, nimmt er jene „nicht eindeuti-

---

[45] Ich werde diese These weiter unten wieder aufnehmen und genauer ausführen.

ge Position als Objekt für ein Wissen und als Subjekt, das erkennt" (OD 377) ein,[46] und er hat - streng genommen - auch in den Gegenständen seiner Erfahrung nur sich selbst zum Objekt, weil er der einzige Ort ist, von dem aus die Inhalte dem Wissen gegeben sind. Nur innerhalb dieser Konstellation kann sich jene paradoxe Gestalt entwickeln, in der das Andere das Gleiche ist und doch niemals durch das „Gleiche" eingeholt werden kann. Es ist, als habe das Denken sich zuviel zugemutet, indem es sich neben dem Rationalen auch noch das Empirische aneignen wollte, neben dem Gedachten auch noch das Ungedachte. So lautet die „modern" gestellte Frage

> „nicht mehr, wie die Erfahrung der Natur notwendigen Urteilen Raum gibt, sondern wie es kommt, daß der Mensch denkt, was er nicht denkt, wie er auf die Weise einer stummen Besetzung in dem wohnt, was ihm entgeht ..." (OD 390)

Das „Ungedachte" in diesem Verhältnis können sowohl die Dinge der Außenwelt als auch das eigene Selbst (Leib, präreflexives cogito, Unbewußtes) sein: Beide fungieren als das „Gleiche-Andere" im erkennenden (denkenden) Subjekt.

Sartre hat das Reflexive vom Präreflexiven geschieden und behauptet, daß ein Bewußtsein, das sagt 'ich denke', gerade *nicht* dasjenige sei, welches denkt (TE 48). Das Präreflexive begründet das Reflexive,[47] ohne jemals von ihm eingeholt werden zu können, und doch ist es dasselbe wie das Reflexive, nämlich ein Cogito. Heißt eine solche Subjektstruktur zu entwerfen nicht, die Frage stellen, „wie es kommt, daß der Mensch denkt, was er nicht denkt, wie er ... in dem wohnt, was ihm entgeht" (OD 390)?

Es sind zwei Charakteristika, mit denen Foucault das Doppel Cogito/Ungedachtes beschreibt, und beide passen genau auf Sartre: Einmal geht es um eine Denkfigur, die Identität und Unterschied in eins setzt und zum anderen um deren negativistische

---

[46] Der Zusammenhang zwischen dieser Struktur von Selbstreflexivität und dem Zirkel des Empirischen und Transzendentalen wird von Foucault nicht wirklich erklärt. Zwar behauptet er das Selbstreflexivwerden als Grund für die empirisch-transzendentale Dublette (s. OD 384), aber es ist fraglich, ob die Reflexionsfigur (die man ja auch schon bei Descartes finden könnte) notwendig zur Vermischung von Empirischem und Transzendentalem führen muß.

[47] Bzw. in der *Transzendenz des Ego*: Das spontane Bewußtsein ist Grund des Ich.

Überformung, diejenige Behauptung nämlich, daß etwas seinen Grund, seine Wahrheit in dem hat, was es nicht ist. Das Für-sich erschien als „phantomhafte Dyade“: In ihm „*ist* die Spiegelung *auch* das Spiegelnde“ (SN 326), beide Seiten des Verhältnisses sind die gleichen und doch sind sie nicht identisch, da sie aufeinander verweisen. Sie sind, sagt Sartre um diese eigenartige Beziehung zu fassen, durch *nichts* voneinander getrennt.[48] Einfach wäre es, sich diese Dyade als eine Einheit vorzustellen, die eine Dualität enthält. Aber das ist sie nicht, sie ist - umgekehrt - „eine Dualität, die Einheit *ist*“ (SN 168). Darüber hinaus muß die Spiegelung, um zu sein, was sie ist, etwas spiegeln, was sie nicht ist: einen Gegenstand, ein anderes als sie selbst. Wie man es auch wenden will, die Definition des Bewußtseins in *Das Sein und das Nichts* ergibt sich daraus, daß Identität und Differenz in ein ‘Kippbild’ gesetzt sind. Das Bewußtsein kann nicht Sich sein, und es kann nicht Sich nicht sein, es bleibt ein „dauernd instabiles Gleichgewicht“ (SN 169). Es ist es selbst, indem es ein anderes nicht ist, und es darf nicht es selbst sein, um selbst zu sein. Sartre forciert die Bestimmung des menschlichen Daseins als Paradox, indem er in ständigem Verweis von Sein auf Nicht-Sein Gegenteiliges zugleich behauptet, indem er sich Widersprechendes als voneinander abhängig beschreibt („Bewußtsein vereinigt sich, indem es sich entgeht“) oder das Unterscheidende zwischen Verschiedenem als „nichts“ bezeichnet:

„Wenn wir aber jetzt fragen: *was* trennt das Subjekt von ihm selbst, so müssen wir gestehen, daß es *nichts* ist“ (SN 170). Das Für-sich fügt dem An-sich *nichts* hinzu (SN 398), und „Bedingungen, die *nichts sind*, trennen mich radikal [...] vom Sein“ (SN 399).

Das „Denken des Gleichen“ ist nicht durch Identität gekennzeichnet, sondern durch den Bruch. Sein Signum ist es, die Identität und den Unterschied unaufgehoben und unaufhebbar in eins zu setzen. Wenn einer das Verweisungsspiel der „Identität und des Unterschiedes“ gespielt hat, so ist es Sartre, und wenn in der *Ordnung der Dinge* einem ‘Subjekt’ der Prozeß gemacht wird, so nicht demjenigen des rationalistischen oder des idealistischen Diskurses,

---

[48] Vgl. SN 170.

sondern dem gebrochenen, widersprüchlichen, 'entmächtigten' Subjekt der Moderne.[49] Hierzu ein ausführliches Zitat:

„Im modernen Cogito handelt es sich ... darum, in ihrer größtmöglichen Dimension die Distanz gelten zu lassen, die das sich selbst gegenwärtige Denken zugleich von dem trennt und mit dem verbindet, was vom Denken sich im Nichtgedachten verwurzelt. Es muß ... die Gliederung des Denkens nach dem, was in ihm, um es herum und unterhalb seiner nicht gedacht wird, ihm aber dennoch gemäß einer irreduziblen, unüberwindbaren Exteriorität nicht fremd ist, durchlaufen, reduplizieren und in einer expliziten Form reaktivieren. In dieser Form wird das Cogito nicht die plötzliche, erleuchtende Entdeckung sein, daß jedes Denken gedacht wird, sondern die stets erneuerte Frage danach, wie das Denken außerhalb von hier, und dennoch sich selbst so sehr nah weilt, und wie es unter den Arten des Nicht-Denkenden *sein* kann. Es führt nicht alles Sein der Dinge auf das Denken zurück, ohne das Sein des Denkens bis in die untätigen Bahnen dessen zu verzweigen, was nicht denkt. Diese doppelte, dem modernen Cogito eigene Bewegung erklärt, warum das 'ich denke' nicht zur Evidenz des 'ich bin' führt. ... Kann ich in der Tat sagen, daß ich diese Sprache bin, die ich spreche und in die mein Denken soweit hineingleitet, daß es in ihr das System all seiner eigenen Möglichkeiten findet, das aber nur in der Schwere der Sedimentierungen existiert, die es nie vollständig aktualisieren können wird? Kann ich sagen, daß ich jene Arbeit bin, die ich mit meinen Händen ausführe, aber die mir nicht nur entgeht, wenn ich sie beendet habe, sondern sogar, bevor ich sie angefangen habe? Kann ich sagen, daß ich jenes Leben bin, das ich in der Tiefe meiner selbst spüre, das mich aber gleichzeitig durch die furchtbare Zeit, die es mich sich schleppt ... aber auch durch die drohenden Zeit, die mir meinen Tod vorschreibt, einhüllt? Ich kann sagen, daß ich das bin und daß ich das alles nicht bin." (OD 391)

Foucault muß nur 'nacherzählen', er muß die Inhalte von Sartres Theorie nur als eine Struktur beschreiben, um zur Analyse des „modernen Denkens" zu gelangen. In seiner Darstellung finden sich daher - auf eine formale Ebene übertragen - alle zuvor beschriebenen Aspekte wieder, die Sartres Bewußtseinskonzeption charakterisieren:

-die gegenläufige Erkenntnisbewegung von Abstoßen und Verschmelzen:

„Im modernen Cogito handelt es sich ... darum ... die Distanz gelten zu lassen, die das sich selbst gegenwärtige Denken [la pensée présente à soi,

[49] Vgl. auch Frank 1983: 191.

sic!] *zugleich von dem trennt und mit dem verbindet*, was vom Denken sich im Nichtgedachten verwurzelt.“ (OD 391, Hervorhebung A.R.)

- das Bewußtsein als etwas, das sich durch die Gegenstände qualifizieren läßt:

„... die Gliederung des Denkens nach dem, was in ihm, um es herum und unterhalb seiner nicht gedacht wird ...“

- das Bewußtsein als ein „Draußen seiner selbst“ und als Innerlichkeit:

„was ... unterhalb seiner nicht gedacht wird ..., ihm aber dennoch *gemäß einer irreduziblen, unüberwindbaren Exteriorität* nicht fremd ist ... In dieser Form wird das Cogito ... die stets erneuerte Frage danach [sein, A.R.], wie das Denken *außerhalb von hier* ... und dennoch *sich selbst so sehr nah* weilt ...“

- der subjektivistische Ausgangspunkt und seine Umkehrung:

„Es [das Cogito] führt nicht alles Sein der Dinge auf das Denken zurück, ohne das Sein des Denkens bis in die untätigen Bahnen dessen zu verzweigen, was nicht denkt.“

- die Suche nach dem Sein des Bewußtseins:

Das Cogito wird zur stets erneuerten Frage danach „wie es unter den Arten des Nicht-Denkenden *sein* kann.“

- und der ambivalente Status zwischen Sein und Nicht-Sein, die Definition des Für-sich:

„kann ich ... sagen, daß ich diese Sprache bin, die ich spreche ... daß ich jene Arbeit bin, die ich mit meinen Händen ausführe ... daß ich jenes Leben bin, das ich in der Tiefe meiner selbst spüre ...? Ich kann sagen, daß ich das bin und daß ich das alles nicht bin.“

Zusammengenommen ergibt dies alles die Frage:

„Was muß ich sein, der ich denke und der ich mein Denken bin, damit ich das bin, was ich nicht denke, damit mein Denken das ist, was ich nicht bin?“ (OD 392)

Wenn auch Foucault, nach den Angaben seines Lektors, explizite Textstücke über Sartre aus den Druckfahnen zur *Ordnung der Dinge* entfernte, die Hinweise auf ihn bleiben unübersehbar. Einzelne Passagen aus dem neunten Kapitel scheinen vollständig aus

Anspielungen zusammengesetzt,[50] und so kann man wohl zu Recht behaupten, daß Sartres Philosophie die Folie abgibt für die Analyse des Wechselspiels von Cogito und Ungedachtem.

2.5. Das Verhältnis von Sein und Denken

Es geht Foucault mit seiner These vom Doppel um das Verhältnis von Selbem und Anderem und um dasjenige von Sein und Denken. Das Oszillieren der Dublette ergibt sich, weil die jeweiligen Seiten als identisch *und* verschieden gesetzt sind.

Derselbe Mechanismus, der in *Das Sein und das Nichts* auf inhaltlicher Ebene das Für-sich etwas sein ließ und es zugleich nicht sein ließ, spielt sich weniger sichtbar auch auf methodischer Ebene ab. Wir hatten gesehen, daß Sartre das Bewußtsein als *Seins*weise auffaßt und daß er Prinzipien der Bewußtseinsphilosophie beinahe bruchlos in Ontologie überführt.[51] Nun liegt es nahe zu vermuten, daß die Definition des Für-sich auch deshalb einen so paradoxen Charakter annimmt, weil hier zwei Perspektiven in eins gesetzt sind. Vielleicht ließe sich die Formel des Für-sich wie folgt lesen: daß das Für-sich (als Bewußtsein) das ist, was es (als Sein) nicht ist. Dieser Satz wäre verständlicher, weil er den Widerspruch durch Unterscheidung verschiedener Ebenen teilweise aufhebt. Da Sartre Bewußtsein aber als Sein auffaßt, verhaken sich die Perspektiven ineinander, und so *ist* das Für-sich dann das, was es nicht ist. Gleichzeitig kehrt der alte Gegensatz zwischen Sein und 'Erkennen' darin wieder, daß das Bewußtsein als Seinsweise, im Gegensatz zum An-sich, ein *Nicht-Sein* ist. Der Dualismus von

---

[50] Die oben angeführten Beispiele sind allein für die zitierte Seite 391 noch nicht vollständig. Daß das Für-sich sich permanent neu herstellen muß, zitiert Foucault, indem er sagt, das Cogito werde zur „unaufhörlichen Aufgabe, die stets wiederaufgenommen werden muß". Ein Blick in den französischen Text zeigt neben dem „présente à soi" noch ein „je pense ... engagé [sic!] dans toute une épaisseur ..., qu'il anime mais sur le mode ambigu d'une veille sommeillante" (MC 335). Das erinnert an das In-der-Welt-sein, daran, daß das Für-sich macht, daß es An-sich gibt (il anime l'epaisseur) und an den Modus des präreflexiven cogito (veille sommeillante).

[51] Vgl. diese Arbeit Teil 1, Kap. 2.2 u. 2.3.

An-sich und Für-sich, von Sein und Nichts, führt die Unterscheidung von Sein und Denken fort und im Für-sich als zwecklosem Streben nach An-sich-Sein auch das Diktum, daß man im Erkennen nicht zum Sein kommen kann. Und doch sollen beide Bereiche verbunden sein, soll Erkennen Sein sein;[52] deutlich drückt sich diese 'Homo-Heterogenität' in der These aus, daß das Bewußtsein ein Nichts *ist*.

Gerade diesen Konflikt der Perspektiven trifft Foucault mit der Behauptung, im modernen Cogito führe das „Ich denke“ *nicht* mehr zur Gewißheit des „Ich bin“. Während im cartesischen Rationalismus die Evidenz, „daß jedes Denken gedacht wird“ automatisch ein „je pense“ mit einem „je suis“ verbindet, führt ironischerweise gerade derjenige Diskurs, der die Immanenz des Prinzips „Denken“ aufbricht, nicht mehr zur Seinsbestätigung. Foucault hatte diesen Mechanismus damit erklärt, daß in der klassischen Episteme die Verbindung von Repräsentation und Sein auch den Schluß vom „ich denke“ aufs „ich bin“ garantiert.[53] Erst wenn das Subjekt der Repräsentation sichtbar wird, wenn das „sich selbst denkende Denken“ als denkender Mensch aufgefaßt ist, wird die Seinsfrage gestellt und erst jetzt wird sie unlösbar. Es ist, als ob erst die Verankerung des Denkens im Menschen und des Menschen im Sein, Denken und Sein endgültig trennt, ihr Verhältnis zu einer „schwierigen Zusammengehörigkeit“ (OD 392) macht. Ein „sich selbst denkendes Denken“ erfüllt nicht die Bedingungen des „Denkens des Gleichen“, weil es im Bereich des Denkens verbleibt, eine reine Immanenz zu etablieren vermag. Erst wenn vom Standpunkt des Denkens aus das Nicht-Denken erfaßt werden soll, sind - durch die Einführung des Anderen in die Immanenz - die Bedingungen für die paradoxe Struktur der Dublette gegeben.

Foucault argumentiert mit dem neunten Kapitel der *Ordnung der Dinge* also *nicht* gegen den Rationalismus oder gegen das „Privileg der reflexiven Erkenntnis“. Zwar ist die Descartes-Kritik

---

[52] Vgl. SN 327.

[53] Vgl. OD 376f. So beurteilt Foucault die bekannten Einwände gegen Descartes, er könne Sein nicht aus dem Denken ableiten (gemeint ist wohl u. a. die Widerlegung des ontologischen Gottesbeweises), als für dessen Diskurs unangemessen (s. OD 377).

aus *Wahnsinn und Gesellschaft* noch angedeutet,[54] doch das rationalistische Prinzip steht nicht im Vordergrund der Polemik, sondern die Aufhebung der Absolutheit der Vernunft, also ein Denken, das den Standpunkt des „ich denke“ weder ganz einnehmen noch ihn verlassen kann. Ihm gegenüber ist der cartesische Rationalismus geradezu positiv akzentuiert, weil er sich nicht in selbst produzierte, unaufhebbare Widersprüche verwickelt.[55]

Es ist hier nicht der Ort zu beurteilen, ob Foucaults Annahme eines epistemischen Bruchs zutrifft. Die Behauptung, im Anschluß an die Klassik sei die Einheit von Repräsentation und Sein verloren gegangen, erscheint wie die verkleidete Variante einer ‘kopernikanischen Wende’, die schon für zu viele Erklärungen herhalten mußte. Was aber gezeigt werden sollte ist, wie die in der *Ordnung der Dinge* beschriebene (moderne) Aporie im Verhältnis von Sein und Denken die Theorie Sartres beherrscht und seine Konzeption von Subjektivität bedingt.

Zu Beginn dieses Teils der vorliegenden Arbeit hatte ich angegeben, die Subjektkritik Foucaults vom Bewußtseinsparadigma her verstehen zu wollen. Nun bleibt aber noch die Frage offen, wieso dieses Denken in der *Ordnung der Dinge* unter den Terminus „Anthropologie“ fällt. Wie läßt sich die Verbindung von Bewußtseinstheorie und Anthropologie denken?

Gehen wir noch einmal auf zwei schon zitierte Textstellen aus der *Ordnung der Dinge* zurück. Die erste, durch meine Ausführungen nun hinlänglich bekannte, besagt, daß der (‘moderne’) Ausgang vom Cogito stets zur „Frage des Seins“ bzw. „zu *der* ontologischen Frage“ geführt hat (OD, 392, 393). Mit „*der* ontologischen Frage“ ist die Frage nach dem Sein des Menschen gemeint, und um nichts anderes geht es Sartre in seiner Bestimmung des Bewußtseins, die er in *Das Sein und das Nichts* immer weiter zum Für-sich, als der ontologisch gefaßten Bewußtseinsstruktur,

---

54 Vgl. OD 391.

55 Damit ist natürlich nicht gesagt, daß Foucault zum Rationalismus zurück will, doch er gibt ihm den eindeutigen Vorrang vor einem Denken, das halb an rationalistischen Prinzipien festhält, ohne deren Grundlagen teilen zu können.

verfestigt.[56] Auf *Das Sein und das Nichts* trifft genau die Fragestruktur zu, mit der Foucault die 'moderne' transzendentale Analyse charakterisiert: „Was muß ich sein, der ich denke und der ich mein Denken *bin* ..." (OD 392, Hervorhebung A.R.). Die Formel „ich *bin* x" war typisch für den existentialistischen Diskurs, und das Kapitel über *Cogito und Ungedachtes* in der *Ordnung der Dinge* imitiert diesen Sprachstil in Formulierungen wie: „Der Mensch ist eine solche Seinsweise ..." (OD 389), „Was ist das Sein des Menschen ..." (OD 392) oder in der penetranten Wiederholung von Seinsfragen: „Wie kann der Mensch dieses Leben *sein* ...?", „Wie kann er jene Arbeit *sein* ...?", „Wie kann er das Subjekt einer Sprache *sein* ...?" (OD 390, Hervorhebung A.R.) etc. Solche Formulierungen erinnern an Sartres stets wiederholte Frage: „Was muß der Mensch in seinem Sein sein, damit er x (unaufrichtig, frei etc.) sein kann?"

Das Cogito, so lautet die These Foucaults, hat seine Funktion verändert und zwar so, wie es in der Klassik nicht möglich gewesen wäre: „Solange ... der klassische Diskurs gedauert hat, konnte eine Frage nach der durch das Cogito implizierten Seinsweise nicht artikuliert werden" (OD 377). Genau das ist aber die Frage Sartres, die Frage nach dem erkennenden Sein „insofern es *ist*, nicht insofern es erkannt ist", nach der „transphänomenalen *Seins*dimension des Subjekts".

Die zweite Textstelle, auf die ich zurückgreifen möchte, beschreibt die langsame Auflösung der klassischen Wissensformation als mathesis universalis „seit Kant" und deutet an, daß die „phänomenologische Aufgabe", die Husserl sich stellen wird, aufs engste mit dieser Transformation verbunden ist. Dann heißt es:

„Aber vielleicht entgeht sie nicht der Gefahr, die ... [sie, A.R.] stets freiwillig oder gewaltsam in eine Anthropologie hineintaumeln läßt. Es ist zweifellos nicht möglich, den empirischen Inhalten einen transzendentalen Wert zu geben, noch, sie in Richtung auf eine konstituierenden Subjektivität zu verlagern, ohne wenigstens verschwiegen einer Anthropologie Raum zu geben, das heißt einer Denkweise, in der die De-jure-

[56] Aus der *Transzendenz des Ego*, so scheint mir, ließe sich kaum eine 'Anthropologie' ableiten, weil sie, im Gegensatz zu *Das Sein und das Nichts*, keine 'Seinsfrage' stellt und keinen Anspruch darauf erhebt, eine Ontologie zu sein.

Grenzen der Erkenntnis ... gleichzeitig die konkreten Formen der Existenz sind ..." (OD 306)

Was hat die Anthropologie mit dem Bewußtseinsparadigma zu tun? Sie zeichnet sich aus durch jene Zirkularität von Empirischem und Transzendentalem und durch die Seinsfrage als Frage nach dem Sein des Menschen. Nimmt man die zitierten Passagen aus der *Ordnung der Dinge* zusammen, so läßt sich vermuten, daß Anthropologie - in ihrer 'modernen' Variante - aus der Bewußtseinsphilosophie hervorgeht, weil sie *'ontologisierte' Transzendentalphilosophie* ist.[57] Diese Bewegung drückt sich bei Sartre deutlich darin aus, daß er ausgerechnet das *Bewußtsein* als „transphänomenale Seinsdimension", d. h. als *Sein* des Subjekts auffaßt.

Wenn einmal das „ich denke" (die konstituierende Subjektivität) als unhintergehbarer Ausgangspunkt etabliert ist - und Sartre geht nicht hinter diesen Punkt zurück - dann versteht sich von selbst, daß jede Frage nach dem Sein nur in eine zentrale Frage nach dem Menschen münden kann und daß dieser Frage der absolute Primat zugesprochen werden muß, wie Sartre es später behaupten wird:

„ich bin der Meinung, daß der Mensch das philosophische Feld bildet, d. h. daß jedes andere Problem nicht anders begriffen werden kann als in Bezug auf den Menschen in der Welt. Alles, was philosophisch die Welt betrifft, ist die Welt, in der der Mensch ist ... [Tout ce qui concerne le monde, philosophiquement, c'est le monde dans lequel est l'homme ...]"[58]

---

[57] 'Ontologie' ist hier wieder im Sinne 'realistischer' Ontologie verstanden. - Zur Anthropologie als 'ontologisierter Transzendentalphilosophie' paßt auch Foucaults These aus seiner *Introduction à l'Anthropologie de Kant*, daß Anthropologie die „Wiederholung der Kritik auf empirischem Niveau" sei (s. diese Arbeit Teil 1, Kap. 1.7).

[58] Sartre, *L'Anthropologie*: *283.

2.6. Kritik am 'anthropologischen' Denken

Foucaults Begriff von Anthropologie ist durch zwei Charakteristika bestimmt: die „Seinsfrage“ (was ist der Mensch?) und das in sich ambivalente „Denken des Gleichen“. Ich habe versucht zu zeigen, wie beide Merkmale in das Bewußtseinskonzept Sartres eintreten, das „Denken des Gleichen“ über die Reflexionsfigur, die „Seinsfrage“ über die Ontologie. Auf die anfänglich gestellte Frage, warum Sartres Dezentrierung des Subjekts einem „neostrukturalistischen“ Ansatz nicht genügen konnte, lassen sich nun ebenfalls zwei Antworten geben: Einmal, daß diese Dezentrierung immer noch am alten Bewußtseinsparadigma ausgerichtet ist und letztlich doch die Unhintergehbarkeit des Prinzips Subjektivität postuliert. Dies ließ sich anhand des Entwicklungsgangs von der *Transzendenz des Ego* zu *Das Sein und das Nichts* demonstrieren. Ausgehend von dem Modell eines nicht-substantiellen, ich-losen, spontanen Bewußtseins, das sich gegen ein rationalistisch geprägtes Reflexionsmodell des Subjekts wendet, kann Sartre letztlich das unmittelbare Bewußtsein doch wieder nur nach dem Schema von Reflexion und Wissen denken, u. a. weil er dem unmittelbaren, präreflexiven cogito die Begründungslasten des alten Cartesischen cogito aufbürdet (Kap. 2.2). Die frühe Polemik gegen die Bewußtseinsimmanenz aus der *Transzendenz des Ego* bzw. dem kurzen Husserl-Text *Une idée fondamentale ...* schlägt ebenfalls in ihr Gegenteil um: Das Bewußtsein als „Draußen seiner selbst“ wird zunehmend zur Bewußtseinstotalität, die sich in ihrem Anderen (Draußen) nur noch mit sich selbst vermittelt (Kap. 2.3).

Die zweite Antwort auf die Eingangsfrage ist, daß Sartres Dezentrierung des Subjekts nicht ausreicht, weil sie gerade jene Verdoppelungsstruktur herstellt, gegen die sich Foucaults Subjekt- und Phänomenologiekritik wendet. Der ambivalente Status zwischen reflexiv und nicht-reflexiv, immanent und nicht-immanent, der Sartres Subjektverständnis als Für-sich-sein ausmacht, entspricht genau dem von Foucault beschriebenen Doppel Cogito/Ungedachtes (Kap. 2.4). Dieses Konzept kann die Doppel des modernen Denkens nicht lösen, es verfestigt sie vielmehr zu einer ontologischen Struktur.

Die beiden Antworten bezeichnen zwei zusammengehörige Aspekte, um die es in der Subjekt-Kritik geht: um ein 'starkes' Subjekt im Sinne einer fundierenden Grundlage, die nicht überschritten werden kann und um ein 'ambivalentes' Subjekt im Sinne einer Denkfigur, die Identität und Unterschied zugleich behauptet. Was aber setzt Foucault diesem Modell entgegen?

In der *Ordnung der Dinge* wird der „Mensch" als eine Wissensformation behandelt, deren baldiges Ende Foucault voraussagt. Stärker als in der Darstellung anderer Epochen ist hier dem deskriptiven Gestus des Textes eine Intention unterlegt, der Wille, einen epistemischen Bruch zu forcieren, das „anthropologische 'Viereck' ... zu zerstören" (OD 411) und in der „Leere des verschwundenen Menschen" (OD 412) zu denken. Foucault nennt die moderne Anthropologie einen Schlaf, der sich für Wachsein hält, weil sie ihrer eigenen historischen Bedingtheit gegenüber blind ist, weil sie an das Prinzip des Subjekts als einer logischen und systematischen Wahrheit glaubt, als unhintergehbare Voraussetzung von Wissen. Doch die Anthropologie

> „ist im Begriff, sich unter unseren Augen aufzulösen, weil wir beginnen, darin gleichzeitig das Vergessen des Anfangs, der sie möglich gemacht hat, und das hartnäckige Hindernis, das sich widerspenstig einem künftigen Denken entgegenstellt, zu erkennen und kritisch zu denunzieren". (OD 412)

Das „Vergessen des Anfangs" bezieht sich sowohl auf die Ignoranz der Anthropologie gegenüber ihren historischen Bedingungen als auch auf das, *was* sie vergessen hat: die Trennung von Empirischem und Transzendentalem, die deren Vermischung, Kennzeichen der modernen Episteme, allererst möglich machte.

Foucaults Kritik setzt auf drei Ebenen an. Sie besteht einesteils in der historischen Relativierung des 'Subjekts', d. h. darin, zu zeigen, daß „der Mensch ... nicht das älteste und auch nicht das konstanteste Problem [ist], das sich dem menschlichen Wissen gestellt hat" (OD 462). Zweitens besteht sie in der Behauptung, daß ein am Prinzip des Menschen ausgerichtetes Denken ein abgestorbenes, unzeitgemäßes sei. Drittens liegt die Kritik in der Beschreibung der Widersprüchlichkeiten und Sackgassen, in denen sich diese epistemische Figur verfängt.[59] Gebrochen durch den Spiegel, den Foucault dem modernen Denken vorhält, erscheint das, was Sartre am Für-sich als ontologisches Paradox beschreibt, als logischer Widerspruch und Folge eines transzendentalphilosophischen Diskurses, der an seinen sich selbst gestellten Problemen zugrunde geht: Die nicht lösbare Widersprüchlichkeit des Für-sich ist ein Problem der Bewußtseinsphilosophie, keine ontologische Struktur menschlichen Daseins.

Wir sind, sagt Foucault, durch die „frische Evidenz des Menschen verblendet“ (OD 388) und das nicht ohne Grund, denn die „Anthropologie bildet ... die grundlegende Position, die das philosophische Denken von Kant bis zu uns bestimmt und geleitet hat“ (OD 412). Tatsächlich ist wohl gegen diejenigen, „die nicht denken wollen, ohne sogleich zu denken, daß es der Mensch ist, der denkt“ (OD 412) kein ‘plausibles’ Argument anzuführen.[60] Aber ein Denken, bei dem sich permanent der Mensch zwischen alles schiebt, was gewußt werden kann, versperrt Wege zu einer anderen Art von Fragen, es zwingt zur Anerkennung eines angeblich allgemeinen, fundierenden Grundes und läßt keine Möglichkeit zur Distanznahme. Von daher wirkt die „Leere des verschwundenen Menschen“ wie ein Befreiungsschlag gegen den endlos sich um sich selbst und das menschliche Dasein drehenden existenzphilosophischen Diskurs.

Was ist von Foucaults Subjektkritik zu halten? In mehrfacher Hinsicht macht sie deutlich, daß Philosophie „ihre Zeit in Gedanken“ faßt: Sie führt das Paradigma des Subjekts auf seine historischen Wurzeln zurück, enthüllt eine Entwicklungslogik innerhalb der Wissensformationen und behauptet, daß das Konzept „Mensch“ nichts anderes sein kann als der Ausdruck bestimmter epistemologisch-historischer Bedingungen. Damit ist der Mythos denunziert, es handele sich beim Rekurs aufs Subjekt (oder auf ein anderes

---

[59] Ich erinnere daran, daß meiner Lesart zufolge Foucaults Phänomenologie- und Subjektkritik auch als eine *systematische* Kritik zu verstehen ist, sie beschränkt sich m. E. nicht nur auf den Nachweis der geschichtlichen Rückständigkeit des Konzepts Mensch, sondern zeigt auch dessen logisch-aporetische Struktur auf.

[60] Auch dieses Zitat ist eine Anspielung auf Sartre, und Foucault setzt ihm ein „schweigendes Lachen“ entgegen.

Faktum, wie z. B. die Sprache) um einen logisch letzten, nicht hintergehbaren Ausgangspunkt des Denkens, ein Argument, das heute verwandelt z. B. im Transzendentalpragmatismus fortlebt.[61] Mit dem „Apriori der Kommunikationsgemeinschaft" wird hier alles Denken, das dieses Prinzip bezweifelt, des performativen Selbstwiderspruchs überführt und so unter das Verdikt der behaupteten universalen Voraussetzung gestellt. Solche Argumentationsmuster wirken wie geschlossene Systeme, aus denen es kein Entrinnen geben darf. Foucault dagegen faßt die „Bedingungen der Möglichkeit" als *historische* auf, und er folgt dem Kantischen Projekt insofern, als er auf die Grenzen unserer Erkenntnis hinweist. Dies scheint mir, bei aller möglichen Kritik an der Durchführung im einzelnen, der wirklich starke Punkt seines Ansatzes zu sein: auf grundsätzliche Weise das Eigenrecht und die 'Unverstehbarkeit' anderer Denkweisen einzuklagen, sie eben nicht unter dem Schema heutiger Wissensprinzipien oder angeblich universaler systematischer Fragestellungen gewaltsam umzudeuten.[62] Eine solche historische Relativierung mag für sich nichts Neues sein, daß Wissen geschichtlich ist, ist - spätestens seit Hegel - Konsens in den meisten Gesellschaftstheorien. Doch Foucault geht über diesen Konsens hinaus, weil er die historische Relativierung mit anderen Mitteln betreibt. Er beschreibt nicht nur die Genese herrschender Wissensprinzipien, sondern er relativiert sie zusätzlich dadurch, daß er versucht, sich ihnen zu entziehen. Nicht deutlicher könnte die Relativität der Subjektkategorie demonstriert werden als damit, daß man beginnt, ohne sie zu denken, sich ihr beharrlich zu verweigern. Foucaults Versuch, das Subjektprinzip zu eliminieren, mag inhaltlich gescheitert sein,[63] in seiner kritischen Funktion ist er jedoch nicht zu unterschätzen.

Ich habe Foucaults Phänomenologie- und Subjektkritik so stark auf die Vermischung von empirisch und transzendental und die neu gestellte Seinsfrage hin akzentuiert, weil hier deren eigentli-

---

[61] Vgl. z. B. Apel, *Transformation der Philosophie II*, ^{4}1988: 358ff.

[62] Natürlich liegt ein bewußt in Kauf genommener Widerspruch in der Annahme der Fremdheit anderer Denkweisen und Foucaults Bemühen, diese doch 'objektiv' beschreiben zu wollen.

[63] Vgl. die Kommentare zur *Archäologie des Wissens*, z. B. Dreyfus/Rabinow 1987: 105ff; oder Honneth, *Kritik der Macht*, 1989: 121ff.

ches Problem zu liegen scheint. Die Bewegung von Ent- und Ermächtigung des Subjekts, wie Sartre sie (ungewollt) vorführt, kann in dieser Form nur stattfinden, weil die Frage nach den Bedingungen der Möglichkeit von Erfahrung zur Frage nach den Bedingungen der Möglichkeit von Sein geworden ist. Es mag sein, daß der „unterworfene Souverän" im Kern des transzendentalen Modells angelegt ist, doch scheinbar kommt diese Figur erst wirklich zum Tragen, wenn die von der Transzendentalphilosophie gesteckten Grenzen überschritten werden. Der 'Fehler' liegt im Ausgriff aufs Sein vom Standpunkt der Endlichkeit aus und in falschen Verallgemeinerungen. Meine Interpretation setzt in gewisser Weise verschoben zu derjenigen Deutung an, die z. B. Habermas anbietet und die den 'Fehler' der Subjektphilosophie darin sieht, einen strukturell herrschaftlichen Subjekt-Objekt Gegensatz zu etablieren. Falsch, so scheint mir, ist nicht unbedingt die Struktur selbst, sondern die Ontologisierung dieser Struktur, ihre Behauptung als einer seinsmäßigen Wahrheit.

Foucaults Analyse macht darauf aufmerksam, wie prekär ontologisch-existentiale Aussagen sind, die behaupten, der Mensch *sei* etwas: Der Mensch sei Geworfenheit, sei Freiheit, sei Flucht vor der Freiheit, die menschlichen Beziehungen *seien* nach dem Schema des Blicks organisiert etc. Die Frage, „Was *ist* der Mensch?", ist bei Sartre, trotz seiner Abgrenzung vom Humanismus, doch unter der Hand als condition humaine wieder eingeführt, und sie ist falsch, weil auf sie nur unhistorische, substantialisierende Antworten gegeben werden können, weil sie eine falsche Unmittelbarkeit vortäuscht.

Im Werk Foucaults sind mindestens zwei Alternativen zum existentialen Denken angelegt: die eine - schon zitierte - hieße, in der „Leere des verschwundenen Menschen" zu denken, das Paradigma des Subjekts einfach auszustreichen. Diese 'Lösung' ist sinnvoll und berechtigt, solange sie als Kritik, als wirklicher 'Befreiungsschlag' gegen ein anthropologisches Denken auftritt und uns fast gewaltsam von eingefahrenen und unhinterfragt als vernünftig geltenden Diskursregeln distanziert. Ob diese Lösung an sich allerdings zu besseren Modellen der Theoriebildung führt (wie etwa die *Archäologie des Wissens*), ob sie nicht in die Affirmation schlechter Verhältnisse umschlägt, sobald sie ihre kritische

Funktion gegenüber traditionellen Denkstilen verliert, bleibt ein offener Disput.

Die zweite Alternative zum Paradigma des Menschen bestünde darin, eine andere, vorsichtigere Art von Fragen und Aussagen an die Stelle des anthropologischen Denkens treten zu lassen. Wie solcher Umgang mit dem Thema 'Subjekt' inhaltlich aussehen könnte, hat Foucault in seinen späteren Werken zur Geschichte der Sexualität gezeigt, in denen er verschiedene, immer historisch situierte Praktiken des Selbst beschreibt. Dieses Verfahren bloßen Beschreibens bleibt aber auf eigentümliche Weise unbefriedigend, es liefert uns subtile Sittengemälde, doch es verliert das, was an der Untersuchung von Subjektivität ehemals 'philosophisch' genannt werden konnte.[64] Foucault gewinnt seine kritisch relativierende Perspektive aufs Subjekt nur, indem er die Unterscheidung zwischen 'systematisch' und 'historisch' fast vollständig aufgibt, und hierin liegt, wie ich im nächsten Kapitel zeigen werde, sein Ansatz zur Auflösung des empirisch-transzendentalen Doppels.

---

[64] Vgl. diese Arbeit Teil 2, Kap. 3.4.

3. Bewußtseinsphilosophie und ihre Folgen: Foucaults methodischer Ansatz

In der Interpretation der *Ordnung der Dinge* habe ich bisher unterstellt, daß Foucault eine Kritik der *Vermischung* von empirisch und transzendental vornimmt und daß er diese - von Kant gesetzte und im anthropologischen Denken vergessene - Differenz einklagt.[1] Doch es bleibt merkwürdig unentschieden, ob der Vorwurf der 'Vermischung' nicht nur ein Mittel ist, ob Foucault diejenige Trennung, die von Kant immerhin zur Rettung der Metaphysik eingeführt wird, neu etablieren oder seinerseits aufheben möchte.

Es ist Foucault von vielen Seiten und mit ganz verschiedenen Argumenten vorgeworfen worden, er selbst bleibe in den Doppeln des modernen Denkens verfangen, er folge weiterhin dem Muster einer Subjektphilosophie, nur daß jetzt der Diskurs, oder die Macht an die Stelle der transzendentalen Synthesis getreten sei.[2]

Ich möchte mich dieser Auffassung in vorsichtiger und in anders akzentuierter Weise anschließen. Vorsicht scheint mir deshalb geboten, weil sich die beliebte Argumentationsfigur, ein Denken verfalle selbst dem, was es zuvor kritisierte, auf fast alles anwenden läßt und dazu neigt, die Intention der Kritik nachträglich zu nivellieren. Die Akzente möchte ich anders setzen, weil es mir *nicht* darum geht nachzuweisen, wie Foucault sich selbst in den Doppeln des modernen Denkens verstrickt, dem Schicksal der Humanwissenschaften erliegt, heimlich ein 'Subjekt' wieder einführt oder versteckte Bewußtseinsphilosophie betreibt. Es geht mir vielmehr darum zu zeigen, wie die Methode des radikalen Historisierens ein erkenntnistheoretisches Verfahren wiederholt und in der Einebnung des Unterschiedes von Historischem und Syste-

---

[1] Vgl. diese Arbeit Teil 1, Kap. 1.

[2] Vgl. z. B. Dreyfus/Rabinow 1987: 116ff; Habermas 1986: 322ff; Honneth 1989: 142; Prucha 1990: 86, 91; Frank 1983: 181, 239 (s. a. 141, 204ff.); Visker 1991: 86.

matischem zu einem 'Monismus' führt, der strukturell demjenigen gleicht, der aus der aufgehobenen Trennung von empirisch und transzendental resultierte.

3.1. Phänomenologische und metaphysikkritische Reduktion

Wir hatten gesehen, auf welche Weise die existentialistische Formel von der Existenz als Essenz der empirisch-transzendentalen Verdoppelung entspricht und daß die Formel zu einem guten Teil auch einem 'nietzscheanischen', metaphysikkritischen Impetus geschuldet war: Es ging gegen die „Hinterwelten", gegen die Vorstellung einer beharrlichen Substanz oder eines vorgängigen Wesens als Bedingung und Formprinzip der Existenz des Menschen. Sartre hat dieses metaphysikkritische Motiv mit der phänomenologischen Formel der Reduktion von Sein auf Erscheinen zusammengedacht. Diese Engführung ist durch die Ambivalenz des Seinsbegriffs begünstigt,[3] doch sie ist auch darin begründet, daß es in beiden Reduktionen, der phänomenologischen vom Sein aufs Erscheinen und der antimetaphysischen vom Wesen aufs Sein (als Seiendes) um die Aufhebung derjenigen Differenz geht, die einem Abbildrealismus bzw. einer einfachen Korrespondenztheorie der Wahrheit als Grundlage dient. Nur wer einen Unterschied zwischen Sein und Erscheinen annimmt, kann auf die Idee kommen, es gebe ein beharrliches, 'eigentliches' Etwas, das 'hinter' der Erscheinung liegt und sie verursacht.[4] Nietzsche bestreitet diesen Unterschied, Husserl klammert ihn methodisch aus. Beide folgen Kant darin, daß sie behaupten, Erscheinungen seien keine „Dinge an sich". Doch im Gegensatz zu Kant, dessen Argument gegen den naiven Realismus wie gegen den metaphysischen Dogmatismus

---

[3] „Sein und Erscheinen" war mit „Wesen und Sein" gleichgesetzt; s. diese Arbeit Teil 2, Kap. 2.3

[4] Ob nun die Dinge Erscheinungen von Ideen oder unsere Wahrnehmungen Erscheinungen der Dinge sind: Das Grundmodell der Korrespondenz funktioniert im platonisch-metaphysischen wie im einfachen wahrnehmungstheoretischen Denken auf ähnliche Weise. Die Gemeinsamkeit der phänomenologischen und der metaphysikkritischen Reduktion besteht also in ihrer Aufhebung eines entweder erkenntnistheoretischen oder metaphysischen „naiven" Realismus.

gerade im Beharren auf der *Unterscheidung* von „Ding an sich" und Erscheinung liegt, tendieren phänomenologische und metaphysikkritische Reduktion dahin, diesen Unterschied auf verschiedene Weise zu nivellieren.

Wenn, wie oben geschehen, die phänomenologische Epoché als ein Wegstreichen der systematischen Stelle des „Ding an sich" interpretiert werden kann, so erinnert diese Bewegung in gewisser Weise an Nietzsches Polemik gegen die Subjekt-Substanz, in der die „Dinge an sich"[5] abgeschafft werden sollen:

> „... es gibt kein solches Substrat; es gibt kein 'Sein' hinter dem Tun, Wirken, Werden; 'der Täter' ist zum Tun bloß hinzugedichtet - das Tun ist alles. [...] unsere ganze Wissenschaft steht noch ... unter der Verführung der Sprache und ist die untergeschobenen Wechselbälge, die 'Subjekte' nicht losgeworden (das Atom zum Beispiel ist ein solcher Wechselbalg, insgleichen das Kantische 'Ding an sich')..."[6]

Diese Identifizierung von Ursache und Wirkung, Sein und Tun ist eine produktivistisch gefaßte Variante der erkenntnistheoretischen Reduktion des Seins aufs Erscheinen: sie folgt demselben Muster, demzufolge nichts außerhalb des Wahrnehmbaren, 'Wirk-lichen', Ausdrücklichen gelten kann. Natürlich ist Nietzsche kein Erkenntnistheoretiker, Realität ist ihm nicht das Erscheinende für ein wahrnehmendes Subjekt, doch seine Kritik an der Substanzmetaphysik wäre ohne Kants „kopernikanische Wende" nicht möglich gewesen. Sie scheint deren, in der Nachfolge Kants bewußtseinsidealistisch übersteigerten, Prinzipien zu folgen und sie in eine 'Ontologie' zurückzuführen: Aus der Unerkennbarkeit der Dinge an sich wird deren Inexistenz, aus der Konstitution der Gegenstände durchs Subjekt wird deren (Selbst-)Produktion im Prozeß der Ermächtigung des Willens; in beiden Fällen bleibt an den Gegenständen kein - sei es realer, sei es metaphysischer - 'Überschuß'.

In diesem Sinne ist es einleuchtend, wenn Deleuze behauptet, Nietzsche übernehme und radikalisiere das Kantische Projekt der

---

[5] „Ding an sich" ist hier, ähnlich wie der Begriff des Seins, in doppelter Perspektive gesehen, als empirische Realität des Gegenstandes unabhängig vom Erscheinen (auf diese bezieht sich die phänomenologische Reduktion), und als „Realität" im Sinne metaphysischer Wesenheit (auf sie bezieht sich die Reduktion Nietzsches). Beide Aspekte sind im Kantischen Begriff des „Dings an sich" enthalten (s. Noumena in negativer und in positiver Bedeutung, KrV B 307f).

[6] Nietzsche, *Zur Genealogie der Moral*: Abs. 13, 236.

Vernunftkritik[7] und wenn Heidegger in Nietzsche den Vollender derjenigen Metaphysik sieht, die Sein als Vorgestelltheit begreift.[8] Anlehnend an eine vielzitierte Formulierung Ricœrs könnte man sagen, daß die metaphysikkritische Reduktion von Sein auf Tun wie ein „Subjektivismus ohne Subjekt" erscheint.[9]

Nietzsches Kritik an den „Hinterwelten" zielt auf den substantiellen Schein, den Allgemeinbegriffe produzieren, den Schein, es gebe das in ihnen Ausgedrückte als ein Wesentliches, als eine Art 'höherer' und beharrlicher Entität hinter den wechselnden Gegebenheiten. Gegen die drei Unterstellungen: das Wesentliche sei wahrer ('höher'), es sei zeitlos (beharrlich) und es *sei* etwas (substantiell) geht Nietzsche vor, indem er die diesem Denken zugrundeliegenden Dualismen unterläuft; und da es ihm letztlich um die Umkehrung der in der Zweiteilung angelegten Wertung geht, löst er das beharrliche Sein in Werden, die Wahrheit in Interpretation auf. Weil Nietzsche jene drei Unterstellungen *zusammen* ausmerzen will, tendiert sein 'Monismus' dazu, mit der substantiell verstandenen auch die *begriffliche*, bloß formale Unterscheidung zwischen Ding an sich (Wesen) und Erscheinung aufzuheben. Eine begriffliche Unterscheidung, an der Kant noch festgehalten hatte und die als Differenz auch Hegels System bestimmt, obwohl Hegel - wie Nietzsche - das Sein in Werden auflöst. Nietzsches kritisches Verfahren liegt in der Reduktion von Dualismen, und so führt er alles aufeinander zurück, was - ihm zufolge - in 'ideologischer' Absicht als verschieden gesetzt wurde: die Seele auf den Körper, die Logik auf die Psychologik, die Gesetze auf die Gesetzsprechung, die Wahrheit auf die Macht.

---

7 Vgl. Deleuze, *Nietzsche et ...* : 58f, 96ff. Am deutlichsten tritt das Kantische Erbe wohl in Nietzsches Perspektivismus, der Auffassung von „Weltsein als bloßem Ausgelegtsein" hervor (s. Jaspers, *Nietzsche*, 1974: 290).

8 Heidegger, *Der europäische Nihilismus*: 173ff; - Zu einfach scheint es allerdings, den „Willen zur Macht" einlinig als Substitut des Subjekts oder als neues metaphysisches Prinzip zu lesen. Vgl. dazu Müller-Lauter, *Nietzsches Lehre vom Willen zur Macht*, 1974.

9 Ricoeur hatte den Strukturalismus als einen „kantisme sans sujet transcendental" bezeichnet (Ricoeur, *Structure et hermeneutique*, 1963: 618).

3.2. *Das Verhältnis von Diskurs und Gegenstand: eine neue Epoché*

Nun hat Foucault genau diesen metaphysikkritischen Impuls für seine Analyse der Wissenssysteme fruchtbar gemacht. Er übernimmt - nicht ganz ungebrochen - Nietzsches Verfahren einer Reduktion in kritischer Absicht. Die 'Wende' seiner Theorie, die zugleich die Abwendung von einem existential-phänomenologischen Denken bedeutet, besteht ja darin, nach und nach alle substantiellen Vorstellungen vom Gegenstand eines Wissens oder einer Wissenschaft fallenzulassen, sie nicht mehr 'an sich', sondern als von und in den Wissenschaften erst *produzierte* Objekte zu begreifen. Im Übergang der beiden Fassungen von *Maladie mentale* und im Verlauf von *Wahnsinn und Gesellschaft* gibt Foucault sein ursprüngliches Projekt auf, die Wissenschaftlichkeit der Psychologie fundieren zu wollen, weil er zu der Einsicht gelangt, daß es nicht die unzureichenden begrifflichen Mittel sind, die die Psychologie daran hindern, ihren Gegenstand zu erklären, sondern die Tatsache, daß sie ihn selber herstellt.[10] Die Kritik an der Psychologie besteht darin, den Unterschied zwischen „Wahnsinn" und „Bewußtseinsformen von Wahnsinn" zum Teil aufzuheben, die Geisteskrankheit so weit zu „entsubstantialisieren", daß sie nicht einmal mehr als ein beharrliches Phänomen bezeichnet werden kann, das verschiedene Epochen verschieden deuten.[11] Das Prinzip „kein Täter hinter der Tat" motiviert weiterhin das Bestreben, nur „Oberflächenwirkungen" zu untersuchen, sich gegen den auslegenden Kommentar und eine Hermeneutik des Sinns auszusprechen und sich auf die Beschreibung diskursiver Ereignisse zu beschränken.

Ähnlich wie bei Sartre verquickt sich bei Foucault der nietzscheanische Impetus mit der Figur der phänomenologischen Reduktion, denn wenn nicht die 'Objekte', sondern bloß das Wissen

[10] Vgl. diese Arbeit Teil 1, Kap. 3.2.

[11] Später reformuliert Foucault seinen Gedanken deutlicher, wenn er schreibt, die Geisteskrankheit sei „durch die Gesamtheit dessen konstituiert worden, was in der Gruppe all der Aussagen gesagt worden ist, die sie benannten ..." (AW 49). In den verschiedenen psychopathologischen Diskursen sind es „nicht dieselben Krankheiten, um die es sich ... handelt; es sind nicht dieselben Irren, um die es geht" (AW 50).

über Objekte betrachtet wird, ist auch die Parallele zum bewußtseinsphilosophischen Ansatz nicht zu übersehen. Zu Recht bezeichnen Dreyfus/Rabinow die Archäologie als eine Radikalisierung der Phänomenologie Husserls,[12] und interessanterweise hätte Husserl auch selbst gerne den Ausdruck Archäologie für sich in Anspruch genommen.[13] Wenn die Diskursanalyse keine Geschichte des Referenten schreiben und „sich gänzlich der 'Dinge' enthalten" will [„se passer des 'choses'„] (AW 72/AS 65), wenn sie das „Vorhaben einer reinen Beschreibung der diskursiven Ereignisse [description des événements discursifs]" (AW 41/AS 38f) als den Horizont ihrer Untersuchung angibt, so klingt das wie der erneute Vollzug einer Epoché. Schon in der *Geburt der Klinik* fragt Foucault:

> „Wäre nicht eine Diskursanalyse möglich, die in dem, was gesagt worden ist, keinen Rest und keinen Überschuß, sondern nur das Faktum seines historischen Erscheinens voraussetzt?"[14]

Es geht darum, die Dokumente in Monumente zu verwandeln (AW 15), die Diskurse als Ereignisse, als eine eigene Materialität gelten zu lassen und zu beschreiben.[15] Doch verfährt Foucault damit nicht nach derselben Logik, die die Phänomenologie veranlaßte, den in der Epoché gesetzten Unterschied zwischen Ding und Phänomen zu vergessen und die Phänomene für Dinge zu halten? Neigen nicht Foucaults Texte dazu, nachdem sie den Diskurs zum Gegenstand erhoben haben, im Umkehrschluß die Gegenstände als Diskurse zu behandeln?

Mit der ihm eigenen Vorsicht hütet sich Foucault, eine direkte Identität von Gegenstand und Diskurs zu behaupten, er leugnet den Unterschied nicht, aber er tut auch wenig dazu, ihn zu thematisieren. Zwar sei es durchaus möglich „eine Geschichte des Referenten" zu schreiben (AW 72), zwar gebe es „primäre oder wirkliche Beziehungen" neben den diskursiven (AW 69), allein sie interessieren nicht: Weil der Diskurs nicht in seiner Zeichen-

---

[12] Dreyfus/Rabinow 1987: 118.

[13] „Husserl hat immer bedauert, daß ein das Wesen der Philosophie wahrhaft treffender Ausdruck von einer positiven Wissenschaft schon besetzt sein, der Ausdruck: Archäologie" (Fink, *Das Problem der Phänomenologie ...* : 199).

[14] *Die Geburt der Klinik*, 1988: 15.

[15] Vgl. z. B. AW 72ff; *Die Ordnung des Diskurses*, 1991: 14, 31, 33 u. a.

funktion, sondern als eine eigenständige 'Entität' betrachtet werden soll, scheint es methodisch nicht relevant, die Ebenen von Diskursivität und Sein auseinanderzuhalten. Genau das macht den eigentümlichen Stil von Foucaults Texten aus, den unklaren Status seiner Aussagen. Nie ist ganz sicher, ob er nur in indirekter Rede einen bestimmten Diskurs mimt oder ob er eine generell zu lesende 'Wahrheit' ausdrückt. Nie ist klar auszumachen, ob Termini wie Wahnsinn, Tod, Mensch, Sexualität, nur eine historische Erfahrung oder ein über die Epoche hinausgehendes Faktum als Grundlage der Erfahrung bezeichnen. Wenn es z. B. heißt, es sei „von entscheidender ... Bedeutung für unsere Kultur, daß ihr erster wissenschaftlicher Diskurs über das Individuum seinen Weg über den Tod nehmen mußte",[16] läßt sich der Begriff „Tod" zugleich als Konkretum (der faktische Tod), als Abstraktum (die Sterblichkeit) und als Interpretament (die spezifische Erfahrungsweise des Todes) lesen.

Dieses 'In-der-Schwebe-Halten' läßt sich auch deutlich am Thema Sexualität in *Der Wille zum Wissen* aufzeigen. Foucault räumt ein, daß seine „Analyse der Sexualität als politisches Dispositiv" *nicht* die Ausschaltung des Körpers, der Anatomie, des Biologischen bedeute (WW 180), aber er vermeidet eine naheliegende Unterscheidung, die „Sexualität" zwar als Effekt von Machtdispositionen anerkennen würde, nicht aber „den Sex" selbst, der als ein Allgemeines, als Zentrum der Sexualität das ist, *worauf* Macht sich richtet und deshalb nicht selbst Machteffekt sein kann. Diesen „Sex" nennt Foucault eine „fiktive Einheit" (WW 184), ein „imaginäres Element" (WW 186), d. h., er entlarvt ihn als genau jene metaphysische Hinterwelt, die uns dazu verleitet, etwas Wahres und Eigentliches erkennen zu wollen.[17] In der Trias <Körper - Sexualität - Sex> ist 'Sex' von Foucault in seiner wahrheitsverbürgenden Funktion eines Allgemeinen ausgestrichen, und die Elemente 'Körper' und 'Sexualität' sind so übereinandergeschoben, daß sie in ihrer unaufhebbaren Verbindung keine Differenz mehr bilden. Mit der „Geschichte der Sexualität auf dem Niveau der Körper" (WW 181), hat Foucault, wie in der Untersu-

[16] *Die Geburt der Klinik*: 207.
[17] Vgl. WW 187.

chung von Diskursen, Epistemen, Praktiken, eine Art 'Mittelregion' etabliert, in der jetzt Biologisches und Historisches verwoben und die Dualität von Sein und Erscheinen vollständig aufgelöst ist.

In seiner Diskursanalyse geht es Foucault darum, den Gegensatz zwischen den „Dingen" und den „Worten" zu unterlaufen,[18] gleichzeitig nutzt er diesen Gegensatz aber, um eine Zweideutigkeit herzustellen. Seine Aussagen *müssen* einen unklaren Status besitzen, weil sonst die Beschreibung eines Diskurses nicht zugleich dessen Inhalte diskreditieren könnte. Hätte Foucault die Aspekte von 'Gegenstand' und 'Diskurs über den Gegenstand' genau geschieden, so würde sich seine Analyse nicht - wie beabsichtigt - von herkömmlicher Mentalitäts- und Ideengeschichte unterscheiden. Ginge er umgekehrt von der Identität der Aspekte 'Gegenstand' und 'Diskurs über den Gegenstand' aus, verlöre seine Analyse ihren kritischen Charakter. Nur die konsequente 'Vermischung' dieser Ebenen sichert ihm seine Radikalität, nur weil seine Begriffe zweideutig Konkreta und Wissenskonzepte treffen, konnten Sätze wie „der Mensch ist eine Erfindung" solch heftige Kontroversen auslösen. Diese strategische Ambivalenz durchzieht die meisten Schriften Foucaults und trägt nicht unerheblich zu ihrem kritischen Effekt bei. Ich werde an anderer Stelle noch darauf eingehen.[19]

Die Beschränkung auf das faktische Erscheinen dessen, „was gesagt worden ist", erinnert deutlich an Husserls Verfahren, und wie dieser nach vollzogener Reduktion von den Phänomenen wieder als von objektiven Gegenständen spricht, so spricht Foucault von den diskursiven Tatsachen als einfachen Tatsachen. Wie für die Phänomenologie ließe sich auch hier eine 'Ontologisierung' in der Theorie beschreiben; die methodische Einschränkung auf das Gesagte jedenfalls führt zur Etablierung eines neuen 'Seinsbereichs',[20] und sie gibt sich als Setzung einer Immanenz:

---

[18] Vgl. AW 74.

[19] Vgl. Einleitung und Schlußteil dieser Arbeit.

[20] Das „Sein der Sprache" ist bei Foucault immer als ein Konkurrenzunternehmen zum „Sein des Menschen" aufgefaßt; sei es systematisch: „... das Sein der Sprache kommt für sich selbst nur im Verschwinden des Subjekts zur Erscheinung" (*Das*

„Man suche also nicht danach, vom Text zum Denken, vom Geschwätz zum Schweigen, vom Äußeren zum Inneren ... von der oberflächlichen Vielfalt zur tiefen Einheit überzugehen. Man bleibt in der Dimension des Diskurses.“ (AW 112)

Wo die Diskursanalyse Gegenstände als Wissensformationen auffaßt bzw. sie als diskursiv erzeugte versteht, sind ihre Ähnlichkeiten zur Bewußtseinsphilosophie offensichtlich. Einige Kommentatoren sehen nach der *Archäologie des Wissens* eine ‘Kehre’ in Foucaults Denken, weil fortan die Grundlegungsverhältnisse umgekehrt und in der Ausarbeitung einer Machttheorie nicht mehr gesellschaftliche Praktiken auf Diskurse, sondern Diskurse auf sie bedingende gesellschaftliche Praktiken zurückgeführt werden.[21] Könnte man hier immer noch von einer Parallele zum bewußtseinsphilosophischen Ansatz sprechen?

Mit einiger Vorsicht würde ich sagen: ja. Was die Parallele ausmachte, war nicht nur die Beschränkung auf ‘ideale’ Gebilde wie den Diskurs und kognitive Formationen, es war vor allem ein mit der Ablehnung eines ‘wirklichen’ (wahren) Referenten einhergehendes Immanenzprinzip. Wenn es nun in den späteren Werken nicht mehr um die bloß diskursiv erzeugte Wirklichkeit, sondern um das vermeintlich realere, „dickere Gewebe der nicht-diskursiven Praktiken“ geht, so ist einerseits zu bedenken, daß Foucault auch den Diskurs als Praktik, als eine eigene Seinsweise aufgefaßt hat und daß er hier wie in späteren Texten einem Prinzip folgt, demgemäß es nichts jenseits der Interpretation gibt.[22] Die Machtformationen sind praktizierte, ‘materiale’ Interpretationen, das bewußtseinsphilosophische Konstitutionsparadigma scheint nun in ein Produktionsparadigma überführt.[23]

Denken des Außen: 48) oder historisch: „... niemals in der abendländischen Kultur [haben] das Sein des Menschen und das Sein der Sprache zusammen existieren können“ (OD 408).

[21] Vgl. Habermas 1986: 315; Fink-Eitel 1989: 64; Dreyfus/Rabinow: 127, 131f. Rudi Visker sieht in *Überwachen und Strafen* den Rückgriff auf eine „Geschichte des Referenten“, Visker 1991: 142.

[22] Vgl. auch Foucault, *Nietzsche, Freud, Marx*, 1967: 189ff.

[23] Am Beispiel des Konstruktivismus und der neueren feministischen Diskussion, die sich z. T. stark auf Foucault bezieht, habe ich die Parallele zwischen einem erkenntnistheoretischen Konstitutions- und einem gesellschaftstheoretischen Produktionsgedanken genauer expliziert; s. Roedig, *Ding an sich und Erscheinung. Einige Bemerkungen zur theoretischen Dekonstruktion von Geschlecht*, 1994.

Mit dem Hinweis auf diese Parallele soll weder gesagt sein, daß Foucault Bewußtseinsphilosophie betreibe, noch daß sein Machtbegriff „aus dem Repertoire der Bewußtseinsphilosophie selber entnommen“ sei und deshalb keinen Ausweg aus der Subjektphilosophie bieten könne.[24] Es ist lediglich ein bewußtseinsphilosophischer *Gestus* des Ausschlusses, den Foucault - via Nietzsche - als einen metaphysikkritischen übernimmt.

3.3. *Die Auflösung des Transzendentalen*

Oben habe ich die These vertreten, daß die Phänomenologiekritik Foucaults nicht allein in inhaltlichen Einwänden zu suchen sei; die 'eigentliche' Kritik liegt in seiner *Methode*, in der konsequenten Historisierung der Inhalte und der Formen des Denkens.[25] Systematische Problemstellungen werden auf ihre Genese zurückgeführt, sie erscheinen lediglich als historisch-relative Denkweisen und Praktiken. So stellt sich z. B. das, was Sartre als existentielle Bestimmung des Für-sich angegeben hat, aus der Perspektive von Foucaults Analyse betrachtet, als eine als Ontologie gefaßte Version der Aporien von Bewußtseinsphilosophie dar.[26] Das „Für-sich“ hat nichts mit den 'wirklichen' Strukturen von Menschsein zu tun, weil die Frage nach diesen wirklichen Strukturen selbst nur in einer historisch situierten Form erscheinen kann. 'Hinter' die jeweiligen Fragestellungen, 'hinter' die Problematisierungsweisen geht Foucault nicht zurück, und er führt damit konsequent Nietzsches Perspektivismus fort, der das Prinzip der Auslegung so weit generalisiert, daß es auch noch die Instanz des Subjektiven selbst unterläuft: „'Es ist alles subjektiv' sagt ihr: aber schon Das ist Auslegung.“[27]

Für die Phänomenologie muß es einen archimedischen Punkt außerhalb der Epoché geben, das erkennende Subjekt selbst kann nicht unter die Reduktion fallen, und so impliziert die Phänome-

---

[24] Habermas 1986: 322.
[25] Vgl. diese Arbeit Teil 1, Kap. 3.3.
[26] Vgl. diese Arbeit Teil 2, Kap. 2.4.
[27] Nietzsche, *Der Wille zur Macht*: Abs. 481.

nologie der Gegenstände eine Ontologie des erkennenden Subjekts. Genau diesen letzten, fixen, transzendentalen Punkt löst Foucault auf, indem er - so scheint es - die Phänomenologie noch einmal auf sich selbst anwendet und ihre eigenen Aussagen historisiert.[28] Er gewinnt mit seiner Epoché des Subjekts und der Bedeutung ein neues 'objektives' Gegenstandsfeld: Erfahrungsweisen, Epistemen, diskursive und nichtdiskursive Praktiken. Das Vorgehen Foucaults ließe sich auch als Fortführung der von mir beschriebenen Bewegung der Phänomenologie zur Ontologie verstehen: Bestand deren erster Schritt in der zunehmenden Reduktion des Seins aufs Erscheinen und der Ausstreichung des „Ding an sich", so liegt der zweite Schritt darin, das Subjekt auszustreichen. Übrig bleibt nur eine 'Mittelregion', in der das ehemalige „Erscheinen" zum einzigen Sein geworden ist. Die Figur der subjektiven Selbstreferenz als Ort der Wahrheit ist zerschlagen, und Foucaults beharrliche Weigerung anzugeben, von wo aus er spricht, ist nichts als eine Anwendung seines genealogischen Prinzips, das die angeblich philosophische Notwendigkeit des Ausweises der eigenen Grundlagen als eine Variante des christlichen Geständniszwangs begreift.[29]

Bleibt Foucault demnach ein 'Phänomenologe'? Er hat sich dagegen gewehrt, seine Archäologie als „historische Phänomenologie" zu verstehen,[30] denn es ging ihm - gegen alle Phänomenologie - gerade darum, die „Geschichte des Denkens aus seiner transzendentalen Unterwerfung zu befreien" (AW 289), d. h. sich vom „Narzißmus" eines konstituierenden Subjekts und darüber hinaus von der „transzendentalen Dimension" als eines Ursprungsprinzips zu lösen. Die Archäologie will nicht ein verborgenes Gesetz enthüllen oder einen Ursprung wiederentdecken, sie bleibt an der Oberfläche, im Bereich der Positivitäten und scheint mit dem

---

[28] Dreyfus/Rabinow sprechen mit Bezug auf die Methode der *Archäologie des Wissens* von einer „doppelten Reduktion", es seien nicht nur einzelne Wahrheitsansprüche, sondern der Sinn von Wahrheitsansprüchen selbst suspendiert: „Husserl übertreffend, behandelt Foucault die Referenz *und* den Sinn bloß als Phänomene" (Dreyfus/Rabinow 1987: 74).
[29] Vgl. WW 76f, 83.
[30] Vgl. AW 290.

Subjekt auch das „Transzendentale" schlechthin ausstreichen zu wollen.

Gleichzeitig behält sie aber die transzendentale Frage als Frage nach den „Bedingungen der Möglichkeit" bei. Sie fragt nach den „Bedingungen des Auftauchens von Aussagen" (AW 184), nach der „Gesamtheit der Regeln", die die „Bedingungen des historischen Erscheinens" der diskursiven Gegenstände konstituieren (AW 72), nach dem „epistemologische[n] Feld, ... in [das] die Erkenntnisse ... ihre Positivität eingraben und so eine Geschichte manifestieren, die ... die [Geschichte, A.R.] der Bedingungen ihrer Möglichkeit ist" (MC *13/OD 24f). „Diese Bedingungsanalyse macht" - wie Deleuze bemerkt - „bei Foucault einen eigenartigen Neukantianismus aus",[31] doch sie unterscheidet sich von der kantischen Tradition darin, daß die Bedingungen, um die es hier geht, *faktischer* Natur sind. Die „Bedingungen sind niemals allgemeiner als das Bedingte und gelten aufgrund ihrer eigenen historischen Singularität",[32] die Regeln bilden sich erst mit und in dem Diskurs, den sie ordnen.

Foucault 'empirisiert' also das Transzendentale, er begreift es explizit als geschichtliche Faktizität und untersucht, ähnlich wie Sartre, nicht Möglichkeits-, sondern Existenzbedingungen;[33] das „historische Apriori" ist, im Gegensatz zum formalen, „eine rein empirische Figur" (AW 185). Und doch ist es ein Apriori. Man gewinnt den Eindruck, daß Foucault als Methode übernimmt, was er (inhaltlich) am modernen Denken kritisiert hatte: die Vermischung von Empirischem und Transzendentalem. Er wendet die in der Phänomenologie und dem sie leitenden Bewußtseinsparadigma angelegten Prinzipien gegen die Phänomenologie und führt sie damit in metaphysikkritisch radikalisierter Weise fort. So übernimmt das Konzept eines „historischen Apriori" Husserls Gedanken des konkreten Apriori bzw. die von Merleau-Ponty vorgenommene Identifizierung apriorischer und faktischer Wahrheit.[34] Auch die Wendung gegen eine hermeneutische Auslegung des

---

[31] Deleuze, *Foucault*: 86.
[32] A. a. O.: 161.
[33] Vgl. AW 184; Deleuze, *Foucault*: 86.
[34] Vgl. Merleau-Ponty, *Phänomenologie der Wahrnehmung*: 259; Waldenfels 1987: 517.

Sinns und gegen Metaphysik ist z. T. in der phänomenologischen Intention angelegt.[35]

Verstrickt sich Foucault nun selbst in die Doppel, oder entkommt er ihnen dadurch, daß er sie konsequent methodisch übernimmt? Vermeidet er das unglückliche Oszillieren zwischen den Polen, weil er nicht mehr Identität und Unterschied der Seiten zugleich behauptet, sondern vornehmlich deren Identität?[36] Überwindet er die phänomenologischen Sackgassen dadurch, daß er nicht das „Empirische auf der Ebene des Transzendentalen zur Geltung" bringen will (OD 386), sondern umgekehrt das Transzendentale in der - historisch verstandenen - Faktizität auflöst? Ist es dieses Vorgehen, das es ihm erlaubt, nicht mehr „ungewollt empirisch", sondern ein „glücklicher Positivist" zu sein? In gewisser Weise entgeht Foucault dem Spiel der Dublette. Über die Historisierung der Inhalte gelingt es ihm, das Empirische als 'Bedingung der Möglichkeit' auszuweisen, und vielleicht ist die Auflösung von Sein in Werden die einzige Möglichkeit, wieder 'Seinsfragen' stellen zu können, ohne in eine „präkritische Naivität" zurückzufallen. Das 'Transzendentale' ist jetzt kein feststehendes Prinzip, sondern zeitlich verflüssigt, und selbst für die „Geschichte des Denkens" wird nicht mehr die „enthüllende Rolle eines transzendentalen Moments" in Anspruch genommen (AW 289). Der Mechanismus der empirisch-transzendentalen Reduplizierung implizierte, wie wir gesehen haben, zwei Bewegungen: eine 'Ontisierung des Transzendentalen' und eine 'Transzendentalisierung (bzw. Ontologisierung) des Ontischen'. Man kann nun sagen, daß Foucault diese Doppelbewegung aufspaltet und nur ihrem ersten Teil folgt; er betrachtet das Transzendentale als Ontisches, macht aber nicht umgekehrt Seiendes zum zeitlos

[35] Weiterhin ließe sich behaupten, daß die 'Auflösung des Subjekts' nur eine sowieso schon in der Phänomenologie angelegte Tendenz zur Selbstvergessenheit des Subjekts als erkennendem weiterführt (s. diese Arbeit Teil 1, 2.4).

[36] Womit nicht gesagt sein soll, daß Foucault den Unterschied zwischen Empirischem und Transzendentalem leugnet. Er ist wieder einmal vorsichtig genug, einem „formalen Apriori" nicht die Existenz abzusprechen, er plaziert sein „historisches Apriori" nur auf ein anderes Niveau (s. AW 186). Diese durchaus strategische Behutsamkeit im Umgang mit vorgegebenen Denkmustern, unterscheidet Foucaults Verfahren wesentlich von der Metaphysikkritik Nietzsches.

Transzendentalen. Damit ist die Spiegelung der Seiten zunächst einmal aufgehalten.

Darüber hinaus kann Foucault das endlose Oszillieren der Doppel zum Stillstand bringen, indem er deren angebliche Ursache, die Selbstreferenz des Subjekts, ausschaltet und die permanent aufeinander verweisenden Seiten auf eine eigentümliche 'Mittelregion' festlegt: Die Episteme liegt weder im inneren Gesetz der Dinge noch im „Raster eines Blicks",[37] sie ist ein Gebiet „zwischen dem bereits kodierten Blick und der reflektierenden Erkenntnis" (OD 23); die Diskurse sind nicht „eine reine und einfache Verschränkung der Dinge und der Wörter" (AW 74), sie liegen zwischen den Tatsachen und den Regeln.[38] Hier handelt es sich nicht um eine sich hinterrücks ereignende Vermischung von Empirischem und Transzendentalem; die Differenz, deren Vorhandensein Foucault ja nicht bestreitet,[39] scheint vielmehr in einem neuen Gegenstandsbereich aufgehoben.

Welcher Preis muß für diese Überwindung der unglücklichen Konstellation modernen Denkens gezahlt werden? Foucault hat Fragen auf Fragestellungen, 'Gegenstände' auf Diskurse über Gegenstände, das 'Subjekt' auf Subjekt-Funktionen[40] bzw. auf Praktiken des Selbst und Systematisches auf Historisches reduziert. Die kritische 'Reduktion', die er vornimmt, besteht letztlich auch in der Ausschaltung von *inhaltlich* verstandenen Sachfragen. Nicht was gesagt wird, ist wichtig, sondern wer spricht; nicht was etwas ist, sondern wie es ist, ist jetzt von Bedeutung. Probleme werden als Problematisierungsweisen, Wahrheit als Wahrheitseffekte aufgefaßt,[41] und immer wieder demonstriert Foucault seinen anders ansetzenden Fragestil, wie z. B. in *Der Wille zum Wissen*: „Die

---

[37] Vgl. OD 22.

[38] Vgl. Waldenfels 1987: 528, 531. - Foucaults Bestimmungen, vor allem diejenige des Gebiets der Episteme, sind alles andere als klar. So sind auch die hier zitierten Gegensatzpaare nicht unbedingt als Parallelen zu verstehen, es kommt allein darauf an, daß Foucault anscheinend immer einen Bereich untersuchen möchte, in dem die Gegensätze der Dubletten nicht gelten.

[39] S. o. Fußn. 36.

[40] Vgl. *Qu'est-ce qu'un auteur?*: 95.

[41] Vgl. Foucault, *Wahrheit und Macht*, Interview mit Fontana/Pasquino, 1977: 34, 53.

Frage, die ich stellen möchte, lautet nicht: weshalb werden wir unterdrückt? sondern: weshalb *sagen wir ...*, daß wir unterdrückt werden?" (WW 18, Hervorhebung A.R.). Dasselbe Verfahren, mit dem einmal die Annahme einer Realität der Außenwelt als naiver Standpunkt abgewiesen wurde, schaltet nun die Annahme einer 'Substanz' sachlicher Probleme aus und reduziert die Inhalte auf Formen. Daher ist jede Frage nach dem „Sein des Menschen" eine (historisch) naive Frage; daher gehen auch jene Kritiken an der Intention Foucaults vorbei, die ihm z. B. vorhalten, seine Denunziation des Subjekts treffe nur eine bereits obsolet gewordene Hegelisch „aufgespreizte", nicht aber eine Kantisch „endliche" Konzeption von Subjektivität.[42] Solche Einwände unterschätzen Foucaults Diagnose, weil sie sie aufs bloß logische Argument reduzieren und um ihren Anspruch bringen, eine Aussage über eine historisch entstandene Frage*stellung* zu sein. Es geht ja nicht darum zu sagen, welche Subjektbegriffe unhaltbar und welche zu verteidigen wären, es geht nicht um die Begründung eines besseren, angemesseneren, rationaleren Konzepts von Subjektivität, und es ist nicht unbedingt Foucault, der hier die Grundlagen seiner Argumentation verfehlt.[43]

Aber *sind* Probleme nichts außer der Weise, in der sie problematisiert werden? *Ist* Wahrheit nichts als eine Wirkung, ein Effekt? Foucault läßt sich nicht bei expliziten Identifizierungen ertappen,[44] aber er unterlegt sie seiner Argumentation, um einen 'substantiellen Schein' auch dort aufspüren zu können, wo von unhistorisch bleibenden Strukturen ausgegangen wird, wo es den

---

[42] So z. B. Ludwig Nagel, *Zeigt die Habermassche Kommunikationstheorie einen 'Ausweg aus der Subjektphilosophie'?* 1988: 359f. Ähnliche Argumente verwenden Frank 1988 und Schnädelbach 1989.

[43] Die Kommentatoren neigen oft dazu, Foucault mit der Macht des angeblich 'rationalen' Arguments entgegenzutreten und ihn an einem Maßstab zu messen, dem sich zu entziehen gerade einen Teil seiner Methode und kritischen Intention ausmacht. Zum Begründungsverfahren Foucaults als eines rhetorischen s. Schäfer, *Reflektierte Vernunft*, 1995.

[44] Foucaults NachfolgerInnen sind in dieser Hinsicht oft eindeutiger und dementsprechend leichter angreifbar. So behauptet z. B. Judith Butler ein diskursives Hergestelltsein der Körper (s. Butler, *Das Unbehagen der Geschlechter*, 1991: 190ff). Sie folgt damit m. E. sehr konsequent der Intention Foucaults, verkehrt sie aber auch darin, daß sie seine methodisch begründete Vorsicht bezüglich ontologischer Identifizierungen aufgibt.

Anschein hat, als *seien* die Probleme etwas anderes als ihre Problematisierungsweisen, als *seien* die Gegenstände des Wissens etwas außerhalb des Diskurses, als seien sie grundlegender und beharrlicher als ihre jeweilige konkrete Ausprägung.

Es gibt gute Gründe den alten Dualismus von (wahrem) Sein und (bloßer) Erscheinung aufzuheben, denn tatsächlich läßt sich nicht angeben, was z. B. 'der Wahnsinn' sein sollte, außerhalb der Bedeutung, die man ihm gibt, außerhalb der Praxis, die ihn herstellt, was 'Wahrheit' sein sollte außerhalb der Übereinkunft, die etwas als 'wahr' gelten läßt.

Gilles Deleuze beschreibt anschaulich, wie sich der 'substantielle Schein' aus einer bestimmten metaphysischen Fragestellung heraus entwickelt. In Platons Dialogen geht es immer darum, *was* etwas sei, das Schöne, die Gerechtigkeit etc., und Sokrates steht „Jünglingen, starrköpfigen Alten und berühmten Sophisten" gegenüber, denen allen gemeinsam ist

„auf jene Frage mit dem Zitieren dessen zu beginnen, was [ce qui] schön ist: eine Jungfrau, eine Stute, ein Kessel ... Sokrates triumphiert: Man antwortet auf die Frage 'Was ist das Schöne?'[*qu'est-ce que* le beau] nicht, indem man zitiert, *was* schön ist *[ce qui est* beau]".[45]

Hier wird die Unterscheidung zwischen Wesen und Erscheinung etabliert, doch sie beruht nur darauf, daß die metaphysische Frage selbst nicht in Frage gestellt wird. Dabei ist es - so Deleuze - „keineswegs sicher, ob die Frage 'Was ist das Schöne?' nicht selbst eine Dummheit ist [bêtise]."[46] Die Sophisten jedenfalls und Nietzsche ersetzen das „Was ist?" durch ein nicht naiv zu verstehendes „Wer?", und zwar genau deshalb, weil jedes allgemeine Was letztlich auf ein konkretes Wer, bzw. ein „für Wen?" zurückgeht; „das Wesen ist einzig und allein der Sinn und der Wert des Dings",[47] es „... wird in der Kraft ausgemacht, in deren Besitz es ist".[48] Hat Deleuze nicht Recht, wenn er mit Nietzsche feststellt:

„wenn wir die Frage 'Was ist' stellen, fallen wir nicht nur in die schlimmste Metaphysik zurück, wir tun tatsächlich nichts anderes als in

[45] Deleuze, *Nietzsche und ...* : 84; *Nietzsche et ...* : 86.
[46] A. a. O.: *p.86.
[47] A. a. O.: 85/p.87
[48] A. a. O.: 85/p.87

einer ungeschickten, blinden, unbewußten und konfusen Art die Frage 'Wer?' zu stellen."[49]

3.4. *Ein anderes „Denken des Gleichen"?*

Wenn es einen Überschneidungspunkt zwischen Sartre und Foucault gibt, so ist es Nietzsche. Viele Motive hat Sartre von Nietzsche übernommen; so kann man z. B. sein Denken sehr konsequent als ein Denken in Kräfteverhältnissen verstehen, die Entgegenstellung „aktiv-passiv" scheint in vieler Hinsicht das eigentlich grundlegende Modell der Sartrischen Bewußtseinsphilosophie zu sein, und seine Sozialontologie läßt sich als eine auf unaufhebbarer Ungleichheit aufbauende Machttheorie lesen. Eine Ausgewogenheit der Kräfte kommt nie vor. Sartre entwickelt mit der als Essenz verstandenen Existenz eine Theorie der Spontaneität und Sinnschöpfung; die Existenz ist wesentlich „création",[50] sie ist eine *Produktion* im nietzscheanischen Sinne, weil sie von denselben Voraussetzungen eines Denkens nach dem „Tod Gottes" und der Unmöglichkeit vorgängiger Wesensaussagen ausgeht. Die tiefste gemeinsame Wurzel, die Sartre und Foucault in Nietzsche haben, ist das antimetaphysische Motiv, demzufolge es „keinen Täter hinter der Tat" gibt.

In Nietzsches Modus des Fragens wird die Unterscheidung von Wesen und Erscheinung aufgelöst. Diese Aufhebung scheint allerdings auf eine andere Variante des „Denkens des Gleichen" hinauszulaufen, in der es kein „Oszillieren" gibt, weil hier das Gleiche nicht mehr als ein Anderes begriffen wird. Nicht selten stellt sich auch die sich auf Nietzsche berufende Differenzphilosophie als eine monistische Einheitslehre dar, gerade weil sie Differenz nicht über Negation, sondern über Affirmation denkt.[51] Sie kann

---

[49] A. a. O.: *p.87

[50] Vgl. z. B. *Cahiers pour une morale*, 1983: 524ff.

[51] Unter 'Monismus' verstehe ich die Verabsolutierung eines Prinzips, das z. B. aus dem beschriebenen Prozeß der Immanentisierung resultieren kann. - Zum Monismus der Differenzphilosophie passt neben Foucaults Konzept der produktiven

kein „Denken des Außen“ mehr sein, wenn sie, bei aller Betonung von Inkommensurabilität, immer nur Beispiele von Unüberschreitbarkeit gibt: Der Diskurs und die Macht sind nicht zu hintergehen, „transversale Linien des Widerstands“ sind nur als Faltung des Außen ins Innen möglich.[52] Damit ist der ehemalige Impuls gegen ‘Einheit’, der die Subjektkritik motivierte, auf eigentümliche Weise unterlaufen.

Was Foucault und Sartre trennt ist, daß beide - in der gemeinsamen Erbschaft Nietzsches - die Differenz von empirisch und transzendental auf je verschiedene Weise aufheben. Sartre identifiziert die Aspekte, doch da sie für ihn immer noch als getrennte gelten, ergibt sich eine „Dublette“; diese Vermischung, die das moderne Denken vollziehen *muß*, wird von Foucault kritisiert und zugleich affirmativ zum methodischen Prinzip gewendet: Nichts soll mehr die Funktion des Transzendentalen erfüllen als das historisch verstandene Empirische selbst. Damit ist die der Dublette immanente Negation weggearbeitet.

Eine radikal gedachte Endlichkeit zieht die Konsequenzen daraus, daß das „Transzendentale“ immer schon ein Empirisches gewesen ist, daß jene, die Unterscheidung von Wesen und Erscheinen generierende Frage nach dem allgemeinen ‘Was’ im Grunde immer nur mit einem konkreten ‘Wer’ oder ‘Wie’ beantwortet wird; daß nicht die gegebenen Inhalte unsere Fragen, sondern daß unsere Fragen die Inhalte bestimmen.

Mit Foucaults Analyse läßt sich vorführen, daß ein Denken im Stile der Existenzphilosophie seinen Anspruch, (ontologische) Allgemeinbegriffe zu bilden, nicht legitimieren kann. Unter dem Primat des Subjekts begründet sich das Denken aus endlicher Erfahrung und geht so notwendig immer mit falscher Unmittelbarkeit vom Konkreten zum Abstrakten über. Wie lassen sich irreduzible existentiale Grundphänomene ausweisen, wie läßt sich begründet behaupten, die „Unaufrichtigkeit“, die „Knappheit“, die „Freiheit“ seien Strukturen, die überall gelten, wo es menschliche Wesen gibt? Solche Setzungen sind (ebenso wie die Berufung auf zeitlos systematische Problemstellungen der Philosophie) aus der

Macht auch Deleuzes Option für die Univozität des Seins (s. *Différence et répétition*: 53ff, 387f).

[52] Deleuze, *Foucault*: 131ff.

Perspektive Foucaults „präkritisch naiv" zu nennen, weil sie nicht auf ihre Bedingungen reflektieren, weil sie ihre eigenen Grundlagen selbst nicht historisieren, d. h. sie nicht in die Endlichkeit mit einbeziehen.

Doch ist ein 'metaphysisches', substantielles Fragen damit gegenstandslos geworden? Es scheint, daß mit dem Ausschalten eines solchen Fragestils - nicht nur bei Foucault - genau das weggestrichen ist, was das eigentliche Interesse der Philosophie ausmachte: ihr Anspruch, das Wirkliche nicht für das Wahre zu halten und die Welt auf eine prinzipielle Weise zu erklären und zu begründen. Die Metaphysikkritik läuft Gefahr, mit dem substantiell verstanden Dualismus von Sein und Erscheinung auch das aufzugeben, was an der begrifflichen Differenz der beiden Seiten sinnvoll war: das Beharren, daß eines nicht im anderen aufgeht.[53]

Foucault hat den Preis, der für die Überwindung der „Doppel" aufzubringen war, nie ganz bezahlt. Sein Denken wäre eindeutiger gewesen, wenn er wirklich ein Positivist hätte sein können, aber hinter der positivistischen Attitüde steckt m. E. auch ein 'unglücklicher Transzendentalist'. Die von mir im ersten Teil der Arbeit aufgestellte Behauptung, die *Ordnung der Dinge* klage die Differenz von empirisch und transzendental ein, wird nicht Makulatur dadurch, daß Foucault selbst eine systematische Vermischung vornimmt: Seine Phänomenologiekritik ist weiterhin gültig, denn er scheint gleichermaßen auch an die Relevanz der eingeklagten Differenz zu glauben. Es will nicht recht gelingen, die Phänomenologie nur durch die Radikalisierung ihrer 'Fehler' zu überwinden, und so bleibt immer ein Überschuß gegenüber dem bloß Empirischen. Wir hatten gesehen, wie schwer es für Foucault in der *Histoire de la folie* war, den Wahnsinn nicht doch als eine Art 'Substanz' zu denken, und zwar - wie ein „Ding an sich" - in zweifach konnotierter Hinsicht, als wesentliches Bewegungsprinzip (das Andere der Vernunft) und als eine erfahrungsunabhängige Tatsache. Für Foucault stellt sich weiterhin das

[53] In diesem Sinn plädiert Schnädelbach für eine „negative Metaphysik" als einer „Erinnerung daran, daß der Diskurs nicht alles über das Wahre und Gute vermag" und als Ausweg aus einem holistischen „spekulativen Selbstabschluß" (Schnädelbach, *Dialektik und Diskurs*, 1987: 171).

Problem objektiver Ordnungen, in einer grundsätzlichen Doppeldeutigkeit vereint er, was eigentlich nicht zusammengeht, einen strukturalistischen und historistischen Ansatz,[54] und immer werden Instanzen benannt, die den Verdacht erwecken, sie erfüllten neben ihrem empirischen Status die Aufgabe einer transzendentalen Synthesis: der Wahnsinn, das Sein der Sprache, die Episteme, die diskursiven Ordnungen, die Macht. Alle diese Instanzen sind „positiv und fundamental zugleich". Historisches und Systematisches, Ereignisse und Strukturen, Beschreibendes und Normatives bilden ein schwer zu entwirrendes Wechselspiel, und es scheint, als werde Foucault auf methodischer Ebene von derselben Ambivalenz heimgesucht, die inhaltlich die empirisch-transzendentale Dublette kennzeichnete, mit dem Unterschied allerdings, daß er sie bezüglich seiner Theorie nicht thematisiert bzw. sich nicht zu ihr äußern will.

Hier liegt der Kern für die „paradoxe Verbindung von positivistischer Einstellung und kritischem Anspruch",[55] für grundsätzliche Ambivalenzen in Foucaults Wissenschaftskritik[56] und für all die Probleme, die man mit seinem Relativismus, mit dem unklaren Status seiner Aussagen und dem fehlenden Maßstab für ‘richtige' politische Optionen innerhalb seiner monistischen Machttheorie haben mag. War Foucault sich dessen bewußt, daß seine Aussagen selbst wie ein Diskurs wirken, der „gleichzeitig empirisch und kritisch sein will" (OD 387)?

---

[54] Ricœur z. B. erklärt die Eigenart des Strukturalismus gerade aus seiner Entgegensetzung zum historistischen Prinzip und beschreibt sie weiterhin als eine „subordination ... de la diachronie à la synchronie" (Ricoeur 1963: 528f). Foucault dagegen hält die „Opposition Struktur-Werden", in der überdies auch Sartre denkt, für nicht zutreffend (s. AW 22).

[55] Habermas 1986: 318.

[56] Systematisch untersucht von Visker 1991: 28ff, 125ff u. a.

4. Ausblick

Die vorliegende Arbeit hat sich in weiten Teilen an der Charakterisierung des „modernen Denkens“ als eines „Denkens des Gleichen“ orientiert und diese Bestimmung unter anderem auch als Kritik verstanden. Foucault schildert das „moderne Denken“ als ein widersprüchliches, und ich möchte zum Schluß noch einige kurze Überlegungen zur Struktur dieses Widerspruchs anfügen, d. h. die Frage stellen, wie sich im „Denken des Gleichen“ die Kategorien von Identität und Differenz zueinander verhalten und welche Funktion hierbei der Negation, bzw. der Negativität zukommt.

Die Struktur des „modernen Denkens“ ergibt sich - Foucaults Darstellung zufolge - aus der Selbstbezüglichkeit der ‘modernen’ Endlichkeit. Es ist eine Endlichkeit, die sich nicht von ihrem Anderen, dem Unendlichen her versteht und so zu einem Denken im Medium des Gleichen wird. Daher war es wichtig, immer auf den Ausschluß, das Wegstreichen von Grenzbegriffen hinzuweisen, wodurch sich eine *Immanenz* etabliert. Doch der Ausschluß der Grenze läßt eine „zufluchtlose Dualität“ (OD 394) im Inneren der Endlichkeit entstehen; im „Denken des Gleichen“ wirkt eine Entgegensetzung, eine *Negativität*, die darauf hinzuweisen scheint, daß die Endlichkeit sich nicht konsequent als Endlichkeit denken kann, weshalb ihr ‘ausgeschlossenes’ Anderes stets mit anwesend ist. So entsteht eine *Ambivalenz*, das „Denken des Gleichen“ ist ein Zugleich des Gegensätzlichen. Der innere Zusammenhang der Elemente von Immanenz, Negativität, Ambivalenz, die die Struktur des „modernen Denkens“ bestimmen,[1] läßt sich aus der Herleitung Foucaults nicht vollständig verstehen, man könnte aber Negativität als die Weise ansehen, in der die Aspekte Immanenz und Ambivalenz sich vermitteln.

---

[1] Vgl. diese Arbeit Teil1, 1.1.

1. Foucaults Beschreibung der „Doppel“ in der *Ordnung der Dinge* zielt gegen die Dialektik. Sie trifft jedoch nicht den objektiven Idealismus, sondern eine im Hegelischen Sinne „schlechte Unendlichkeit“, die genau dann entsteht, wenn die Endlichkeit ihre Grenze nicht überschreiten und aufheben kann und stattdessen beim „perennierende[n] Herüber- und Hinübergehen von dem einen Gliede des bleibenden Widerspruchs zum anderen“ stehenbleibt.[2] Eine Dublette ist nicht „Identität von Identität und Nicht-Identität“, sondern Identität und Nicht-Identität von Identität und Nicht-Identität. Was den Unterschied ausmacht, zeigt sich klar am Bewußtseinsbegriff Sartres: Das Bewußtsein, so hatte er gesagt, sei keine „Einheit, die eine Dualität enthält“, sondern eine „Dualität, die Einheit *ist*“ (SN 168). Der Primat der Einheit hat sich zugunsten einer Dualität, die Integration („enthält“) zugunsten einer Identifizierung („ist“) verschoben.

Sartre denkt - im Gegensatz zu Hegel - Selbes und Anderes nicht als Einheit. Das Selbst kann nicht im Anderen bei sich sein und durch die Entfremdung zu sich zurückkommen, weil nicht die Identität, sondern die Nicht-Identität mit dem Anderen sein Sein ausmacht. Das Verhältnis der Elemente ist paradox verkehrt und negativistisch festgeschrieben: Identität ist als Entfremdung und Nicht-Identität als Identität begriffen, so daß die dialektische Bewegung nicht kreisförmig in sich zurückkehrt, sondern zwischen den Seiten hin- und herläuft. Die entgegengesetzten Seiten sind weder zu vermitteln noch wirklich zu trennen, weil sie sich in ihrem absoluten Getrenntsein aufeinander beziehen.[3] Genau diese Figur produziert die Verdoppelung und die Behauptung, daß etwas

[2] Hegel, *Logik I*: 264, s. a. 142ff.

[3] In einer etwas anderen Lesart zeigt Merleau-Ponty, daß der Gegensatz oder die Identität der Kategorien Sein und Nichts bei Sartre auf dasselbe hinauslaufen, weil sie gerade durch die Absolutheit ihrer Trennung zu identischen werden: „Wir befinden uns jenseits des Monismus wie des Dualismus, weil der Dualismus/ so weit getrieben worden ist, daß die Gegensätze sich keine Konkurrenz mehr machen, sondern wechselseitig aufeinander beruhen und miteinander deckungsgleich sind“ (Merleau-Ponty, *Das Sichtbare und das Unsichtbare*: 80). Im Zusammenhang seiner Analyse spricht Merleau-Ponty auch von „Doubletten“ (a. a. O. 101), und es ist sehr gut möglich, daß Foucault sich in der *Ordnung der Dinge* von dieser Deutung hat inspirieren lassen.

zugleich dasselbe sei wie sein Gegenteil und doch radikal von ihm unterschieden bleibe.

Immer geht es Sartre darum, die Dialektik von der in ihr vorausgesetzten Totalität zu befreien und Synthesen zu verweigern. Das Spezifische dieses Denkens, das in vielem einer „negativen Dialektik" ähnelt, ist, daß es Differenz absolut setzt und gleichzeitig die Perspektive auf eine Einheit beibehält, die nur noch in der Form ihrer Negation gedacht werden kann, als negierte Einheit. Das Prinzip einer negativistisch festgeschriebenen Dualität bestimmt v. a. *Das Sein und das Nichts* und kann nicht in demselben Maße auf alle anderen Schriften Sartres übertragen werden; die absolute Entgegensetzung wird später entschärft, aus der Perspektive einer möglichen Vermittlung betrachtet[4] und manchmal - wie z. B. in den *Cahiers pour une Morale* - zugunsten eines Projekts der Pluralisierung aufgelöst.[5] Das Muster eines ambivalenten „Denkens des Gleichen" läßt sich jedoch - wie im Verlauf dieser Arbeit gezeigt - auf verschiedenen Ebenen und in mehr oder weniger ausgeprägter Form immer wieder bei Sartre finden.

Was ist 'falsch' an der Doppelstruktur? Das Problem - so scheint mir - liegt nicht in der Widersprüchlichkeit selbst und nicht in der fehlenden Vermittlung der Gegensätze, sondern in der besonderen Form des Widerspruchs. Da die Seiten des Doppels als identisch und verschieden zugleich gesetzt sind und beide Setzungen absolut gelten, findet keine Entwicklung der Begriffe oder der mit ihnen behandelten Probleme statt.[6] Die Absolutheit der Entgegensetzung und der Identifizierung führt strukturell zu Paradoxien und produziert in permanentem Wiederholungszwang immer dieselben Fragen und immer dieselben Antworten.

Foucault löst die Doppel in einer anderen Variante des 'Gleichen' auf, indem er ein der phänomenologischen Epoché ähnliches Verfahren anwendet und auf seine Weise eine 'Immanenz' etabliert. Doch die Dynamik der Reduplizierung innerhalb

---

[4] Vgl. z. B. Sartres *Kritik der dialektischen Vernunft* oder *L'universel singulier*, 1990.

[5] „l'antithèse ... est ambigue comme l'est déja la thèse elle même ... la dialectique se noie dans sa richesse même" (*Cahiers:* 61); „... il faudrait dire: l'absolu est *sujets*" (a. a. O. 464); „Il y a pourtant *des* dialectiques" (a. a. O. 478).

[6] Vgl. auch Merleau-Ponty, *Das Sichtbare* ... : 105.

dieser Immanenz ist aufgehoben, weil es in ihr keine Trennung gibt, bzw. weil die Seiten der Doppel in einer Art 'Mittelregion' festgelegt sind. Die der Dublette immanente Negation, so hieß es, sei „weggearbeitet".[7]

Negation hat hier zwei Aspekte: Sie ist ein Verfahren der Trennung und kann gleichzeitig - als dialektische Figur - eine Vermittlungsfunktion übernehmen. Wenn die Kritik am Subjekt sich gegen das Prinzip von Einheit als einer durch Negation vermittelten Einheit richtet, ist es nur konsequent, daß bei Foucault Negation, vor allem aber bestimmte Negation als die 'Zauberformel' der Dialektik, vollständig aufgegeben ist. Damit wird auch eine „negative Dialektik" unmöglich. Es ist nicht der Verlust der Einheit, der die „Moderne" von der „Postmoderne" trennt, sondern die Elimination von Negativität als Perspektive auf eine (unmöglich gewordene) Versöhnung.[8] Dieser Verlust macht aus der „Postmoderne" endgültig eine „Moderne ohne Trauer".[9]

Darüberhinaus ist Negation ein Verfahren der Teilung und Trennung und wäre demnach zu jenen „Ausschlußsystemen" zu zählen, die - laut Foucault - die Diskurse kontrollieren und allererst Unterscheidungen wie wahr und falsch, Wesen und Erscheinung herstellen.[10] Will man einen solchen, mit Entgegensetzungen und Ausschlüssen arbeitenden Wahrheitsdiskurs selbst kritisch analysieren, verbietet sich ein Denken in binären Schemata. Foucaults Bemühen um die Materialität der Diskurse, sein Pathos für das Sein der Sprache, seine Kritik an der „Repressionshypothese" in *Der Wille zum Wissen* und seine Konzeption der Macht lassen sich aus einer - durchaus normativen - Ablehnung einer auf Teilung beruhenden Wahrheitsauffassung verstehen. Folglich ersetzt Foucault auch die Vorstellung einer binär gedachten, 'negativen' Unterdrückung durch eine monistisch gedachte 'positive' Produktivität der Macht. Das Skandalöse an dieser Auffassung ist, daß sie keinen wahren, 'archimedischen' Punkt

---

[7] Vgl. diese Arbeit Teil 2, Kap. 3.3, 3.4.

[8] Auch dort wo Foucault mit Entgegensetzungen wie Innen und Außen, Selbes und Anderes, Vernunft und Wahnsinn arbeitet, denkt er nicht dialektisch, weil der die Einheit der Gegensätze nicht als Wahrheit begreift. Vgl. auch Habermas 1986: 281.

[9] Wellmer, *Zur Dialektik von Moderne und Postmoderne*, ^{4}1990: 55.

[10] Vgl. Foucault, *Die Ordnung des Diskurses*: 13f.

außerhalb der Macht zuläßt, weil Wahrheit selbst als ein Machteffekt angesehen wird.

Ein 'Gleiches' ohne die Struktur immanenter Negativität scheint tatsächlich kein Problem mehr mit der „schlechten Unendlichkeit“ zu haben, denn es gibt hier keine entgegengesetzten Seiten, die sich ausschließen und sich gegenseitig bedingen, die identisch und verschieden zugleich sind. Doch ist zu bedenken, um welchen Preis diese Vermeidung „schlechter Unendlichkeit“ gelingt. Ein 'gegensatzloser Monismus' unterläuft begriffliche Unterscheidungen, die bisher unser Denken und die philosophische Reflexion strukturierten und die darüber hinaus ein scheinbar unabdingbares Inventarium bilden, um Kritik am Bestehenden zu ermöglichen. Foucault gibt ein Denken auf, das Wahres und Falsches, Selbstsein und Entfremdung, Freiheit und Unterdrückung einander entgegensetzt. Es gibt gute Gründe diese binären Schemata zu hinterfragen, aber reichen sie hin, um ein Denken in Entgegensetzung und Negation selbst aufzugeben?

2. Ein zweiter 'Fehler' im „Denken des Gleichen“ ist es, die Struktur des Widerspruchs selbst zur unwandelbaren Wahrheit zu erklären, so wie z. B. Sartre die Nicht-Identität des Für-sich als ontologische Verfassung des Menschen versteht und nicht als den Ausdruck der Aporien einer bestimmten Theorietradition.

Die Alternative, die Foucault in der *Ordnung der Dinge* als „wahre Anfechtung“ der Doppel vorschlägt, besteht darin, die Frage zu stellen, „ob der Mensch wirklich existiert“ (OD 388). Der mit der bewußtseinsphilosophischen Tradition etablierte Primat des Subjekts macht den „Menschen“ zum letzten Fundament unseres Wissens über die Welt, und genau gegen diesen Grundlegungsanspruch und seine angebliche Unhintergehbarkeit richtet sich die Subjektkritik. Zu fragen, „ob der Mensch wirklich existiert“, heißt einerseits fragen, ob es wirklich das Subjekt ist, das als unhintergehbares Prinzip unseres Wissens fungiert und zweitens, ob es dieses Prinzip überhaupt *gibt*, d. h., ob ihm der Status einer ontologischen Wahrheit zukommt. Der Zweifel an der *Existenz* des „Menschen“ enthält zugleich einen generellen Zweifel am 'Sein' allgemeiner, systematischer Wahrheiten.

Bewußtseinsphilosophie beginnt mit der reflexiven Rückwendung auf die Bedingungen und Voraussetzungen unseres Wissens, und sie führt konsequent zu einer Selbstbeschränkung, zur 'Verendlichung' des Wissens auf den Raum unserer Erfahrung. Sie geht allerdings über ihre Grenzen hinaus, wenn sie ihre Fragestellung verschiebt und sich nicht mehr auf Erkenntnis, sondern auf ein - wie auch immer verstandenes - 'Sein' bezieht. Ich habe dies anhand einer Bewegung von der transzendentalen Phänomenologie zur Ontologie beschrieben und mit Hilfe von Foucaults Dublettenmodell als ein 'Vergessen' der Differenz von empirisch und transzendental interpretiert, sowie als sukzessives 'Vergessen' jener bewußtseinsphilosophischen Selbstbeschränkung, die in der phänomenologischen Epoché ihren methodischen Ausdruck findet. Auf der Basis von Foucaults Analyse läßt sich die Wiederkehr von ontologischen Theorieformen im 20. Jahrhundert, wie z. B. bei Heidegger und Sartre, als Reaktion auf das Problem der Doppelung verstehen.

Foucaults eigene Methode kann nun als eine Art Wiederholung der transzendentalen Reflexion gegen die falsche Unmittelbarkeit des 'Was-etwas-ist' dieser Ontologien gesehen werden. Das neunte Kapitel der *Ordnung der Dinge* ist in vieler Hinsicht parallel zu Kants Vernunftkritik konstruiert: Der dogmatische Schlummer ist als „anthropologischer Schlaf" wiedergekehrt, an die Stelle des metaphysischen Dogmatismus ist eine andere präkritische Naivität getreten, die, weil sie in der Traditionslinie der Bewußtseinsphilosophie steht, als Ontologie nur noch eine Ontologie des Subjekts sein kann, eine Anthropologie.

Wenn Foucault die transzendentale Reflexion wieder aufnimmt, so um sie in eine neue Richtung zu lenken; es ist, als wolle er - ganz im Sinne seiner Aussagen in der *Introduction à l'Anthropologie de Kant* - eine andere „Wiederholung der Kritik" vornehmen als diejenige, die die Anthropologie vollzogen hat.[11] Mußte Foucault also die Differenz von empirisch und transzendental thematisieren und ihre 'falsche' Vermischung einklagen, um die beiden Seiten dann auf seine Weise erneut in eins setzen zu können? Seine Art der Identifizierung von Empirischem

[11] Vgl. auch OD 411f.

und Transzendentalem führt zu anderen Fragen nach dem Seienden/Sein, die nicht mehr Auskunft darüber geben wollen 'was etwas ist', sondern 'wie' etwas gemacht, geworden, konstituiert ist.

Dem entspricht das Motiv einer Verbindung von „Kritik" und „Ontologie", das über die verschiedenen Werkphasen hinweg konstant bleibt. Hatte Foucault 1963 in der *Vorrede zur Überscheitung* emphatisch das Denken Nietzsches als ein Denken vorgestellt, das „Kritik und Ontologie in einem ist, ... das die Endlichkeit und das Sein denkt",[12] so entwickelt er 1984 in dem Aufsatz *Was ist Aufklärung?* den Gedanken einer „kritischen" und das heißt hier einer „historische[n] Ontologie unserer selbst".[13] Eine „zeitgenössische" Wiederholung des transzendentalen Ansatzes als Ontologie scheint notwendig zu einem historischen Denken führen zu müssen, wobei

> „Kritik nicht länger als Suche nach formalen Strukturen mit universaler Geltung geübt wird, sondern ... als historische Untersuchung der Ereignisse, die uns dazu geführt haben, uns als Subjekte dessen, was wir tun, denken und sagen zu konstituieren und anzuerkennen."[14]

Geschichtlichkeit liegt im Schnittpunkt von Empirischem und Transzendentalem und „Ontologie" ist nun als Genealogie aufgefaßt. Unter dieser veränderten Voraussetzung können dann auch „was-ist"-Fragen in den Titeln von Foucaults Texten erscheinen: *Was ist ein Autor?, Was ist Kritik?, Was ist Aufklärung?*[15]

Das Konzept einer „historischen Ontologie" macht nicht mehr den 'Fehler', Lebensweisen und Denkformen für unwandelbare Gesetze zu halten, es vermeidet diesen 'Fehler' aber - wie im letzten Kapitel beschrieben - um den Preis der Auflösung des Systematischen im Historischen, bzw. um den Preis einer Ambivalenz.

Wenn, wie in *Was ist Aufklärung* gefordert, die „historische Untersuchung der Ereignisse" an die Stelle der „Suche nach for-

---

[12] *Vorrede zur Überschreitung*: 34.

[13] *Was ist Aufklärung?*: 49f.

[14] A. a. O.: 49.

[15] Wie diese Titel zu verstehen sein sollen, bleibt offen. Es mag sein, daß sie nur lapidar das Vorhaben einer Begriffsklärung ausdrücken, ohne dem „Was-ist" eine besondere Bedeutung beizumessen; ebenso könnte es sein, daß Foucault sie rhetorisch verwendet, in ironischer Anspielung auf eine Tradition metaphysischen Fragens. Vielleicht drückt sich in diesen Titeln aber auch jene typische Ambivalenz aus, mit der Foucault seine eigene 'reduzierte' Fragestellung immer wieder übersteigt.

malen Strukturen“ tritt, so heißt das nicht, daß Foucault überhaupt keine ‘Allgemeinheit’ mehr denkt. Die rein formal gestellte Frage nach dem ‘Wie’ von diskursiven Praktiken, von Unterwerfungs- und Ausschlußmechanismen, von Machtstrukturen und Problematisierungsweisen, hat selbst einen systematischen Charakter, da sie vorgibt, nicht mit ihren Inhalten zu wechseln, sondern auf verschiedene Inhalte anwendbar zu sein. Es wird eine ‘leere’, formale Allgemeinheit gebildet, wobei das Untersuchungsverfahren selbst ‘empirisch’-deskriptiv bleibt.[16]

Eine Ambivalenz bezüglich des Anspruchs an Allgemeinheit bleibt jedoch bestehen; sie zeigt z. B. in der Machttheorie. Foucault legitimiert sein Modell der Macht mit dessen Angemessenheit an historische Fakten.[17] Dementsprechend legen auch einige Passagen von *Der Wille zum Wissen* nahe, daß die juridische Auffassung von Macht nicht per se falsch, sondern nur veraltet ist.[18] Ein Modell der Analyse von Machtformationen müßte sich also immer seinen historisch variablen Inhalten anpassen. Gleichzeitig scheint Foucault aber auch einen *generellen* (zeitlosen?) Erklärungsanspruch für die Funktionsweise der Macht zu erheben, wenn er z. B. die Repressionshypothese selbst als eine Verschleierungstaktik der Macht begreift.[19] Gibt es also einen Unterschied zwischen (bloßer) Repräsentation der Macht und ihrem ‘wahren’ Mechanismus? Wie bestimmt sich genau das Verhältnis zwischen vorgegebenem, positiven Inhalt und enthüllender Methode? Wie

---

[16] Vor diesem Hintergrund sind auch Zweifel an dem angebracht, was unter dem Titel „Lebenskunst“ als Ethik Foucaults gehandelt wird. Man kann die späten Äußerungen Foucaults zur „Ästhetik der Existenz“ wohl kaum normativ als eine „Neubegründung der Ethik“ lesen (s. Schmid, *Auf der Suche nach einer neuen Lebenskunst*: 1991), ohne zugleich die Intention seiner früheren Schriften zu verraten. Ihnen zufolge dürfte Foucault sich nicht ungebrochen auf die Ebene eines konzeptuell-normativen Sprechens einlassen. Aus den beiden letzten Bänden von *Sexualität und Wahrheit* selbst läßt sich *keine* Ethik ableiten und die diesbezüglichen Interviews zeigen deutlich, wie Foucault auf systematisch gestellte Fragen historisch antwortet (s. z. B. Foucault, *Freiheit und Selbstsorge*, 1984: 12f); seine Aussagen bleiben zumindest so ambivalent, daß nicht deutlich wird, ob er von den Griechen oder von einem genereller zu verstehenden Ethos der Selbstsorge spricht.

[17] Vgl. WW 113, 124, 179.

[18] Vgl. WW 110ff, 124.

[19] WW 106, 107, 109.

wird aus einem beschreibenden Verfahren ein verstehendes oder gar ein kritisches? Wie weit reicht Foucaults Erklärungsanspruch?

Foucault gibt vor, nicht nach Ursachen zu suchen, sein Stil ist beschreibend, er beschränkt sich - in seinen 'historischen' Schriften - auf den neutralen Vergleich von Epochen. Da sich sein Unternehmen als archäologische, bzw. genealogische Analyse versteht, geht die Intention jedoch nicht auf bloße Beschreibung, sondern auf Erklärung in einem 'schwachen' Sinn; sie will „Regelmäßigkeiten" aufdecken, sie will angeben, *wie* Wissens- und Machtsysteme funktionieren, doch sie verweigert 'Erklärung' im Sinn von Begründung, d. h., sie sucht nicht zu verstehen, *warum* diese Wissenssysteme auftauchen und auf ihre Weise funktionieren.[20]

Bezogen auf die *Ordnung der Dinge* erweist sich dieser reduzierte Erklärungsanspruch als problematisch. In der vorliegenden Arbeit habe ich gezeigt, daß die von Foucault beschriebene Struktur des „modernen Denkens" in vieler Hinsicht bei Sartre als explizite Theorie auftritt. Die Konzeption seiner phänomenologischen Ontologie, sein Versuch einer nominalistischen Dialektik, die Auffassung des Für-sich als Nicht-Identität entsprechen dem „Denken des Gleichen" nicht nur in ihrer Struktur, sondern auch darin, daß sie dieses 'widersprüchliche' Denken inhaltlich zu einer philosophischen Methode machen, die den Anspruch erhebt, die Wirklichkeit adäquat zu erfassen.

Foucaults Analyse trifft also auf Sartre zu, doch wenn dieses 'Zutreffen' nur einen deskriptiven Sinn hat, dann ist es in gewisser Weise tautologisch. Tatsächlich scheint es oft so, als müsse Foucault nur 'abschreiben', als genüge es ihm, Inhalte auf eine bestimmte Weise zu zitieren, um ihren Wahrheitsanspruch zu denunzieren. Beschreibung wird - so scheint es - als Wiederholung zu Kritik. Sie gewinnt ihre Wirkung aus der Distanz, die sie einnimmt; die (scheinbar) positivistische Haltung, das Ausklammern systematischer Fragen erlaubt es, die beschriebenen Inhalte aus einer 'verrückten' Perspektive darzustellen. Der historisierende Blick relativiert und bestreitet den absoluten Wahrheitsanspruch

[20] Vgl. OD 9ff.

der Theorien, die er zitiert, und gewinnt seine kritische Funktion gerade dadurch, daß er sich normativen Fragen entzieht.

Dennoch bleibt zu fragen, wie weit diese „Kritik“ trägt, wenn sie sich in einer deskriptiv-distanzierenden Haltung erschöpft und sich gegenüber Begründungen verweigert. Wenn die *Ordnung der Dinge* sich darauf beschränkt, zu beschreiben, *wie* das „moderne Denken“ denkt, wenn sie mit der These von den Doppeln nicht mehr sagen will, als *daß* das „moderne Denken“ in dieser Form denkt, dann leistet sie zu wenig.

Ich habe in meiner Interpretation der *Ordnung der Dinge* eine normativ motivierte Phänomenologiekritik unterstellt, die „Doppel“ in Hinblick auf eine ihnen immanente Logik gelesen und bin damit explizit über Foucaults Selbstverständnis hinausgegangen. Nur so konnte gezeigt werden, warum die Analyse Foucaults stimmig ist. Nur so konnte der Bezug zur philosophischen Tradition deutlich werden, jener Zusammenhang von phänomenologischer Fragestellung und ‘Ontologisierung’, wie er in dieser Arbeit Thema war, und nur so konnten einige Motive der Philosophie Sartres verständlich werden, die Foucault wiederum als Vorlage für seine Beschreibung des „modernen Denkens“ dienten.

An der archäologischen Analyse bleibt ein Ungenügen: Die Thesen Foucaults sind weiterhin erklärungsbedürftig, sie sind nur sinnvoll im Rahmen ihrer Auslegung und der Explikation ihrer systematischen Relevanz. Die empirisch/transzendentale Dublette ist nicht nur eine historische Erscheinung, sie bezeichnet ein *sachliches* Problem und als solches habe ich sie zu behandeln versucht. Neben einer historisierend-kritischen Haltung bleibt eine an systematischen Fragen orientierte Zugangsweise m. E. unabdingbar, und ohne sie verspielt auch die *Ordnung der Dinge* die in ihr angelegten Potentiale inhaltlicher Kritik.

Verzeichnis der verwendeten Siglen

Schriften Foucaults:

OD	- Die Ordnung der Dinge
MC	- Les mots et les choses
HF	- Histoire de la folie
WG	- Wahnsinn und Gesellschaft
AW	- Archäologie des Wissens
AS	- Archéologie du savoir
RE	- Le rêve et l'existence, Introduction
MM1	- Maladie mentale et personnalité
MM2	- Maladie mentale et psychologie
PG	- Psychologie und Geisteskrankheit
WW	- Der Wille zum Wissen
DE	- Foucault, Dits et écrits

Schriften Sartres:

TE	- Die Transzendenz des Ego
SN	- Das Sein und das Nichts
EN	- L'être et le néant
CRD	- Critique de la raison dialectique
KddV	- Kritik der dialektischen Vernunft

Weitere Literatur:

KrV	- Kant, Kritik der reinen Vernunft
SuZ	- Heidegger, Sein und Zeit
CM	- Husserl, Cartesianische Meditationen

Literaturverzeichnis[1]

Schriften Foucaults

– Préface de M. Foucault à Ludwig Binswanger, Paris 1954 (RE)
– Maladie mentale et personnalité (MM1), Paris 1954
– La psychologie de 1850 à 1950; in: Tableau de la Philosophie contemporaine, Paris 1957
– Les chercheurs s'interrogent: un psychologue, Paris 1957
– Introduction à l'anthropologie de Kant. Typoskript im Centre Foucault de Paris (cote D60) [1960/61]
– Folie et déraison. Histoire de la folie á l'âge classique, Paris 1961
– Histoire de la folie à l'âge classique (HF), Paris 1976/1990 - dt.: Wahnsinn und Gesellschaft (WG), Frankfurt a.M. 1973 (gekürzte Ausgabe)
– La folie, l'absence d'œvre; in: - Histoire de la folie à l'âge classique, Paris 1972 und in: DE I [1964] - dt.: Der Wahnsinn, das abwesende Werk; in: Foucault, Schriften zur Literatur, Frankfurt a.M. 1991
– Mon corps, ce papier, ce feu; in: - Histoire de la folie à l'âge classique (HF/1972), Paris 1972
– La pensée du déhors, Paris 1986 [1963] - dt.: Das Denken des Außen; in: Foucault, Von der Subversion des Wissens, Frankfurt a.M. 1987
– Préface à la transgression; in: Critique 195/196, 1963 - dt: Vorrede zur Überschreitung, in: Foucault, Von der Subversion des Wissens, a. a. O.
– Die Geburt der Klinik. Eine Archäologie des ärztlichen Blicks, Frankfurt a.M. 1988 [1963]
– Maladie mentale et psychologie (MM2), Paris 1966 - dt.: Psychologie und Geisteskrankheit (PG), Frankfurt a.M 1968
– Les mots et les choses. Une archéologie des sciences humaines (MC), Paris 1966/1990 - dt.: Die Ordnung der Dinge. Eine Archäologie der Humanwissenschaften (OD), Frankfurt a.M. 1974
– Nietzsche, Freud, Marx; in: Nietzsche. Cahiers de Royaumont, Phil. N° VI, 1967
– L'archéologie du savoir (AS), Paris 1969 - dt.: Archäologie des Wissens (AW), Frankfurt a.M. 1971

[1] Hinter dem Namen des Autors/der Autorin sind in Klammern die Siglen bzw. das Erscheinungsjahr angegeben, nach denen die betreffenden Texte zitiert werden. Schriften ohne solche Angabe sind mit Kurztitel zitiert; eckige Klammern beziehen sich auf das Jahr der Ersterscheinung. Eigene Übersetzungen im Text wurden mit Sternchen markiert.

– Qu'est-ce qu'un auteur? in: Bulletin de la Société francaise de Philosophie, séance du 22 février 1969
– Nietzsche, la généalogie, l'histoire; in: Hommage à Jean Hyppolite, Paris 1971 -dt.: Nietzsche, die Genealogie, die Historie; in: Foucault, Von der Subversion des Wissens, a. a. O.
– Die Ordnung des Diskurses, Frankfurt a.M. 1991 [1972]
– Sexualität und Wahrheit 1. Der Wille zum Wissen (WW), Frankfurt a.M. 1977/1983 [1976]
– Foucault; in: Dictionnaire des philosophes, Hg. D. Huisman, Paris 1984
– Was ist Aufklärung?; in: Erdmann/Forst/Honneth (Hg.): Ethos der Moderne. Foucaults Kritik der Aufklärung, Frankfurt a.M. 1990 [1984]
– Was ist Kritik?, Berlin 1992 [1990]
– Dits et écrits I-IV (DE), Hg. D. Défert u. F. Ewald, Paris 1994

Interviews:
– (1966a): Entretien avec Madeleine Chapsal; in: La Quinzaine littéraire N° 5, 16 mai 1966 - dt.: Absage an Sartre, in: Günther Schiwy, Der französische Strukturalismus, Reinbek b. Hamburg, 1966
– (1966b): L'homme est il mort? Entretien avec Claude Bonnefoy; in: Arts et loisirs, 15 - 21 juin 1966
– (1967): Über verschiedene Arten Geschichte zu schreiben. Interview mit Raymond Bellour vom 15. 6. 1967; in: A. Reif, Antworten der Strukturalisten, Hamburg 1973
– (1968a): Foucault répond à Sartre; in: La Quinzaine littéraire 1-15 mars 1968
– (1968b): Une mise au point de Michel Foucault; in: La Quinzaine littéraire 15-31 mars 1968
– (1971): Gespräch zwischen Michel Foucault und Studenten. Jenseits von Gut und Böse; in: Foucault, Von der Subversion des Wissens, Frankfurt a.M. 1987
– (1977a): Wahrheit und Macht. Interview mit A. Fontana und P. Pasquino; in: Dispositive der Macht. M. Foucault über Sexualität, Wissen und Wahrheit, Berlin 1978
– (1977b): Le pouvoir, une bête magnifique. Interview mit M. Osorio; in: Foucault, DE III, 368-382
– (1980): Entretien avec M. Foucault, Interview mit D. Trombadori, in: DE IV, 41-95
– (1983): Structuralisme et post-structuralisme. Entretien avec G. Raulet, in: DE IV, 431-457
– (1984): Freiheit und Selbstsorge. Gespräch mit Helmut Becker, Alfred Gomez-Muller und Raul Fornet-Betancaourt am 20. 1. 1984, in: M. Foucault, Freiheit und Selbstsorge (Hg. H. Becker, u. a.) Frankfurt a.M. 1985

– Legende der Wahrheit; in: Sartre, Die Transzendenz des Ego. Philosophische Essays 1931 - 1939, Reinbek b. Hamburg 1982 [1931]
– La transcendance de l'ego, Paris 1988 [1936/37] - dt.: Die Transzendenz des Ego (TE), a. a. O.
– Der Ekel, Reinbek b. Hamburg 1981 [1938]
– Eine fundamentale Idee der Phänomenologie Husserls: die Intentionalität; in: Sartre, Die Transzendenz des Ego, a. a. O. [1939]
– Esquisse d'une théorie des émotions, Paris 1960. [1939] - dt.: Skizze einer Theorie der Emotionen; in: Sartre, Die Transzendenz des Ego, a. a. O.
– L'Imaginaire. Psychologie phénoménologique de l'imagination, Paris 1940/1986. - dt.: Das Imaginäre, Reinbek b. Hamburg 1971
– L'être et le néant. Essai d'ontologie phénoménologique (EN), Paris 1970 (diese Ausgabe ist nicht seitenidentisch mit den älteren Auflagen) [1943] - dt.: Das Sein und das Nichts. Versuch einer phänomenologischen Ontologie (SN), Reinbek b. Hamburg 1991
– Ist der Existentialismus ein Humanismus?; in: Sartre, Drei Essays, Frankfurt-Berlin-Wien 1983 [1946]
– Bewußtsein und Selbsterkenntnis. Die Seinsdimensionen des Subjekts, Reinbek b. Hamburg 1973 [1948]
– Cahiers pour une morale, Paris 1983 [ca. 1948]
– Critique de la raison dialectique. Tome I. Théorie des ensembles pratiques (CRD), Paris 1960/1985. - dt.: Kritik der dialektischen Vernunft. 1. Band. Theorie der gesellschaftlichen Praxis (KddV), Reinbek b. Hamburg 1967
– L'universel singulier; in: Sartre, Situations philosophiques, Paris 1990 [1964]
– L'anthropologie; in: Sartre, Situations philosophiques, a. a. O. [1966]
– Der Idiot der Familie. Gustave Flaubert 1821 - 1857. I. Die Konstitution, Reinbek b. Hamburg 1986 [1971]

Interviews:
– (1966): Jean Paul Sartre répond; in: L'Arc, 30, 1966

Adorno, Theodor W.: Negative Dialektik, Frankfurt a.M. 1966/[3]1982
–: Zur Metakritik der Erkenntnistheorie, Frankfurt a.M. 1990
Althusser, Louis: Réponse à John Lewis, Paris 1973
–: Remarque sur une catégorie: ‘Procès sans sujet ni fin(s)’; in: ders., Réponse á John Lewis, a. a. O.
–: Idéologie et appareils idéologiques d’état; in: ders., Positions, Paris 1976
Apel, Karl-Otto: Transformation der Philosophie, Bd.2, Frankfurt a.M. 1973/[4]1988
Asemissen, H.U. (1957): Strukturanalytische Probleme der Wahrnehmung in der Phänomenologie Husserls; in: Kant-Studien 73, Ergänzungshefte, Köln 1957
Beauvoir, Simone de: In den besten Jahren, Reinbek b. Hamburg 1961/1969
Becker, Oskar: Zwei phänomenologische Betrachtungen zum Realitätsproblem; in: Hartmann (Hg.), Lebendiger Realismus. Festschrift für Johannes Thyssen, Bonn 1962
Bernet, Rudolf / Kern, Iso / Marbach, Eduard: Edmund Husserl. Darstellung seines Denkens, Hamburg 1989
Bush, Thomas W. (1980): Sartre’s use of the reduction: Being and nothingness reconsidered; in: Silverman/Elliston (Hg.), Jean-Paul Sartre. Contemporary Approaches to his Philosophy, Pittsburgh 1980
Butler, Judith: Das Unbehagen der Geschlechter, Frankfurt a.M. 1991
Butts, Robert E.: Does intentionality imply meaning? A paralogism in Sartres Ontology; in: Kant-Studien 52, 1960/61
Collins, Magery / Pierce, Christine: Holes and slime: Sexism in Sartre’s Psychoanalysis; in: Philosophical Forum, Boston 1976
Colombel, Jeanette: Foucault et Sartre; in: Lettre International, Automne 1987
–: Brumes de mémoire; in: Les Temps Modernes N^{0} 531-533, Témoins de Sartre, Vol.2., oct.- dec. 1990
Cumming, Robert D. (1992): Role-playing. Sartre’s transformation of Husserl’s phenomenology; in: Howells (Hg.), The Cambridge Companion to Sartre, Cambridge 1992
Deleuze, Gilles: Nietzsche et la philosophie, Paris 1962/[8]1991 - dt.: Nietzsche und die Philosophie, Hamburg 1991
–: Différence et répetition, Paris 1968/[6]1989 - dt.: Differenz und Wiederholung, München 1992
–: A quoi reconnaît-on le structuralisme? in: F. Châtelet, Histoire de la philosophie, VIII, Paris 1973
–: Foucault, Frankfurt a.M. 1987
–: Fendre les choses, fendre les mots; in: ders. Pourparlers, Paris 1990

Derrida, Jacques: Die Stimme und das Phänomen, Frankfurt a.M. 1979
–: 'Genesis und Struktur' und die Phänomenologie; in: ders., Die Schrift und die Differenz, Frankfurt a.M. 1976
–: Cogito und die Geschichte des Wahnsinns; in: ders., Die Schrift und die Differenz, a. a. O.
–: Das Theater der Grausamkeit und die Geschlossenheit der Repräsentation; in: ders., Die Schrift und die Differenz, a. a. O.
–: Le Problème de la Génése dans la philosophie de Husserl, Paris 1990
–: Die différance; in: ders., Randgänge der Philosophie, Wien 1988
–: Fines Hominis; in: ders., Randgänge der Philosophie, a. a. O.
Descartes, René: Meditationen über die Grundlagen der Philosophie, Hamburg 1960
Descombes, Vincent: A propos de la 'critique du sujet' et de la critique de cette critique; in: Neue Hefte f. Philosophie 27/28, 1988
Dreyfus, Hubert / Rabinow, Paul (1987): Michel Foucault. Jenseits von Strukturalismus und Hermeneutik, Frankfurt a.M. 1987
Earle, William: Phenomenology and existentialism; in: The journal of philosophy, vol. 57, 1960
Ecole, Jean: Essence et existence chez Sartre; in: Les études philosophiques 6, 1951
Eribon, Didier: Michel Foucault, Paris 1991
Englert, Klaus: Wie schlachtet man heilige Kühe? Lyotards und Derridas frühe Phänomenologie-Rezeption; in: Frag-mente. Schriftenreihe für Kultur- Medien- und Psychoanalyse, Heft 44/45, Juli 1994
Ferry, Luc / Renaut, Alain: La pensée 68. Essai sur l'anti-humanisme contemporain, Paris 1988
Fink, Eugen: Das Problem der Phänomenologie Edmund Husserls; in: ders. Studien zur Phänomenologie 1930-33, Den Haag 1966
–: Die phänomenologische Philosophie Edmund Husserls in der gegenwärtigen Kritik; in: ders., Studien zur Phänomenologie 1930-33, a. a. O.
Fink-Eitel, Hinrich (1989): Foucault, Hamburg 1989
Frank, Manfred (1983): Was ist Neostrukturalismus? Frankfurt a.M. 1983
– (1988): Subjekt, Person, Individuum; in: Frank/Raulet/van Reijen (Hg.), Die Frage nach dem Subjekt, Frankfurt a.M. 1988
Fretz, Leo (1988): Knappheit und Gewalt: die Kritik der dialektischen Vernunft; in: König (Hg.), Sartre. Ein Kongreß, Reinbek b. Hamburg 1988
Fretz, Leo / Arino, Amparo (1991): J.P. Sartre entre Husserl et Heidegger; in: Zimmermann (Hg.), Sartre Jahrbuch Eins, Münster 1991
Fretz, Leo (1992): Individuality in Sartre's philosophy; in: Howells (Hg.), The Cambridge companion to Sartre, Cambridge 1992
Habermas, Jürgen (1986): Der philosophische Diskurs der Moderne, Frankfurt a.M. 1985/[3]1986

Hartmann, Klaus (1980): Sartres Phänomenbegriff; in: E.W. Orth u. a. (Hg.), Neuere Entwicklungen des Phänomenbegriffs. Phänomenologische Forschungen 9, München 1980
– (1983a): Grundzüge der Ontologie Sartres in ihrem Verhältnis zu Hegels Logik, [2]1983; in: ders., Die Philosophie J.P. Sartres. Zwei Untersuchungen zu L'être et le néant und zur Critique de la raison dialectique, Berlin 1983
– (1983b): Sartres Sozialphilosophie, [2]1983; in: ders., Die Philosophie J.P. Sartres ... a. a. O.
Hegel, G.W.F.: Grundlinien zur Philosophie des Rechts, Werke Bd.7, Frankfurt a.M. 1970/[2]1989
–: Phänomenologie des Geistes, Werke Bd. 3, Frankfurt a.M. 1970/1983
Heidegger, Martin: Kant und das Problem der Metaphysik, Frankfurt a.M. 1973/[5]1991
–: Sein und Zeit (SuZ), Halle [4]1935
–: Brief über den Humanismus; in: ders., Wegmarken, Frankfurt a.M. 1967/[2]1978
–: Der europäische Nihilismus; in: ders., Nietzsche II, Pfullingen 1961/[5]1989
–: Die ewige Wiederkehr des Gleichen und der Wille zur Macht; in: ders., Nietzsche II, a. a. O.
–: Entwürfe zur Geschichte des Seins als Metaphysik; in: ders., Nietzsche II, a. a. O.
–: Metaphyisk als Geschichte des Seins; in: ders., Nietzsche II, a. a. O.
Held, Klaus: E. Husserl, Die phänomenologische Methode, Ausgewählte Texte I, Stuttgart 1985
Hill, Kevin: Foucaults critique of Heidegger; in: Philosophy today, winter 1989
Höffe, Otfried: Immanuel Kant, München 1983/[3]1992
Honneth, Axel (1989): Kritik der Macht. Reflexionsstufen einer kritischen Gesellschaftstheorie, Frankfurt a.M. 1989
Howells, Christina (1992): Sartre and the deconstruction of the subject; in: dies. (Hg.), The Cambridge companion to Sartre, Cambridge 1992
Hübner, Wolfgang: Der dreifache Tod des modernen Subjekts; in: Frank/Raulet/van Reijen (Hg.), Die Frage nach dem Subjekt, Frankfurt a.M. 1988
Husserl, Edmund (CM): Cartesianische Meditationen, Hamburg 1987
–: Die Phänomenologie und die Fundamente der Wissenschaften, Hamburg 1986
–: Ideen zu einer reinen Phänomenologie und phänomenologischen Philosophie, Tübingen [4]1980
–: Zur Phänomenologie der Intersubjektivität. Texte aus dem Nachlaß, 3. Teil 1929 - 1935. Husserliana Bd. XV, Den Haag 1973
Janssen, Paul: Edmund Husserl, München 1976
Jaspers, Karl: Nietzsche, Berlin 1946/1974

Kammler, Clemens: Michel Foucault. Eine kritische Analyse seines Werks, Bonn 1986
Kant, Immanuel (KrV): Kritik der reinen Vernunft, Hamburg 1956/1976
–: Prolegomena zu einer jeden künftigen Metaphysik, Hamburg 1976
Klinger, Cornelia: Das Bild der Frau in der Philosophie und die Reflexion von Frauen auf die Philosophie; in: Hausen/Nowotny (Hg.), Wie männlich ist die Wissenschaft? Frankfurt a.M. 1986
Knee, Philip: Le Cercle et le Doublet: Note sur Sartre et Foucault; in: Philosophiques 17 (1), 1990
–: Le problème politique chez Sartre et Foucault; in: Laval Théologique et Philosophique, 47 (1), 1991
Kuhn, T.S.: Die Struktur wissenschaftlicher Revolutionen, Frankfurt a.M. 1967/[9]1988
Landgrebe, Ludwig: Husserl, Heidegger, Sartre. Trois aspects de la phénoménologie; in: Revue de Métaphysique et de Morale, no. 69, oct.-dec. 1964
–: Husserls Phänomenologie und die Motive zu ihrer Umbildung; in: ders., Phänomenologie und Metaphysik, Hamburg 1949
LeBon, Silvie: Kommentar zu La trancendance de l'ego; in: Sartre, La trancendance de l'ego, Paris 1988
Le Doeuff, Michèle (1989): L'étude et le rouet. Des femmes, de la philosophie, etc., Paris 1989
Lebrun, Gérard (1991): Zur Phänomenologie in der Ordnung der Dinge; in: Ewald/Waldenfels (Hg.), Spiele der Wahrheit. Michel Foucaults Denken, Frankfurt a.M. 1991
Leland, Dorothy (1975): The Sartrean cogito: a journey between versions; in: Research in Phenomenology V, 1975
Lévi-Strauss, Claude: La pensée sauvage, Paris 1962/1990
Lévinas, Emmanuel: Überlegungen zur phänomenologischen „Technik"; in: ders., Die Spur des Anderen. Untersuchungen zur Phänomenologie und Sozialphilosophie, Freiburg/München 1983/[3]1992
–: Von der Beschreibung zur Existenz; in: ders., Die Spur des Anderen, a. a. O.
Lyotard, Jean-Francois: La phénoménologie, Paris 1954
Macherey, Pierre (1986): Aux sources de l'histoire de la folie: une rectification et ses limites; in: Critique, 471-472, août/ septembre 1986
Mauriac, Claude: Le temps immobile III. Et comme l'esperance est violente, Paris 1976
Merleau-Ponty, Maurice: Phänomenologie der Wahrnehmung, Berlin 1966
–: Das Sichtbare und das Unsichtbare, München 1986/[2]1994
–: Der Philosoph und sein Schatten; in: ders., Das Auge und der Geist. Philosophische Essays, Hamburg 1984
Michel Foucault philosophe. Rencontre internationale Paris 9, 10, 11 janvier 1988, Paris 1989

Müller-Lauter, Wolfgang: Nietzsches Lehre vom Willen zur Macht; in: Nietzsche-Studien 3, 1974

Nagl, Ludwig (1988): Zeigt die Habermassche Kommunikationshypothese einen 'Ausweg aus der Subjektphilosophie'? in: Frank/ Raulet/van Reijen (Hg.), Die Frage nach dem Subjekt, Frankfurt a.M. 1988

Nietzsche, Friedrich: Der Wille zur Macht, Stuttgart 1964

–: Zur Genealogie der Moral; in: Werke III, Frankfurt-Berlin-Wien 1981

Patzig, Günther: Kritische Bemerkungen zu Husserls Thesen über das Verhältnis von Wahrheit und Evidenz; in: Neue Hefte für Philosophie, 1, 1971

Prucha, Milan: Zur Kritik am Subjektbegriff der Moderne; in: W. Süß (Hg.), Übergänge. Zeitgeschichte zwischen Utopie und Machbarkeit, Berlin 1990

Ricœur, Paul (1975): Phénoménologie et herméneutique; in: Phänomenologische Forschungen 1, 1975

– (1957): Phénoménologie existentielle; in: Encyclopédie Francaise, Vol 19, Paris 1957, 19.10.8 - 19.10.12.

– (1963): Structure et hermeneutique; in: Esprit 31, avril-juin 1963

Roedig, Andrea: Von der 'Unwirksamkeit willentlicher Entschließungen'. Sartres Wahlethik und ihre Grundlagen in der Theorie des 'präreflexiven cogito'; in: Zimmermann (Hg.), Sartre Jahrbuch Eins, Münster 1991

–: Ding an sich und Erscheinung. Einige Bemerkungen zur theoretischen Dekonstruktion von Geschlecht; in: Feministische Studien, 2/1994

Rombach, Heinrich: Das Phänomen Phänomen; in: Phänomenologische Forschungen 9, München 1980

Schäfer, Thomas: Reflektierte Vernunft, Frankfurt a.M. 1995

Schmid, Wilhelm: Auf der Suche nach einer neuen Lebenskunst: Die Frage nach dem Grund und die Neubegründung der Ethik bei Foucault, Frankfurt a.M. 1991

Schmidt, Alfred: Lévi-Strauss versus Sartre; in: König (Hg.), Sartre. Ein Kongreß, Frankfurt a.M. 1988

Schmitz, Hermann: Der leibliche Raum, System der Philosophie Bd.3.1, Bonn 1967

Schnädelbach, Herbert (1989): Das Gesicht im Sand. Foucault und der anthropologische Schlummer; in: Honneth/McCarthy/Offe/ Wellmer (Hg.), Zwischenbetrachtungen im Prozeß der Aufklärung. Festschrift f. J. Habermas, Frankfurt a.M. 1989

–: Dialektik und Diskurs; in: ders., Vernunft und Geschichte, Frankfurt a.M. 1987

Seel, Gerhard (1971): Sartres Dialektik, Bonn 1971

Spiegelberg, Herbert (1960a): Husserls Phenomenology and Existentialism; in: The Journal of Philosophy, vol. 57, 1960

– (1960b): The phenomenological Movement Vol. II, Den Haag 1960

Ströker, Elisabeth / Janssen, Paul (1989): Phänomenologische Philosophie, München 1989

Theunissen, Michael (1977): Der Andere. Studien zur Sozialontologie der Gegenwart, Berlin ^{2}1977

Thévénaz, Pierre: De Husserl à Merleau-Ponty, Neuchâtel 1966.

Thomas v. Aquin: De ente et essentia, Opera Omnia XLIII, Editio Leonina, Rom 1976

Verstraeten, Pierre: Sartre und Foucault; in: König (Hg.), Sartre. Ein Kongreß, Frankfurt a.M. 1988

Visker, Rudi (1991a): Foucaults Anführungszeichen. Eine Gegenwissenschaft? in: Ewald/Waldenfels (Hg.), Spiele der Wahrheit, Frankfurt a.M. 1991

– (1991b): Michel Foucault. Genealogie als Kritik, München 1991

Vogt, Erik Michael (1995): Sartres Wieder-Holung, Wien 1995

Waldenfels, Bernhard: Verstreute Vernunft. Zur Philosophie von M. Foucault; in: E.W. Orth (Hg.), Studien zur neueren französischen Philosophie, Phänomenologische Forschungen, Bd.18, München 1986

– (1987): Phänomenologie in Frankreich, Frankfurt a.M. 1983/1987

– (1992): Einführung in die Phänomenologie, München 1992

Wellmer, Albrecht: Zur Dialektik von Moderne und Postmoderne, Frankfurt a.M. 1985/^{4}1990

Weinert, Friedel: Die Arbeit der Geschichte: Ein Vergleich der Analysemodelle von Kuhn und Foucault; in: Zeitschrift f. allgemeine Wissenschaftstheorie XIII, 2, 1982

Welsch, Wolfgang (1995): Vernunft. Die zeitgenössische Vernunftkritik und das Konzept der transversalen Vernunft, Frankfurt a.M. 1995

Personenverzeichnis

Stichwortverzeichnis